Adolf Horsetzky von Hornthal

Der russische Feldzug in Bulgarien und Rumelien 1877-78

Eine militärische Studie

Adolf Horsetzky von Hornthal

Der russische Feldzug in Bulgarien und Rumelien 1877-78
Eine militärische Studie

ISBN/EAN: 9783742868275

Hergestellt in Europa, USA, Kanada, Australien, Japan

Cover: Foto ©ninafisch / pixelio.de

Manufactured and distributed by brebook publishing software (www.brebook.com)

Adolf Horsetzky von Hornthal

Der russische Feldzug in Bulgarien und Rumelien 1877-78

DER

RUSSISCHE FELDZUG

IN

BULGARIEN und RUMELIEN

1877—78.

EINE MILITÄRISCHE STUDIE

VON

ADOLF HORSETZKY von HORNTHAL,
K. K. HAUPTMANN IM GENERALSTABS-CORPS.

MIT 12 IN DEN TEXT GEDRUCKTEN ÜBERSICHTS- UND GEFECHTS-SKIZZEN
UND 9 BEILAGEN.

WIEN 1878.
DRUCK UND VERLAG VON L. W. SEIDEL & SOHN.

Inhalts-Verzeichniss.

			Seite
Kapitel	I.	Einleitung	3
„	II.	Die natürlichen, politischen und militärischen Ziele der beiden Kriegführenden	7
„	III.	Die militärische Verfassung derselben	13
„	IV.	Die Bereitstellung der Kraft Seitens Russland's	27
„	V.	Die Wahl des Zeitpunktes für die Eröffnung der Operationen	33
„	VI.	Die Bildung der türkischen Operations-Armee und die Wahl des Zeitpunktes für die Eröffnung der Operationen	39
„	VII.	Die Wahl der Räume für die Versammlung der Operations-Armeen. — Die militärische Bedeutung Rumäniens	47
„	VIII.	Der russische Operationsplan	57
„	IX.	Der türkische Operationsplan	65
„	X.	Die Kriegs-Eröffnung. — Der Einmarsch der Russen in Rumänien	81
		Der Kampf um die Donau	88
„	XI.	Der Uebergang der Russen über die Donau	93
		(Skizze 1, Seite 100.)	
		Der Uebergang	102
„	XII.	Die Operationen nach bewirktem Donau-Uebergange	109
		Gurko's erster Balkan-Uebergang	122
„	XIII.	Die erste Schlacht bei Plevna	127
		Schilder's Angriff auf Plevna	130
		(Skizze 2, Seite 131.)	
„	XIV.	Die zweite Schlacht bei Plevna	135
		Krüdener's Angriff auf Plevna	142
		(Skizze 3, Seite 143.)	
„	XV.	Die Operationen Gurko's und Suleiman's südlich des Balkans	155
„	XVI.	Die türkische Offensive	163
		(Skizze 4, Seite 168.)	
		Suleiman's Angriff auf den Schipka-Pass	176
		(Skizze 5, Seite 177.)	

IV

		Seite
Kapitel XVII.	Die dritte Schlacht von Plevna	183
	Der Angriff auf Lovča	193
	(Skizze 6, Seite 193.)	
	Der Angriff der West-Armee auf Plevna	201
	(Skizze 7, Seite 202.)	
„ XVIII.	Die vollständige Einschliessung Plevna's	219
	Der Angriff Gurko's auf Gorni Dubnik	224
	(Skizze 8, Seite 230.)	
„ XIX.	Plevna fällt	237
	Der Durchbruchs-Versuch Osman's	244
	(Skizze 9, Seite 245.)	
„ XX.	Der Feldzug in Rumelien	249
	Gurko's zweiter Balkan-Uebergang	258
	(Skizze 10, Seite 259.)	
	Radetzki's Balkan-Uebergang	260
	(Skizze 11, Seite 261.)	
	Der Vormarsch auf Adrianopel	262
	(Skizze 12, Seite 263.)	
„ XXI.	Schluss	267

Beilagen.

Beilage I. Skizze zum Aufmarsche der beiden kriegführenden Theile ($\frac{1}{6.000000}$).

„ II. Skizze zu den Operationen in Bulgarien und Rumelien ($\frac{1}{1.500000}$).

„ III. Plan der Umgebung von Plevna ($\frac{1}{60.000}$).

Die folgenden Blätter sollen die Vorgeschichte und Geschichte des letzten russisch-türkischen Krieges in einzelnen Situationsbildern vorführen.

Wenige Wochen nach Beendigung des Krieges geschrieben, und zumeist auf Grundlage der wenigen, in den russischen Blättern veröffentlichten officiellen Berichte bearbeitet, können sie nicht beanspruchen, eine pragmatische Darstellung des Feldzuges zu liefern.

Sie sollen nur die Gedanken und Auffassungen wiedergeben, zu welchen die verschiedenen Phasen dieses Krieges angeregt haben mögen.

Vielleicht gelingt es uns indessen auch innerhalb dieser Grenzen einen kleinen Beitrag zu den kriegsgeschichtlichen Studien über diesen letzten, so hochinteressanten Feldzug zu bringen.

April 1878.

I.

Jeder Feldzug hat eine äussere Geschichte und eine innere: eine Geschichte der Thatsachen und eine Geschichte der Motive.

Wollen wir Belehrung schöpfen aus der Vergangenheit, so müssen wir die innere Geschichte eines Feldzuges studiren. Nicht seine Coulissen-Geschichte, — denn auch diese hat jeder Feldzug, — aber die Geschichte des ursächlichen Zusammenhanges der Ereignisse und ihrer leitenden Ideen.

Nimmt man in dieser Weise die äusseren Erscheinungen eines Krieges bloss zum Ausgangspunkte für ein eingehenderes Studium, so wird sich bald zeigen, dass die allgemein bekannten historischen Ereignisse nur einen Schleier bilden, hinter welchem sich ein ganz eigener, hochinteressanter Kampf abspielt, ein Kampf der Entwürfe und der Entschlüsse, ein Kampf verschiedenartigster Ideen und schwerwiegendster Pro und Contras.

Wir muthen den Staatsmännern und Feldherrn gerne festgefügte Pläne und fertige Programme zu.

Spricht der Erfolg zu ihren Gunsten, so nehmen wir meist an, sie hätten nach einem vorbedachten, vollkommen ausgearbeiteten Systeme gehandelt; wir leihen ihnen Einsichten und Beweggründe und Mittel, die offenbar erst der Folgezeit angehören; wir glauben, sie hätten alle Folgen und Ausdehnungen vorhergesehen und im Voraus gewollt.

Spricht sich der Erfolg gegen sie aus, so sind wir nur zu oft geneigt, ihren Berechnungen jeden Werth abzusprechen.

Gleich übertrieben ist unsere Bewunderung wie unser Tadel. Wie selten verfolgen wir die politischen und militärischen Ereignisse Schritt für Schritt mit der Karte, dem Kalender und dem Zirkel in der Hand? Wie selten versuchen wir uns ein Gesammtbild des innern Zusammenhanges derselben herzustellen und derart eine Basis für unser anerkennendes oder verdammendes Urtheil zu gewinnen.

Bei einem aufmerksamen Studium der inneren Geschichte eines Feldzuges wird sich uns auch in dieser Hinsicht bald die Gewissheit aufdrängen, dass weder Staatsmänner, noch Feldherrn festgefügte Pläne und fertige Programme haben können, noch solche brauchen.

Der Krieg ist ein dämonisches Element. Er verlangt die grösste Klarheit, und muss doch wie im Finstern geführt werden. Er ist ein Ringen zwischen zwei Gewalten, die mit tausend Mitteln dahin streben, einander an Kühnheit, an geistiger Kraft, an Logik zu überbieten.

Die Wirkungen dieser Mittel übergreifen sich, decken sich, heben sich auf; sie bringen oft gerade das Entgegengesetzte von dem hervor was man erwartete, was man zu erwarten berechtigt war.

Stündlich wechselnde Situationsbilder regen ebenso rasch neue Vorstellungen von den jeweiligen Absichten und der Kräftevertheilung des Gegners an. Ebenso rasch wechseln die Chancen, die man wirklich hat oder die man zu haben glaubt. Soll man die momentane Chance benützen? Auf eine andere bessere warten? — Ein Chaos von Verwicklungen und Verpflichtungen, das sich erst n a c h der Entscheidung löst und klärt, stürmt auf den Feldherrn ein.

Weder Theorie und Wissen, noch Muth und Beharrlichkeit allein, leiten ihn, und können ihn leiten zum Erfolg. Der Krieg ist ebenso eine Sache der Kühnheit, wie der Vorsicht, — des Verstandes, wie des Gefühls; — er ist eine Sache des Takts und des Charakters.

Der Gewaltthätigere, der Kühnere, derjenige, der dabei schärfer combinirt, behält im Allgemeinen Recht. Er greift mitten in den Strudel der ihn bestürmenden Alternativen und Entscheidungen hinein und siegt.

Das schliesst nicht aus, dass eine andere Wahl, als die wirklich getroffene nicht auch zum Siege geführt hätte, und gerade in dem Erörtern der Alternativen, welche sich aus jeder kriegerischen Situation entwickeln lassen und zwischen welchen oft unter dem Eindrucke der Gefahr und tausend widriger Verhältnisse eine Wahl getroffen werden muss, darin scheinen uns die belehrendsten und interessantesten Momente aller kriegsgeschichtlichen Studien zu liegen.

Wir denken daher nicht im Entferntesten daran, die beiderseitigen Heeresleitungen zu kritisiren; wir wollen nur versuchen, uns recht intensiv in die verschiedenen Kriegslagen hineinzudenken, — uns in die Gedankenwelt derjenigen zu versetzen, die einen Entschluss zu fassen haben.

Wir glauben, dass wie ein Künstler nur in seiner Werkstatt, so auch der Feldherr nur bei seinen Entwürfen richtig zu verstehen ist.

Man mag ein Gemälde bewundern, von einer Statue entzückt sein, — verstehen lernt man Künstlerwerke nur im Werden.

Im Atelier des Meisters, wie im Zelt des Feldherrn erfahren wir erst, wie schwer es ist, einer Idee Gestalt und Form zu geben; wie leicht es ist, Pläne zu entwerfen, wie schwierig, sie durchzuführen; wie viele Pläne oft gemacht, wie viele davon verworfen werden; wie eine Idee sich oft erst in der Arbeit bildet und festigt, aus welch bescheidenen Anfängen oft ein Riesenwerk entsteht; an welch' kleinen Ursachen aber auch manches Mal die schönsten Ideen und die Arbeiten langer Jahre zu Grunde gehen.

Nur bei der Arbeit können wir den Werthmesser für die Beurtheilung eines Feldherrn finden; erst da sehen wir, wie weit er emporragt über seine Umgebung, ob er ein Spielball ist der Thatsachen und Ereignisse, oder ob er sie gewollt und beherrscht hat.

Die innere Geschichte eines Feldzuges beginnt naturgemäss mit der Fixirung der geschichtlichen oder nationalen Aspirationen, mit der Feststellung der Form, in welcher die Politik deren Vertretung übernahm und mit der Darlegung der militärischen Verfassung der kriegführenden Staaten.

Die Feldzüge grosser Feldherrn zeigten sich stets als der natürliche Abschluss einer langen Reihe intensivster, mehr oder weniger directe auf den Krieg abzielender organisatorischer, administrativer und diplomatischer Vorarbeiten. Es ist klar, dass derjenige Staat mit den meisten Chancen den Krieg beginnt, bei welchen die Friedens-Vorbereitung, die politische Einleitung und die militärischen Angriffs-Anstalten ein organisches Ganzes, der Ausfluss einer und derselben offensiv freudigen Idee sind.

In keinem Staate, und wäre er der fortgeschrittenste gewesen, hat sich indessen jemals die Erkenntniss nach den jeweiligen politischen und militärischen Bedürfnissen mit einem Male Bahn gebrochen, und ohne dass die Festsetzung und Fortbildung besonders der militärischen Institutionen nicht Gegner und Widersacher gefunden hätte. In keinem Staate, und wäre er der verlassenste und ohnmächtigste gewesen, hat es je an Männern gefehlt, welche Wege und Mittel angaben, die militärischen Einrichtungen zu verbessern, weiter zu entwickeln.

Man kann einen Krieg nicht studiren, ohne in diese Verhältnisse wenigstens andeutungsweise einzugehen, ohne zu constatiren, in wie weit die militärischen Interessen schon im Frieden in der Armee-Organisation ihre Rechnung fanden, welche Mittel den Militärs in dem einen Staatwesen, und dem anderen für die Kriegs-Vorbereitung zur Verfügung standen, welchen Gebrauch sie davon machten und welchen sie davon machen konnten.

Man kann die kriegerischen Ereignisse schliesslich nicht richtig beleuchten, wenn man nicht feststellt, welches Machtbefugniss dem Feldherrn eingeräumt war, ob er frei über alle militärischen Mittel des Staates, oder nur über einen Theil derselben verfügte.

II.

Die natürlichen, politischen und militärischen Ziele der beiden Kriegführenden.

Das natürliche Ziel Russland's im letzten Kriege war dasselbe, wie vor 20, wie vor 50, wie vor 100 Jahren; ebenso der Vorwand des Krieges.

Wäre es von Werth, die Bestrebungen des Tages auf die Ideen ganzer Jahrhunderte zurückzuführen, so böte der russisch-türkische Krieg eine ganz besonders gelungene Illustration dazu.

Der Krieg des Jahres 1877—78 erschiene dann nur als eine Etape in dem Jahrhunderte langen Kampfe der Russen mit den Osmanen, als eine Episode in dem Ringen dieser zwei Mächte um die Herrschaft über das schwarze Meer und die Dardanellen.

Dieses Streben nach dem Meere ist kein specifisch russisches Verlangen; es ist ein ganz natürliches, ein allgemeines.

Die Römer, die ersten und gewaltigsten „Beherrscher der Welt", breiteten ihre Herrschaft von dem Centrum Rom fast gleichmässig nach allen Richtungen hin aus; sie strebten in der Radien-Richtung den Meeresgrenzen zu.

Die ihnen folgenden Unterjocher Europa's — die Hunnen, Tartaren, Araber, Osmanen — arbeiteten mehr nach Einer Richtung. Seit den ersten grossen Heereszügen der asiatischen Eindringlinge im 5. Jahrhunderte bis zu den letzten Einfällen der Osmanen und Tartaren im

17. Jahrhunderte, verschoben sich die Grenzen der Länder der alten Welt hauptsächlich in ost-westlicher Richtung.

Die Offensivkraft Rom's reichte schon vom Ende des 2. Jahrhunderts an nicht mehr aus, die entlegenen Provinzen in Asien, in Mittel-Europa, in England zu beherrschen; sie fielen ab.

Die Herrschaft der Asiaten währte zwar zum Theile länger; der glücklichen Idee, den Schwerpunkt der Macht nach Europa zu verlegen, — Constantinopel zur Hauptstadt des Reiches zu machen — verdanken insbesondere die Osmanen die Dauer ihrer Herrschaft über den Südosten Europa's.

Aber auch sie wagten sich an weitere Eroberungen, bevor ihre Herrschaft in den Centrum-Provinzen genügend consolidirt war. Sie zogen zur Eroberung Europa's aus, ehe sie stark genug dafür geworden waren.

Ihre Offensivkraft brach sich zwei Mal an den Mauern von Wien. Sie büssten ihr voreiliges Streben mit dem Niedergange ihrer Macht.

Das rasche Versiegen der Offensivkraft so mächtiger Reiche — die Unmöglichkeit einer dauernden Herrschaft über vom Centrum entlegene Provinzen, — die Schwierigkeiten, deren Kräfte zur Stärkung der Centralmacht auszunützen, — erzeugten nebst dem Wunsche nach central gelagerten und abgerundeten Besitz mit natürlichen Grenzen, — neben der Sehnsucht nach der Anlehnung an zwei Meere, — auch die Klarheit, dass dieses Ziel nur in langsamen, schrittweisen Vorgehen zu erreichen sei.

Diesen Gedanken könnte man fast allen grossen Kriegen des Mittelalters unterlegen.

Noch vor der vollständigen Erschöpfung der asiatischen Nationen marschiren die Heere der deutschen Kaiser von der Nordsee nach Italien; Frankreich beginnt sich der Engländer zu erwehren; diese unterwerfen sich Schottland; das Reich der Polen reicht von der Ostsee bis an's schwarze Meer.

Und erst die neue Zeit.

Napoleon's — des gewaltigen Staatenbildners — Monarchien reichen zuerst entlang des Rheines, von der Nordsee bis an's ligurische Meer, dann entlang der Elbe bis an's adriatische Meer, dann entlang der Oder.

An Stelle dieser Reiche wehen später österreichische Fahnen am Belt, an den toscanischen und an den dalmatinischen Küsten.

Weiter im Osten aber nehmen die Russen an Stelle der Polen die alten Traditionen auf und drängen und streben den südlichen Meeren zu.

Der kühne Zug des Generals Diebitsch führt 1829 die Russen bis knapp vor die Thore von Konstantinopel; die Türken müssen Serbien und die Donaufürstenthümer räumen.

Im Jahre 1856 verfechten die Westmächte die Aufrechthaltung der türkischen Souveränitätsrechte über die Donau-Fürstenthümer; Russland ist weiter abgebracht von seinem Ziele, als je.

Es galt Vieles gut zu machen.

Das natürliche politische Ziel Russland's musste daher sein, eine Coalition à la 1856 zu verhindern, und wenn es nicht selbst Bundesgenossen finden sollte, in dem Streben nach Schwächung der Türkei — wie an Oesterreich in den Jahren 1788 oder 1737 — so doch zum Mindesten die Türkei zu isoliren.

Die militärischen Ziele Russland's erhalten naturgemäss ihren Charakter, ebenso sehr durch diese allgemeine geschichtliche Bewegung, als durch die eben skizzirten politischen Momente.

Man kann es keinem Russen verübeln, wenn er vom Standpunkte geschichtlicher Entwicklung aus, die orientalische Frage nur dann als gelöst betrachtet, wenn Russland unbeschränkter Herr des schwarzen Meeres und der weltenscheidenden engen Einfahrten ist.

In wie viel Schritten es dieses Ziel erreichen will? — Darüber kann nur sein Selbstgefühl entscheiden.

Ob und wann es dieses Ziel erreichen wird? — Wer wollte das heute vorhersagen?

Militärisch formulirt heisst das aber trotzdem so viel, als: Russland kann keinen Krieg an die Türkei erklären, ohne an dieses Endziel seiner Wünsche zu denken; ja, militärischerseits muss es stets jeden Krieg so führen, als ob es sich um die vollständige und sofortige Erreichung dieses Zieles handelte.

Das militärische Russland konnte daher auch dieses Mal im Grunde genommen, nichts anderes wollen, als einen sogenannten Vernichtungskrieg, zum Mindesten aber die völlige Niederwerfung der militärischen Macht der Osmanen, und als sichtbaren Ausdruck hiefür, die Besitznahme Konstantinopels.

Man müsste sich fürwahr überwinden, wollte man diese Frage militärischerseits anders als so, im Grossen auffassen.

Zweifellos, dass Diplomaten und Politiker da tausend Phasen erblicken können und erblicken müssen, wo ein Militär bloss einen einzigen Ausweg, eine einzige Lösung sieht.

Die Mittel, mit welchen er zu wirken hat, zwingen ihn von den allgemeinen politischen Verhältnissen bis zu einem gewissen Grade abzusehen; er muss seine Aufgaben viel rückhaltsloser, viel energischer, in ihren äussersten Consequenzen, in ihrem ganzen Umfange erfassen. Mit Blut und Eisen lassen sich selten feine Schachzüge und Finten machen.

Je direkter auf das Ziel losgesteuert werden darf, desto correcter liegen die Verhältnisse für den Militär.

Ja er muss von seinem Standpunkte aus geradezu auf eine solche klare und einfache Lösung dringen; er braucht für seine Zwecke Freiheit, — unbeschränkte Freiheit in der Wahl der Mittel.

Der Krieg braucht wie jede Kunst grosse Ziele.

Die Türkei, — ohne Aspirationen nach nördlichen Meeren — in einem seit Jahrhunderten währenden latenten Kriegs-Zustande zuerst mit Oesterreich allein, dann mit Russland und Oesterreich, zuletzt mit Russland allein, — konnte sich die Schwierigkeiten seiner Lage nicht verhehlen. Finanziell und volkswirthschaftlich verfallend, konnte sie kaum eine andere Hoffnung hegen, als die: Den vollständigen Niedergang ihrer Herrschaft zu verzögern; — aufzuhalten war er nicht, sobald nicht neue Offensiv-Kraft das Staatswesen erfüllte und die alten positiven Ziele wieder aufgegriffen werden konnten.

Dazu hätte eine finanzielle und militärische Regeneration gehört, zu der gewiss nicht der allgemeine gute Wille, — wohl aber der specielle thatkräftig-leistungsfähige Wille und vor Allem die Zeit fehlte.

Vor lauter äusseren Kriegen und inneren Krisen nie recht zu Athem gekommen, von den Folgen der alten Sünden immer mehr wie von einer stets wachsenden Schuld umstrickt, konnte die Türkei nur hoffen neuerlichen Verwicklungen mit Russland in etwa derselben Weise wie im Krim-Kriege — unterstützt durch Alliirte — erfolgreich entgegenzutreten.

Die innere Politik der Türkei gipfelte daher in den Versuchen, durch innere Reformen das immer mehr sinkende Vertrauen ihrer natürlichen Alliirten wieder zu gewinnen; — ihre äussere musste versuchen, diese Mächte von der Gefährlichkeit russischer Erfolge, von der Nothwendigkeit des Bestandes einer europäischen Türkei zu überzeugen.

Die militärischen Wünsche endlich mussten darauf abzielen, jeden Krieg überhaupt möglichst hinaus zu schieben, um einerseits Zeit zu finden, die nothwendigen Armeen zu bilden und anderseits durch deren Widerstand, wenn schon keine Entscheidung herbeizuführen, doch der Politik Gelegenheit zu geben, die während des Friedens nicht erreichten Allianzen im Laufe des Krieges zu gewinnen.

In welcher Weise diese allgemeinen militärischen Ziele practisch umgesetzt werden durften, dass konnte nur ein Ueberschlag über die zur Disposition stehenden und die eventuell disponibl zu machenden militärischen Mittel lehren.

III.

Die militärische Verfassung der beiden Kriegführenden.

Im deutsch-französischen Kriege stand die Mobilisirung des deutschen Heeres in so innigem Zusammenhange mit der Versammlung der Armee an der Grenze, diese selbst zielte so zweckbewusst und directe auf die Eröffnung der Feindseligkeiten ab; — die rasche Mobilisirung und die rasche Versetzung der mobilisirten Heerestheile an die Grenze erlaubten ein so überraschendes Auftreten der deutschen Armeen, dass vom Jahre 1870 an alle Militärstaaten nothgedrungen den Act der Mobilisirung und der Versetzung der mobilisirten Heerestheile in den Aufmarschraum, als einen integrirenden und höchst wichtigen Bestandtheil der künftigen Kriegs-Eröffnung selbst anzusehen lernten.

Bei der Mobilisirung der Deutschen waren die politischen Verwaltungen, — bei dem strategischen Aufmarsche nebstbei auch die gewöhnlichen Verkehrsmittel von Seite der Kriegs-Verwaltung zu den Zwecken des Krieges derart intensiv herangezogen worden, dass der Uebergang aus dem Friedens-Verhältniss in jenes des Krieges in der That einer grossartigen Erhebung der ganzen Nation, einer Anstrengung des gesammten Volkes glich.

Gleichzeitig ward aber auch damit klar gelegt, dass ein so gewaltiger Aufschwung nur das Product eines genau geregelten Zusammenwirkens der Civil- und Militär-Behörden und namentlich der Eisenbahn-Verwaltungen sein konnte.

Damit erschloss sich eine Aera neuer, ganz besonders minutiöser Kriegs-Vorbereitungen. Die Beschaffung des Menschen-Materials, der Pferde, der Verpflegs-Bedürfnisse musste unter ganz anderen Gesichtspunkten erfasst werden, wollte man die Concurrenz mit jenem tonangebenden Militärstaate nicht von Vornherein aufgeben.

Seit damals wurde wohl kein Calcül gemacht, wo nicht die Schnelligkeit der eigenen Mobilisirung mit jener des Gegners genau verglichen, das hiebei gewonnene Resultat in Tage umgesetzt und auf dieser Basis nicht weiter erwogen worden wäre, in welcher Entfernung von der Grenze der strategische Aufmarsch der eigenen Armee noch riskirt werden könnte, und jener der fremden angenommen werden müsste. —

Naturgemäss strebt jeder Staat an, im Falle eines Krieges den strategischen Aufmarsch so nahe als möglich an der Grenze zu vollführen.

Man ging nunmehr daran, den Bedingungen für den Grad der Ausführbarkeit dieses Wunsches nachzuforschen. Man fand diese zunächst 1. in der Berechnung der Zeit, welche eine Truppe unter Zugrundelegung der einfachsten und besten Organisation braucht, bis sie ihre Reservisten und Urlauber, ihre Munition und ihren Pferdestand an sich zieht, und 2. in der ebenfalls auf Zeit reduzirten Entfernung der mobilisirten Heerestheile von dem strategischen Aufmarschraume.

Man erkannte bald, dass die rasche Mobilisirung und der rasche Aufmarsch auf organisatorischen Voraussetzungen beruhen, welche nicht weniger einschneidend als die Durchführung der allgemeinen Wehrpflicht alle politischen und bürgerlichen Beziehungen des Staatswesens berühren mussten.

Das hiebei anzustrebende Ideal liess sich auf Basis des Princips der allgemeinen Wehrpflicht allerdings sehr leicht entwerfen.

In Hinsicht der raschen Mobilisirung würde der Natur der Dinge gemäss das Vollkommenste erreicht sein, wenn jeder zur Operations-Armee gehörige taktische Körper — Alles, was er für den Krieg brauchte, — seine Bekleidung, Armirung, Ausrüstung, Munition schon unmittelbar bei sich hätte, und seine Urlauber sofort zu ihm stossen könnten.

Die ganze Dauer der Mobilisirung reduzirte sich dann auf die Zeit, welche man zur Verständigung der Urlauber, zu deren Einrückung und zu ihrer Einkleidung brauchte.

Das legte den Gedanken nahe, die Einberufungs-Bezirke so klein zu machen, dass das Einrücken der Leute und deren Einkleidung binnen einer gewissen Zeit, 2—3 Tagen, bewirkt sein könnte. Die Einberufungs-Bezirke stellten sich darnach als Kreise von circa 50 Kilometer Halbmesser, also als 8000 ☐ Kilometer grosse Flächen dar. Hiernach würde sich ergeben, dass z. B. in einem 600.000 ☐ Kilometer grossen Reiche etwa 80 solcher Einberufungs-Bezirke nothwendig wären.

Je nach der Dichte der Bevölkerung müssten diese dann — entsprechend der Hauptwaffe — in Bataillons-Bezirke und mehrere dieser je nach dem Reichthume an Pferden in Escadrons- und Batterie-Bezirke eingetheilt werden.

Die wahre Kraft eines Staates zeigt sich aber nicht bloss in der Energie, mit welcher er alle kriegsdiensttauglichen Elemente wirklich zum Kriegsdienste heranzieht und vorbildet, sondern auch in der Vorbereitung des organisatorischen Rahmens, um diese Kräfte im Ernstfalle schon bei der ersten Entscheidung verwerthen zu können.

Gegenwärtig bildet die Division den Grundstock für alle grossen Armeebildungen. Ein Heereskörper von circa 10.000—15.000 Combattanten, der Hauptsache nach aus Infanterie bestehend, mehr minder enge verbunden mit Cavallerie- und Artillerie-Abtheilungen, welche, wie die Infanterie nach taktischen Grundsätzen gegliederte Organismen bilden, ist die Division nach heutigen Begriffen im Stande und berufen, selbst angesichts einer verhältnissmässig bedeutenden Uebermacht, durch 2—3 Stunden ein zum Mindesten hinhaltendes Gefecht zu führen. — Man hat sich gewöhnt, sie als eine Kampfeinheit, als einem leicht in Rechnung zu nehmenden Kraft- und Zeit-Factor zu beurtheilen.

Durch ihre Zusammensetzung und Organisation stellt sie eine „Armee im Kleinen" vor. — Zu allen selbständigen Functionen, wie diese befähigt und innerhalb grosser Armeen die erste aus allen Waffen bestehende Dispositions-Einheit bildend, — ist sie geeignet, sowohl für sich allein aufzutreten, als mit anderen solchen Einheiten grössere Körper — Corps oder Armeen — von gleicher Beweglichkeit, aber grösserer Widerstands- und Offensivkraft zu bilden.

Sie ist heute die wahre Vergleichs-Einheit der Armeen, das Allen gemeinschaftliche kleinste Mass.

Wie die Römer nach Legionen zählten, so zählen wir heute nach Divisionen.

Der eine Staat stellt 50, der andere 30 Divisionen in's Feld u. dgl., das sind ganz correcte Bezeichnungen; sie rufen ganz deutliche Vorstellungen hervor; sie kennzeichnen viel klarer, als die bisher übliche Hinweisung auf die Anzahl der Männer und Bataillone, die militärische Leistungsfähigkeit und Organisation eines Staates.

Als erster, aus allen Waffen bestehender Heereskörper deutet die Division auch die Grenze an, über welche hinaus in Hinsicht des raschen Bereitstellens der Truppen zum Transporte an die Grenze, die Vereinigung der einzelnen Truppentheile nicht mehr von Vortheil wäre. — Ihre Beschaffenheit garantirt anderseits, dass nur vollkommen operationsfähige Heerestheile nach dem strategischen Aufmarschraume abgeschoben werden.

Darauf hin liesse sich die Eintheilung des Landes in möglichst kleine und abgerundete Divisions-Bezirke in der Art begründen, dass jeder dieser Bezirke Alles, was für eine Division an Menschen, Pferden und an Material nothwendig ist, ausschliesslich aus dem eigenen Rayon beistellte oder doch Alles im Frieden dorthin disponirt bekäme. .

Er umfasste daher einen oder mehrere Einberufungs-Bezirke und in diesen — vollzählig oder en cadre — so viele Bataillone, Escadronen, Batterien, Train-Abtheilungen etc. als auf einmal aufzustellen wären.

So wie die Division in taktischer und operativer Beziehung eine Armee im Kleinen ist, so müsste jeder Divisions-Bezirk im Frieden ein „Armee-Bezirk im Kleinen", — mit einem eigenen Verwaltungs- und Befehls-Apparate und allen Kriegs-Vorräthen dotirt sein.

Der Vortheil ist klar, welcher daraus erwüchse, wenn die Einberufungs- und Divisions-Bezirke einerseits mit der politischen Eintheilung übereinfielen, und wenn sich anderseits in jedem solchen Divisions-Bezirke die Gelegenheit fände, die auf besondere Instruktionswege reflectirenden technischen Truppen, sowie die Cavallerie und Artillerie ihrer Eigenthümlichkeit entsprechend zu dislociren.

In manchen Gegenden ist dies absolut unmöglich. Dort müsste man schon wegen Ausbildungsrücksichten die Cavallerie und die technischen Truppen in grösseren Verbänden, — corpsweise, — beisammen halten, also eine Vereinigung des Divisions- und Corps-Systems durchführen.

Aber wenn auch die finanziellen und örtlichen Verhältnisse dies erlaubten, so liessen es sicher politische Rücksichten nicht zu, diese theoretisch sehr einfach zu formulirenden Grundsätze der Verlegung der

Truppen in ihre Ergänzungsbezirke und die Bildung reiner Divisions-Bezirke ganz unverfälscht in die Praxis zu übertragen.

Namentlich konnte diess dort nicht möglich sein, wo die Kriegs-Verwaltung, wegen der jährlich anzufordernden Budgets, nicht nach einem grossen Systeme vorgehen, sondern einfach nur von einem Jahre zum andern organisiren kann.

Dazu tritt, dass in einigen Staaten die durch die waffenweise Gruppirung zu erzielenden Vortheile, höher angeschlagen werden, als die, welche durch die volle Verschmelzung aller Waffen zu einem neuen Körper, zur Division erwachsen würden.

Durch dieses Festhalten an den bisherigen Ordre de bataille-Grundsätzen, wird zunächst selbst die Annäherung an das Axiom unmöglich, dass die Armee im Frieden so organisirt sein müsse, wie im Kriege.

Das Perhoresziren des Einflusses des Divisionärs im Frieden impft unwillkürlich der Befehlsgebung im Kriege einen eigenthümlichen lockeren Charakter ein. Die Artillerie und die Cavallerie lernt nicht, in dem grösseren Ganzen aufzugehen: man gewöhnt sich nicht daran, die Division als einen einzigen mächtigen Schlachthaufen zu betrachten; man reisst ihr nur zu leicht und zu gerne bald die Artillerie, bald die Cavallerie ab und lässt dem Divisionär bloss die Infanterie als Rumpf, ohne Arme und Beine, zurück.

Die Schwierigkeiten der Dislocation der Bestandtheile einer Division auf einem beschränkten Raume, die Schwierigkeiten der Zertheilung der gewöhnlich besser an wenigen Punkten concentrirten Monturs-, Armaturs- und Munitions-Vorräthe, sind also nicht die einzigen Hemmnisse für die Durchführung eines auf die Division basirten Verwaltungs- und Ergänzungs-Systems.

Nichtsdestoweniger haben nach dem deutsch-französischen Kriege fast alle Staaten nach Massgabe der den Kriegs-Verwaltungen zu Gebote gestellten Mittel, die neuen Principien der Heeres-Ergänzung und Bereitstellung der Armee, wenigstens in Form des Corps-Systemes, zur Durchführung gebracht.

Auch Russland acceptirte dieselben.

Politische Rücksichten auf die Ostsee-Provinzen und auf Russisch-Polen und die Vorliebe für besondere Garde-Formationen, machten allerdings die reine Durchführung dieser Principien auch in Russland nicht möglich.

In dem grössten Theilen der inner-russischen Provinzen wurde indessen das neue System der Dislocation schon mit Rücksicht auf die rasche Mobilisirung und theilweise sogar Divisionsweise angewendet.

Die 41 Armee-Divisionen, in 14 Militär- (Corps-) Bezirke gruppirt, reflectiren in Hinsicht der Aufbringung ihres Bedarfes, auf 41 Divisions-Bezirke; diese zerfallen, entsprechend den 4 Regimentern, aus welchen jede Division besteht, in je 4 Regiments-Bezirke; die 41 Divisions-Bezirke demnach in 164 Ergänzungs-Bezirke; diese wieder in so viele Einberufungs-Bezirke, dass selbst die Recruten der entlegensten Orte nicht mehr als 56 Kilometer ($7^{1}/_{2}$ Meilen) von ihrer Präsentirungs-Behörde entfernt sind.

Ausser diesen 41 Armee-Divisionen bestanden jedoch und bestehen noch 3 Garde- und 4 Grenadier-Divisionen, welche in Hinsicht ihrer Ergänzung, ähnlich wie die 7 Schützen-Brigaden und die als Brigaden formirten Sappeur-Bataillone, auf das ganze Reich reflectiren.

Im Ganzen verfügte die russische Regierung für einen Offensivkrieg zur Zeit des serbisch-türkischen Krieges der Hauptsache nach über 48 Infanterie- und 21 Cavallerie-Divisionen. Davon standen in Europa 41, im Kaukasus 7 Infanterie-Divisionen.

Der hiedurch gekennzeichnete Rahmen der russischen Wehrkraft umfasst allerdings nicht das ganze dem Staate organisationsgemäss zur Verfügung stehende lebendige Material.

Die gesetzliche Dienstpflicht des russischen Wehrpflichtigen erstreckt sich zu Folge des Wehrgesetzes vom Jahre 1874 bei der Landwehr auf 15 Jahre — u. z. auf 6 Jahre Activ-Dienst-Zeit und auf 9 Jahre in der Reserve.

Das jährliche Contingent an Wehrpflichtigen beträgt bei einer auf 5,700.000 ☐ Kilometer vertheilten Einwohnerzahl von 63 Millionen circa 6—700.000 Mann. Von Hundert Einwohnern Einen. Ein Drittel davon etwa 200.000 Mann sind als kriegsdiensttauglich anzunehmen, so dass in 15 Jahren etwa 3,000.000 oder mit $50^0/_0$ Abstrich etwa 1,500.000 Mann für den Krieg ausgebildet sein und als Combattanten gerechnet werden könnten; — für diese Summe reicht der bisherige organisatorische Rahmen jedoch nicht aus.

Die russische Regierung soll in Folge dessen 1875 und 1876 nur ein Recrutencontingent von 180.000 Mann, also bedeutend weniger als das jährliche Stellungs-Ergebniss ausgeschrieben haben.

Die Friedenspräsenzstärke des russischen Heeres betrug daher im Jahre 1877 auch nur circa 650.000 Mann; d. i. etwa 4 Altersklassen à 160—170.000 Mann. Im Falle eines Krieges handelte es sich also zunächst um die Einberufung der nächsten 11 Altersklassen und weiters um die Beschaffung des grössten Theiles der Trainpferde.

Von der raschen Completirung der Truppentheile auf den Kriegsstand und deren rascher Ausrüstung mit allem Kriegs-Zugehör (Trains-, Munitions-, Verpflegs-Vorräthe) hieng wie immer, auch Ende 1876 die Vehemenz der Kraftäusserung ab.

In dieser Hinsicht ist es wichtig zu bemerken, dass zu Ende des Jahres 1876 bereits die Infanterie-Regimenter von 22 Divisionen, u. z. hauptsächlich die an der südlichen Grenze in den Militärbezirken Kiew, Charkow und Odessa eingetheilten Divisionen, in ihren Ergänzungs-Divisions-Bezirken lagen.

Die dazu gehörige Cavallerie und Artillerie und deren Anstalten waren corpsweise gruppirt, so dass in Europa meist je 2 Infanterie-Divisionen mit zwei Artillerie-Brigaden und zwei Cavallerie-Brigaden ein Corps bildeten.

Auf jede Infanterie-Division entfielen 4 Infanterie-Regimenter (16 Bataillone), eine Artillerie-Brigade à 6 Batterien oder 48 Geschütze und eine Cavallerie-Brigade von 2 Regimentern, zusammen 8 Eskadronen.

In Hinsicht der raschen Versammlung der Armee wäre es ideal, wenn die completirten Abtheilungen zonenweise, gleichzeitig, sozusagen in mehreren Colonnen auf gleicher Höhe, an die Grenze versetzt werden könnten.

Da jedoch bei dem Abschieben an die Grenze aus operativen Gründen an der Idee festgehalten werden muss, dass der Hauptsache nach nur grössere — wo möglich aus allen Waffen zusammengesetzte, vollkommen operationsbereite Heerestheile in dem Aufmarschraume eintreffen, so folgt daraus die Nothwendigkeit, die zu einem und demselben Ganzen gehörenden Truppentheile und Anstalten in einer die rasche Vereinigung garantirenden Weise dislocirt, wo möglich entlang der zum Aufmarschraume ziehenden Eisenbahn-Linien echellonirt zu haben.

Russland hat auch in dieser Hinsicht unermüdlich gearbeitet. — Es hat erstens beinahe nichts als sogenannte strategische Bahnen gebaut.

Die Bahnlinie von Petersburg über Moskau nach Asow rahmt so ziemlich das europäische militärische Russland ein; innerhalb dieses Bogens führten Ende 1876 nicht weniger als 3 Bahnen von der Nordwestgrenze des Reiches von der Ostsee an das schwarze Meer nach Cherson und Odessa.

Diese 4 Parallel-Bahnen, mit Vorliebe Rokade-Bahnen genannt, wurden nördlich und südlich der Pripjet-Sümpfe von je 2 Radial-Bahnen gekreuzt; — nördlich von der
Warschau—Petersburger und der
Warschau—Brzesc—Moskauer; südlich von der Bahnlinie
Winnica—Kiew—Kúrsk und
Bender—Balta—Charkow.

Die nördlichen ermöglichten die rasche Versammlung bei Warschau, die südlichen am Pruth.

Die Stäbe, die Truppentheile, selbst die Depots wurden zweitens meist divisions- resp. corpsweise an den Eisenbahnen stationirt; — wobei man allerdings nicht an eine allgemeine Kasernirung der Truppen denken darf.

Indessen genügt ein Blick auf eine Eisenbahn-Karte von Russland, um zu sehen, dass selbst in den dichter bevölkerten Provinzen an der westlichen und südlichen Grenze die Urlauber der einzelnen Einberufungsbezirke und auch die Garnisonen, z. B. aus Chatim 70 und mehr Kilometer an die nächste Bahnstation haben, und dass von dem Mobilisirungsbefehle an bis zur Transportsbereitschaft der Divisionen in einzelnen Fällen 6—8, auch mehr Tage vergehen müssen.

Die Maschen des Bahnnetzes sind noch immer sehr gross; — 100—150 Kilometer Entfernung, 5—6 Tagmärsche an die Bahn sind nichts Seltenes.

Für die Verwaltung der Armee und die Vorbereitung derselben für den Krieg verfügte die Armee-Verwaltung seit Jahren über ein Budget von 200 Millionen Rubel, circa 350 Millionen Gulden, das Dreifache des österreichischen Militär-Budgets.

Man muss sagen, dass Russland diese Geldmittel auch wirklich nach einem grossen Programme verwendete.

Das ganze 4,240.000 ☐ Kilometer umfassende türkische Reich hat in Europa unter 9 Millionen Einwohner nur 4 Millionen Mohamedaner, in Asien unter 14 Millionen 11 Millionen, im Ganzen 15 Millionen Mohamedaner; diese allein geben den Stock für die türkische reguläre Armee ab.

Diese Bevölkerungsmenge präsentirt jährlich circa 150.000 Stellungspflichtige; — ebenfalls von hundert Einwohnern Einen; man kann annehmen, dass wieder ein Dritttheil davon kriegsdiensttauglich ist und wirklich in die Armee eintritt.

Die 6 jüngsten Jahrgänge — die Linie — würden darnach etwa 300.000 Streitbare stellen.

Die 6 nächst ältesten Jahrgänge, die Landwehr, in Berücksichtigung des natürlichen Schwundes, etwa 200.000 Mann.

Von diesen 500.000 Streitbaren müsste man einen weiteren Abstrich machen, um schliesslich die Stärke der Operations-Armee genau beziffern zu können.

Um dieses Roh-Material zunächst flüssig zu machen und in die erste — noch ziemlich weite — Form zu pressen, war der letzten grossen Militär-Organisation vom Jahre 1843 zu Folge das ganze Reich nach Art des preussischen Territorial- und Landwehr-Systems in 7 grosse Militärbezirke, Ordus, und jeder derselben wieder in Bataillons-Ergänzungs-Bezirke getheilt.

Das europäische Reich enthielt der Hauptsache nach 3 Militärbezirke mit den Hauptorten: Monastir in Albanien — Schumla — und Constantinopel; das asiatische 4: — mit den Hauptorten Erzerum — Damascus — Bagdad — und Sanaa in Arabien.

Jeder Bataillons-Ergänzungsbezirk stellte 1 Bataillon Linie (Nizam), 2 Bataillone Landwehr (Redif), 1 Bataillon Landsturm (Mustafiz); die Cavallerie-, Artillerie- und Pionnier-Abtheilungen recrutirten sich aus je einem Militärbezirke; nur einzelne technische Corps aus dem ganzen Reiche.

Für die weitere Bearbeitung des so gesammelten Materials war jedoch nur sehr spärlich vorgedacht.

Es bestanden nur die Linien-Formationen en cadre und auch diese waren äusserst schwach im Stande — und durchgehends ungenügend mit Offizieren dotirt.

Für die rasche Bereitstellung der Landwehrformationen war weder durch die Aufstellung von Cadres gesorgt, noch war an deren sofortige Verwendung wegen des Mangels an Offizieren und wohl auch an Ausrüstungsmateriale zu denken.

Von den zunächst in's Mitleid gezogenen europäischen Militärbezirken, hatte der von Schumla organisationsgemäss 24 Bataillonsbezirke, entsprechend 24 Bataillonen Nizams und 48 Bataillonen Redifs (24—1. und 24—2. Linie), der Militärbezirk von Monastir ebenso 32 Nizam- und 64 Redif-Bataillone, überdiess 24 Eskadronen und 17 Batterien aufzustellen; der erste Ordu, Constantinopel, stellte 28 Bataillone Nizam und 56 Bataillone Redifs, weiters 39 Eskadronen und 27 Batterien auf.

Man könnte die Nizam-Formationen dieser 3 Ordus etwa je 2 Linien-, die Redif-Formationen etwa je 4 Landwehr-Divisionen, zusammen 6 schwachen Linien- und 12 schwachen Landwehr-Divisionen, zusammen 18 Divisionen vergleichen. Auf jede Division entfielen darnach 12—14 Bataillone, 4—5 Eskadronen Cavallerie und 2—3 Batterien.

Der IV. Ordu — Erzerum — naturgemäss gegen die russische Kaukasus-Armee frontmachend, — zählte 24 Nizam- und 48 Redif-Bataillone mit 24 Escadronen und 14 Batterien, also ebenfalls etwa 2 Linien- und 4 Landwehr-, zusammen 6 schwache und namentlich an Cavallerie und Artillerie sehr schwache Divisionen.

Von den anderen 3 Ordus war der V. — Damascus — etwa 6 Divisionen, — der VI. und VII. zusammen — etwa 5 Divisionen gleichzuhalten. In wie weit diese asiatischen Organisationen entbehrlich waren, ist nicht leicht zu bestimmen; jedenfalls aber wären unter der Annahme grosser Anstrengungen 5—6 derselben für den Kriegsschauplatz in Europa verfügbar zu machen gewesen.

Demgemäss war vielleicht das Maximal-Calcül über die eigene Kraft etwa so zu stellen, dass man in Europa 18 europäische und 6 asiatische, zusammen etwa 24 Divisionen, in Asien etwa 6 Divisionen mobil machen und dem Feinde entgegenstellen könnte.

Dies jedoch nur unter der Annahme, dass man sich dann in allen Provinzen, und allen andern Feinden, also auch Montenegro und Serbien gegenüber fast nur mit Landsturm-Formationen beholfen hätte.

Die militärische Verfassung der Türkei war dem Grundgedanken nach nicht weit entfernt von jenen Grundlagen, auf welchen jene Russland's aufgebaut war.

Sie hatte eine territoriale Abgrenzung des Landes und die Bildung reiner Militär-Bezirke zur Basis, wie diese. Die Regierung hatte aber weder die auf die rasche Durchführung der Mobilisirung der einzelnen Heereskörper, noch auf deren vollständige taktische und administrative Selbständigkeit bezügliche Vorsorgen getroffen oder treffen können.

Ebensowenig war die rasche Vereinigung der Heerestheile an der Grenze durch die Anlage von dahin führenden Schienenwegen gewährleistet.

Die einzige Eisenbahn südlich des Balkan, führte von Constantinopel und von Dedeagatsch, von der Bucht von Enos aus, in 2 Abzweigungen gegen Sofia und gegen Jamboli, an den Südfuss des Balkans.

Durch diese Linien und durch den Schienenweg Rustschuk—Schumla—Varna in Verbindung mit dem Seewege, war wenigstens der Osten Bulgarien's mit Constantinopel leicht und gut verbunden.

Der Ordu Monastir war aber von der Donau z. B. ganz isolirt. Die Distanz von Monastir nach Rustschuk über Sofia beträgt über 400 Kilometer oder circa 15—16 Tagmärsche.

Welche Schwierigkeiten dem raschen Heranziehen der asiatischen Truppentheile entgegenstanden, werden wir noch Gelegenheit haben, zu erwähnen.

Hier sei nur bemerkt, dass, im Ganzen genommen, die Mobilisirungs- und Versammlungs-Voranstalten der Türkei wohl nicht entfernt an jene Russland's hinanreichten. Nicht quantitativ, denn es konnten den 48 russischen Divisionen **höchstens 30** entgegengestellt werden; und nicht qualitativ, denn es war weder der organisatorische Rahmen, noch die Instruction nur für diese 30 Divisionen vorhanden.

Ausser diesen allgemeinen Vorbereitungen für den raschen Uebergang aus dem Friedens- in das Kriegs-Verhältniss, sind aber der Natur der Dinge nach, auch meist noch eine Reihe **speciell technischer Vorbereitungen** nothwendig; man muss namentlich in fortificatorischer Beziehung meist erst in der letzten Minute nachholen, was man im Frieden versäumt hat.

Die Art dieser Vorbereitungen richtet sich nach der Zeit, die bis zur Bedrohung der betreffenden Punkte und Räume durch den Feind voraussichtlich verfliessen dürfte.

Bei den Grenz-Districten entfällt sie daher meist sehr kurz, oft ganz.

Bei den grossen Militär-Staaten im westlichen Europa ist die Spannung eine sehr bedeutende.

Die Mächte sind so auf der Hut und so gewappnet, dass sie bereit sind, und bereit sein müssen, wie im Jahre 1870, gewissermassen über Nacht aus der ruhigsten Politik in den energischesten Krieg zu überspringen.

Bei diesen ist es daher ein unbedingtes Gebot staatlicher Sicherheit, die zum strategischen Aufmarsch designirten Räume an der Grenze schon im Frieden vollständig hergerichtet zu haben.

Vier, höchstens sechs Wochen — meist weniger — vergehen bis

zum Beginne der Feindseligkeiten. — Das ist die ganze Zeit, auf die man mit Bestimmtheit rechnen kann, um das Versäumte nachzuholen.

Zu solchen Vorbereitungen war natürlich auch in dem russisch-türkischen Kriege alle Veranlassung gegeben.

Die voraussichtlichen Kriegsschauplätze in Bulgarien und in Armenien wiesen ganz besondere Hindernisse: die Donau, die bulgarischen und die armenischen Festungen und eine Reihe schwieriger Passagen im armenischen Hochland und im Balkan auf.

Russland musste daher den allgemeinen Vorbereitungen, wie sie in der Organisation der Armee im Frieden zum Ausdrucke gelangten, nunmehr specielle, directe auf den Kriegsfall gerichtete Vorbereitungen folgen lassen.

Hiezu musste man den voraussichtlichen Verlauf der Operationen in's Auge fassen, die natürlichen und künstlichen Hindernisse, welche sich einer Offensiv-Bewegung entgegenstellen oder die Vertheidigung begünstigen konnten; die Festungen, deren Einschliessung oder Belagerung; die Flüsse, deren rasche Uebersetzung; die Gebirgspässe, deren Befestigungen sich als nothwendig ergeben konnte.

Darnach mussten die normal zusammengestellten Belagerungs-Parks im directen Abzielen auf die voraussichtlich zu belagernden Objecte geprüft, eventuell neu zusammengestellt, mit dem neuesten Materiale ausgestattet, Ueberbrückungs-Materiale vorbereitet, besonders für die Anlage von Befestigungen durch Anschaffung von Panzerungen oder ganzer (zerlegbarer) Blockhäuser und specieller Armirungen vorgesorgt werden.

Im Interesse einer kräftigen Kriegführung mussten weiters die Verpflegs-Vorbereitungen nach Mass der Ressourcen des voraussichtlichen Kriegsschauplatzes getroffen werden.

Diese, besonders aber die Ansammlung der Vorräthe und die Sicherstellung der zum Nachschube erforderlichen Transportmittel, nahmen früher oft Monate in Anspruch; man denke nur an die Verpflegs-Vorkehrungen, die Napoleon 1812 vor dem Kriege gegen Russland traf.

Sie können aber auch noch heute, trotz Eisenbahnen und Dampfschiffen, Wochen lang dauern. Wenn auch die Dampfverbindungen von der Zusammenstellung riesiger Train-Colonnen entheben, so muss man dafür die Anlage und rasche Inbetriebsetzung von Eisenbahnlinien und Dampfschiffcursen in Aussicht nehmen; das hiefür nothwendige Materiale und Personale muss mit Rücksicht auf die voraussichtliche Länge und

Beschaffenheit der Operationslinien sichergestellt und die betreffenden Friedens-Organisationen entsprechend vermehrt werden.

Die normale Organisation und Ausrüstung einer Armee kann allen diesen Momenten nie genügend Rechnung tragen; selbst die bestausgebildete Armee wird gewisser Ergänzungen und Vorbereitungen bedürfen.

Je nach dem Masse derselben hat die Politik mehr minder freie Hand. Der gut vorbereitete Staat kann den Krieg sozusagen vom Zaune brechen. Der minder Vorbereitete kann nicht vorsichtig genug sein. Die politische Einleitung des Feldzuges muss ihm die Zeit verschaffen, das Fehlende nachzuholen.

Nachdem Russland die Führung der politischen Verwicklungen übernommen hatte, den Gang der Verhandlungen nach eigenem Belieben beschleunigen oder verzögern konnte, und weiters wünschen musste, den Feldzug wo möglich in einer Jahreszeit zu beginnen, wo voraussichtlich eine continuirliche vehemente Operation möglich wäre, so lag auch der Gedanke nahe, mit dem Beginne der Feindseligkeiten so lange zu warten, bis es mit seinen Vorbereitungen vollständig fertig geworden wäre.

Die speciellen militärischen Vorbereitungen der Türkei konnten sich, der allgemeinen Verhältnisse wegen, nicht auf einen Offensivkrieg erstrecken; sie mussten dagegen um so intensiver auf die Herrichtung Bulgarien's für einen Vertheidigungskrieg Bedacht nehmen, d. h. in's Militärische übersetzt: Bulgarien musste als Manövrir-Terrain hergerichtet, zum Mindesten die Donau-Festungen Widdin, Rustschuk, Silistria und Schumla, als die natürlichen Stützpunkte aller Operationen zwischen der Donau und dem Balkan, in Vertheidigungszustand gesetzt und wenigstens als grosse Depotplätze hergerichtet werden.

IV.

Die Bereitstellung der Kraft seitens Russlands.

Als nach Monate langem Kampfe endlich die befestigte Stellung der Serben bei Djunis durchbrochen ward und der Weg nach Belgrad offen stand, sprach Russland sein Veto. — Es hielt die türkische Armee in ihrem Vormarsch auf; es ging weiter; es forderte alsbald auch vollständige Autonomie für Bulgarien.

Bisher bloss politisch in der Offensive, trat Russland mit der Mobilisirungs-Ordre vom 11. November auch militärisch offensiv auf. Es erklärte sich damit offen vor aller Welt als den aggressiven Theil.

Es legte damit auch gewisse Erwartungen nahe.

Es übernahm die Verpflichtung seine Absichten um jeden Preis durchzusetzen.

Den russischen Militärs eröffnete sich damit eine Aera der Offensive, wie man sich keine schönere denken konnte. Alles was Russland bisher that, war offensiv; die Theilnahme für Serbien, sein Veto nach Djunis, seine Mobilisirung. — Welch' schönere Einleitung konnte sich ein Militär denken?

Vom allgemeinen politischen Standpunkte aus blieb aber auch die Forderung aufrecht, den Krieg mit der Türkei zu Ende zu führen, bevor sich die günstige politische Constellation änderte, bevor ein dritter Staat am Ende zu Gunsten der Türkei intervenirte.

Man müsste demnach sagen, dass sowohl die allgemeinen politischen als die militärischen Verhältnisse, die Russen zu einer ganz besonders mächtigen Kraft-Aeusserung herausforderten.

Wie die Verhältnisse zu Ende des Jahres 1876 waren, lagen nicht bloss der Zeitpunkt, sondern auch die Art der Eröffnung des Krieges, also alle initiativen Momente, ganz in den Händen der Russen.

Man betrachte die Einleitung dieses Krieges unter was immer für Gesichtspunkten, er war ein Duell, in welchem die Türkei zwar der geforderte, Russland der fordernde Theil war; — aber bei welchem dem Forderer nicht bloss die Wahl der Waffen, sondern auch die Wahl des Platzes und der Jahreszeit anheimgestellt blieb.

Nach alledem hätte man wohl vermuthen sollen, dass Russland diesen Krieg, den es ja schon so lange als unvermeidlich erkannte und erkannt haben musste, mit einer Machtentfaltung beginnen würde, würdig der politischen Einleitung, — in einem Tempo, entsprechend der nationalen Ungeduld.

Bei den klaren offensiven Zielen, der vollkommen ausreichenden militärischen Verfassung und bei den unfertigen Zuständen des Gegners hätte man denken sollen, dass Russland diesen Krieg im napoleonischen Style führen, — gleich einer Lawine über die Türkei herstürzen und sie zerschmettern würde.

Und was gebar der kreissende Berg?

Russland bestimmte für den Kriegsschauplatz in Europa 6 Corps oder 12 Divisionen mit circa 120.000 Mann, für den Kriegsschauplatz in Asien, abgesehen von einheimischen Formationen, 6 Divisionen oder circa 60.000 Mann; zusammen 18 Divisionen oder zwei Fünftel seiner Kraft. —

Die beiden Gruppen standen etwa 1400 Kilometer, durch das schwarze Meer getrennt, von einander.

Ihr gemeinschaftliches Ziel war Constantinopel.

Bei der Erörterung der Stärke-Verhältnisse glauben wir zuerst jene Erklärungsgründe besprechen zu sollen, welche in der allgemeinen Constellation wurzeln.

Da wollen wir fragen, ob Russland bei der Bemessung der Kraft ganz freie Hand hatte oder auf andere Eventualitäten Rücksicht nehmen musste.

Freie Hand hätte es nur dann gehabt, wenn es mit Deutschland und Oesterreich verbündet gewesen wäre.

Erörterungen über die damalige politische Lage anzustellen, liegt indessen natürlich ausserhalb der Tendenz dieser Zeilen; dafür wollen wir einen Moment bei der militärischen verweilen.

In dieser Beziehung können wir nur sagen, dass es militärischerseits ein **unbedingtes** Vertrauen auf den Nachbar oder die Nachbarn nicht geben kann. Die innigsten Allianzen haben schon über Nacht in das Gegentheil umgeschlagen.

Die Angriffswege, welche einer russischen Armee beim Marsche nach Constantinopel zu Gebote stehen, sind nun von Oesterreich so flankirt, dass man auch, ohne an die Ereignisse des Jahres 1854 zu erinnern, erklären kann, dass Russland nicht ohne Rücksicht auf Oesterreich den Krieg an die Donau tragen konnte.

Von Kronstadt nach Galatz sind nur 90 Kilometer (12 Meilen) oder 4 Tagmärsche. Die der österreichischen Machtsphäre entrücktere Donaustrecke — von Galatz bis zur Mündung — lag dagegen wieder in der Wirkungssphäre der das schwarze Meer beherrschenden türkischen Flotte.

Der äusserst enge Kanal, durch welchen die russische Armee überhaupt an die Gegner gelangen konnte, schien also eine Art Rückendeckung zu fordern.

Vielleicht waren wirklich die Verhältnisse mit den Nachbarstaaten nicht so geklärt, dass man sich dem Kriege mit der Türkei hätte ganz rückhaltslos widmen können.

Vielleicht hielt man aber auch diese 12 Divisionen überhaupt für genügend, um den Krieg mit der Türkei zu Ende zu führen und dachte gar nicht daran, mehr hiezu zu verwenden.

Hielt diese Ansicht vor, so konnte sie nur in der Geringschätzung der türkischen Widerstandsfähigkeit begründet sein.

Hierin wären die Russen nur derselben Ansicht gewesen, wie fast alle anderen Staaten.

Die militärischen und politischen Sendboten, die Russland in die Türkei sandte, waren meist Slaven, und als solche ganz begreiflicherweise der Hauptsache nach an die Mittheilungen ihrer Stammverwandten auf der Balkan-Halbinsel gewiesen. Die angeborene Antipathie gegen die Osmanen färbte ihre Berichte entsprechend einseitig. Man nahm sowohl in Russland wie anderwärts einfach die Maximal-Leistungsfähigkeit der türkischen Heeresleitung als äusserst gering an, supponirte ihre Truppen schlecht bewaffnet, schlecht geführt, schlecht ausgerüstet, ohne Sinn für, den Sicherheitsdienst, ohne jede Offensivfähigkeit.

Man gab sich nicht allein in Russland der Anschauung hin, dass Montenegro, die Insurrection in Bosnien, dann Serbien und Griechenland allein schon die Macht der Türkei zum grössten Theile absorbiren würden, und für Bulgarien so wenig übrig bleiben dürfte, dass es vor 120.000 Russen rein zerstieben müsse.

Nun diese Möglichkeit war gewiss nicht ausgeschlossen; aber man hatte dann in sein Calcül eben die günstigsten Chancen aufgenommen, während man im Gegentheile auf die ungünstigsten Combinationen gefasst sein muss.

In dieser Beziehung, glauben wir, musste die russische Heeresleitung dem Sicherheits-Coëfficienten zuliebe doch annehmen, etwa zwei Drittheilen der gesammten türkischen, durch ihre Organisation gekennzeichneten Wehrmacht — also etwa 12—18 Divisionen — an der Donau, einem Drittheil, etwa 6—8 Divisionen — in Klein-Asien zu begegnen.

Nach der Niederwerfung Serbiens und der zu Ende des serbischen Krieges stattgehabten türkischen Kräfte-Vertheilung, wusste man als sicher, dass man an der Donau auf mindestens 8—9 Divisionen stossen würde. Nur zu deren Ueberwältigung allein, abgesehen von allen Nebenzwecken, konnte das Calcül nicht leicht weniger als 12—13 Divisionen als nöthig annehmen.

Wir sind übrigens gewiss, dass es auch nicht an russischen Militärs fehlte, welche die beobachtete Rücksicht auf politische oder moralische Erwägungen bekämpften und der Bereitstellung einer grösseren Kraft das Wort redeten.

Sie konnten ganz gut zugeben, dass sich mit 6 Corps à 2 Divisionen zusammen 12 Divisionen oder 120.000 Combattanten viel machen liesse. Aber nicht um ein Mehr oder Weniger, konnten sie sagen, darf es sich bei solchen Fragen handeln. Der Staat tritt mit seinem Schwergewichte für den Erfolg ein oder nicht. Wir sind nicht stark genug, um mit dem Gros nach einer Seite hin abzuwehren, und nur mit dem Reste die Türkei zu besiegen.

Abzumessen, ob 6 oder 8 Corps genügen werden, um den Widerstand von 5 oder 6 Corps zu brechen, kann kaum ein erprobter Feldherr sich getrauen. — Ein Zuviel ist durch die grössere Sicherheit des Erfolges leicht zu rechtfertigen, nie ein zu wenig. Täuschen wir uns nicht. — Findet unter den gegenwärtigen so gleichartigen Bewaffnungs- und Ausrüstungs-Verhältnissen eine Armee nicht einen Napoleon an ihrer Spitze, so entscheidet fast stets die Zahl. Und selbst ein Napoleon könnte eine Ueberlegenheit von einem Drittel nicht mehr paralysiren.

Es ist daher vom militärischen Standpunkte aus wie auch vom humanitären und volkswirtschaftlichen, kaum je ein Grund für die Bereitstellung möglichst geringer Kräfte für eine Operation zu finden.

Die Bereitstellung von bloss 6 oder 8 Corps mag vom politischen oder bureaukratisch-finanziellen Standpunkte aus sehr bedeutend geschienen haben; — vom militärischen Standpunkte aus konnte sie höchstens von jenen in fast jeder Armee vorhandenen Heissspornen für genügend erachtet werden, welche sich gerne schmeicheln, mit weniger Kräften um so grösseren Ruhm zu ernten, nicht eingedenk des Sprichwortes: „dass auch im Kriege viele Hunde des Hasen Tod seien".

Vielleicht war einer der angeführten Gründe — vielleicht waren Beide zusammen massgebend für die Festsetzung der Stärke der Operationsarmee.

Nachdem sie einmal so gering bemessen war, fanden sich gewiss eine Reihe von accessorischen Gründen, um etwaige weitere Bedenken zu widerlegen; so der Hinweis, dass auch früher nie stärkere Armeen gegen die Türkei in's Feld gezogen seien, dass Diebitsch mit kaum 30.000 Mann sich zwischen Varna und Schumla hineinzwängte, dass er mit kaum 10.000 Mann den Frieden diktirte, — oder dass die Verpflegung einer grösseren Armee über die Möglichkeit ginge u. dgl.

Derlei Ansichten mögen im Allgemeinen viel Bestechendes haben; namentlich die Schwierigkeiten eine grössere Armee zu verpflegen, mochten bei dem mangelhaftem Eisenbahn-Netz und den leicht unterbrochenen Communicationen als sehr schwerwiegend erschienen sein.

Jedenfalls aber dürften die Russen wie wir Alle von diesen Ansichten zurückgekommen sein.

Auch in den unwirthlichen gegen frühere Zeiten übrigens bedeutend cultivirteren, an Vieh stets sehr reichen Gegenden an der untern Donau gilt der Grundsatz vom numerischen Uebergewichte und der Erfahrungssatz, dass 100.000 Mann eher etwas zu essen finden als 50.000.

V.

Die Wahl des Zeitpunktes für die Eröffnung der Operationen.

Mochte die von den Russen Ende Jänner bei Kisinew versammelte Kraft auch vielen Militärs sehr gering erscheinen, so hätte man die Zweifler leicht von dem Gegentheil überzeugen können, wenn man die kleine Macht in recht offensiver und intensiver Weise in Thätigkeit gesetzt hätte.

Dies geschah jedoch nicht.

Die russische Armee blieb bis Ende April bei Kisinew stehen.

Es frägt sich hiebei vom militärischen Standpunkte: War daran vielleicht die Jahreszeit schuld? Verschob man die Eröffnung der Operationen, um mit Bezug auf das voraussichtliche Kriegstheater später um so energischere Operationen in Scene setzen zu können?

Den bekannten Daten über die Wasserstands-Verhältnisse der Donau und den Erfahrungen früherer Feldzüge zufolge, konnte man nicht leicht hoffen, vor Ende März die Donau zu überschreiten, aber unmöglich war auch ein Uebergang in Winterszeiten nicht.

Die meisten der in diesem Jahrhunderte über die untere Donau vollführten Uebergänge fanden im Monate März statt; — 1810 bei Nikopolis und 1854 bei Silistria, bei Braila, Galatz und Ismail; aber es fanden solche auch im November, — 1853 bei Rustschuk und Oltenitza — und selbst im Jänner — 1854 bei Nikopolis und Rustschuk statt.

Um von den nicht auf Monate oder Wochen vorher zu sehenden günstigen Wasserstands-Verhältnissen der Donau zu profitiren, musste man jedoch schon an dieser selbst aufmarschirt, d. h. nicht mehr als 3—4 Tagmärsche von ihr entfernt stehen.

Die Ursache, warum die Russen dem vollendeten Aufmarsche Ende Jänner nicht sofort den Vormarsch gegen die Donau folgen liessen, dürfte eher in der Nothwendigkeit der Fortdauer der diplomatischen Aktion zu suchen sein.

Am 21. Jänner löste sich die Conferenz in Constantinopel auf. Der „grosse Rath", dem Midhat Pascha die Schluss-Ergebnisse der Conferenz unterbreitete, erklärte die Punktationen als unannehmbar und als unberechtigte Einmischung in die inneren Angelegenheiten der Pforte.

Damit war eigentlich der Kriegsfall de facto eingetreten.

Indessen muss die politische Sachlage Seitens Russland noch nicht für reif erachtet worden sein.

Am 31. Jänner knüpfte die russische Regierung den Faden der diplomatischen Aktion mit einem Rundschreiben wieder an, welches die europäischen Cabinete aufforderte, selbst zu sagen, wie dem Weiterbestehen der als unzulässig erklärten Zustände auf der Balkan-Halbinsel ein Ende gemacht werden sollte.

Diese diplomatische Aktion fand ihren Abschluss in dem Londoner-Protokoll, welches als letzter Versöhnungsversuch erst Ende März bei der Pforte überreicht wurde.

Am 9. April lehnte die Pforte auch die damit vorgezeichneten Wünsche ab.

Diese Ablehnung erst scheint nun die von Russland für unabweisbar erachtete Isolirung der Türkei herbeigeführt und die ihm so nothwendige Lokalisirung des Krieges ermöglicht zu haben.

Sie ward als casus belli erklärt.

Am 10. April ward der erste Kriegsrath in Kisinew gehalten und die mit Rumänien abgeschlossene Uebereinkunft bezüglich des Ausbaues der Eisenbahnen, der Benützung der Post- und Telegraphen-Aemter etc. veröffentlicht.

Die Kriegserklärung selbst erfolgte erst nach weiteren 14 Tagen.

Dieses verhältnissmässig sehr langsame Verfahren berechtigt dazu, die Ursache für die Ende Jänner wieder aufgenommene diplomatische Aktion zum Theile auch in der Nichtbeendigung der militärischen speciellen Vorbereitungen zu suchen.

War dies der Fall, so konnte man allerdings nicht genug vorsichtig bei allen diesen politischen Massregeln sein. Man musste aber dann auch trachten, den Gegner über die eigenen Absichten möglichst lange im Unklaren zu lassen.

Vom militärischen Standpunkte könnte man aus dem stattgehabten Verlaufe die Lehre ziehen, dass es oft geboten sein kann, von dem Zeitpunkte der voraussichtlichen Beendigung aller Vorarbeiten, hier z. B. Bereitstellung der Torpedo-Boote und der Donau-Flotille, zurück zu rechnen und darauf zu bestehen, dass die Mobilisirung — als erstes und nicht mehr misszuverstehendes Kriegsanzeichen — erst dann angeordnet werde, wenn sich an sie sofort der Aufmarsch und an diesen der Vormarsch anschliessen kann.

Klären nicht bisher unbekannte Daten die Massnahmen der russischen Regierung auf, so behielte leicht die Ansicht Recht, die Russen hätten die Mobilisirung als ein rein politisches Moment und nicht als militärisches aufgefasst; sie wären einfach von den politischen Ereignissen, — von dem serbisch-türkischen Kriege — mit fortgerissen und ohne weitere Rücksichtnahme auf die militärische Bedeutung derselben zur Mobilisirung gedrängt worden.

Genau genommen, hiesse das nichts Anders, als der Politiker habe den Militär in's Schlepptau genommen und ohne viel zu fragen, dessen beste Karte im Voraus ausgespielt.

Nichts kann vielleicht die Nothwendigkeit übereinstimmender politischer und militärischer Einleitung eines Feldzuges besser illustriren, als diese frühzeitige Mobilisirung der Russen.

Sicher hat man auch für deren Rechtfertigung höchst bedeutende Schlagworte gefunden, oder man wird sie finden.

Man musste dem russischen Auftreten auf der Conferenz militärischen Nachdruck verleihen; man musste den Serben und Bulgaren und den Montenegrinern zeigen, dass man Ernst machen wolle; man konnte dem Drängen der Nation nicht länger widerstehen; vielleicht werde die Türkei sich gefügiger erweisen oder am Ende nachgeben, und wie die tausend wichtig thuenden Gründe heissen mögen, mit welchen man die eigenen Bedenken zu beschwichtigen sucht, welche Tage und Wochen und Monate lang die Oeffentlichkeit beschäftigen, aber auch oft die besten Momente für die Kriegs-Eröffnung verstreichen lassen und eigentlich mit dem Kerne der Sache nichts zu thun haben. Sie umgeben ihn allerdings sehr oft so dicht, dass man ihn kaum mehr herauszuschälen vermag.

Die grosse Frage ist stets der Sieg der Waffen.

Die Zweckmässigkeit der politischen Massnahmen unmittelbar vor einem Kriege ist hauptsächlich in dem militärischen Werthe derselben zu suchen.

Der Politik stehen so viele unschuldige Mittel zu Gebote, dass man vielleicht mit Recht von ihr verlangt, dass sie nicht zu militärischen greift, ohne deren Zusammenhang mit der eventuellen Kriegseröffnung auf das Eingehendste zu würdigen, dass sie erst dann die Mobilisirung fordert, wenn sie fest entschlossen ist, von diesem Momente an den militärischen Massnahmen freien Lauf zu lassen, sich diesen dienend unterzuordnen.

Nur der Militär kann angeben, wann am besten mobilisirt wird; die politische Action ist demnach dann am besten und geschicktesten geführt, wenn sie so elastisch und dehnbar ist, dass sich der Militär den Zeitpunkt für die Kriegseröffnung selber wählen kann.

Die Mobilisirung ist umsoweniger bei den modernen Kriegsverfassungen als Mittel der Politik aufzufassen, da sie gegenwärtig mehr denn je als Bestandtheil des Kriegs, — als eigentliche Kriegs-Eröffnung, — als der Moment angesehen werden muss, wo nur mehr der Militär entscheiden kann, in welcher Weise die Fortsetzung der politischen Action geschehen soll.

Wird nicht an diesem Gedanken festgehalten, dass von einem gewissen Momente an nicht der Krieg ein Mittel der Politik, — sondern umgekehrt die Politik ein Mittel des Krieges ist — so wird man nur zu leicht von einem Engagement zum andern fortgeführt, bis die Lage schliesslich so ernst wird, dass sie nur mehr mit dem Schwerte gelöst werden kann.

Es kann dann nur zu leicht vorkommen, dass sie den militärischen Bedürfnissen nicht entspricht und die Armee sie nun ausfechten muss, als ob ihre normale Aufgabe die wäre, politische Sünden gutzumachen und nicht die, politische Vortheile weiter auszubeuten.

Würde man sich für eine Kriegseröffnung im Monate Februar entschlossen haben, so hätte man allerdings auf gewisse Consequenzen, welche sich durch eine Kriegsführung in Bulgarien im Frühjahre ergeben konnten, vorgedacht haben müssen; man hätte für die Pferde z. B. noch kein grünes Futter vorgefunden, musste daher für mehr Nachschub sorgen u. dgl.

Man musste aber auch abwägen, ob man den Türken einige Monate Zeit mehr für ihre Rüstungen geben durfte. Schien das nicht möglich, und wir gestehen, dass uns ein solches Vorgeben an Zeit nie räthlich erscheinen kann, so musste man eben alle Nachtheile mit in den Kauf nehmen.

Wir möchten es nach den obigen Bemerkungen demnach für einen entschiedenen Nachtheil halten, dass die russische Operations-Armee 5 Monate vor der Kriegs-Erklärung mobilisirt ward. Damit war jedes überraschende Auftreten der russischen Heeresmacht von vornhinein ausgeschlossen. Der Gegner konnte factisch während des Winters bei der Publizität, welche alle russischen Mobilisirungs-Massregeln erhielten, jedes Bataillon, jede Compagnie abzählen, welche zur Operations-Armee bestimmt wurde.

Wie schon angedeutet, war diese Macht keineswegs so grossartig, dass sie dem Gegner hätte unbedingt imponiren müssen; im Gegentheile musste der Pforte mancher Stein vom Herzen fallen, als sie sah, dass ihr mächtiger Nachbar, dessen Armee-Organisation 41 Divisionen in Europa in's Feld zu stellen erlaubte, sich bloss mit 12 derselben für den Feldzug anschickte.

Ebenso beruhigend musste sie die Leichtigkeit berühren, mit welcher sie die Standorte und Cantonirungen der russischen Armee verfolgen konnte.

Es ist möglich, dass die Russen durch die unerwartete Niederlage der Serben zu einer vorzeitigen Mobilisirung veranlasst wurden; es ist ebenso möglich, dass sie auch glaubten, sie bedürften gegenüber den Türken keiner besonders raschen Einleitungen und sonst üblicher Vorsichtsmassregeln. Jedenfalls wäre es gefährlich, sich der Illusion hinzugeben, dass ein solches Verfahren unter andern Verhältnissen ebenfalls ohne grössere Nachtheile bliebe.

Man hat vielfach auch als erklärende Ursache der frühzeitigen russischen Mobilisirung angeführt, dass die Russen in aller Ruhe und Sicherheit den Mobilisirungs-Act vornehmen wollten. Das mag wohl als accessorischer Grund gelten. Wo aber so hohe Interessen am Spiele stehen, wo man allen Grund hat, den Gegner möglichst lange unvorbereitet und unthätig zu lassen, ist es sicher nicht gut gethan, ihn gewissermassen selbst aus seiner Ruhe aufzustacheln und ihn gleichsam zu einer 5monatlichen Vorbereitung zu zwingen, während der ganze Feldzug vielleicht davon abhing, dem Gegner nicht genügende Zeit zur Bereitstellung seiner Kräfte zu lassen.

Mögen aber auch hier politische oder militärische Ursachen oder beide zugleich den sofortigen Uebergang aus dem strategischen Aufmarsche, aus dem Bereitschafts- in das Operations-Verhältniss verzögert oder erheischt haben, auf keinen Fall kam dieses Hinausschieben der Operationen dem allgemeinen militärischen Prestige Russland's zu Gute.

Die Welt hat ein feines Gefühl für die Zuversicht und den Schwung militärischer Operationen; sie sah in dem schleichenden Gange der Ereignisse nur das Vorwiegen des politischen Elements — auf Kosten des militärischen; — sie vermisste die starke Hand, die, nachdem einmal das entscheidende Wort gesprochen, sofort selbst alle Zügel ergreift.

VI.

Die Bildung der türkischen Operations-Armee, und die Wahl des Zeitpunktes für den Beginn ihrer Operationen.

Zur Zeit, als die Mobilisirung der russischen Operations-Armee angeordnet wurde, Mitte November 1876, und der Ausbruch des Krieges seitens der Türkei nur mehr als eine Frage der Zeit aufgefasst werden durfte, stand der bedeutendste ihrer mobilisirten und actionsfähigen Heerestheile, die Armee Abdul Kerim Pascha's, 6—7 Divisionen stark, nach den Gefechten bei Djunis durch das Veto der russischen Regierung zum Stillstande gezwungen, im Morawa-Thale.

Ein zweiter, grösserer und ebenfalls actionsfähiger Heerestheil stand, etwa 4—5 Divisionen stark, in mehrere Gruppen getheilt, die Hauptgruppe unter Suleiman, gegen Montenegro im Felde.

Die nicht in diese Armee eingereihten Bataillone, Escadronen und Batterien waren auf dem Friedensfusse, vereinzelt in den Provinzen des türkischen Reiches, — zerstreut als Garnisonen zur Verfügung der Valis; kaum dass in den bulgarischen Festungen festere Verbände bestanden.

Die genaue Bezifferung der Zahl der so zerstreuten Linientruppen und noch mehr die Zahl der im Falle einer allgemeinen Mobilisirung aufzustellenden und mobil zu machenden Landwehr-Formationen, war jedenfalls sehr schwer.

Die Schätzungen der Ergebnisse der türkischen Rüstungen in Europa — seitens Fremder — differirten gleich um Hunderttausende.

Factum war, dass sehr bald, namentlich in Sofia und Adrianopel die neuen Formationen als Reserve-Armeen zusammengestellt und ausgebildet, und nach und nach parthienweise an die Donau nach Widdin, Rustschuk, Silistria und Schumla abgeschoben wurden.

Dass diese Kräfte-Vertheilung nicht als der **Aufmarsch** der türkischen Operations-Armee gelten konnte, war klar.

Ebenso, dass der Schwerpunkt der Ereignisse weiter östlich, und zwar im Ganzen in einem Raume liegen würde, welcher Constantinopel mehr oder minder directe deckte: etwa im Meridian von Schumla, als dem bedeutendsten Orte in der Hauptrichtung auf Constantinopel.

Vom Morawa-Thale bei Nis bis Schumla sind 16 Tagmärsche à 25 Kilometer*).

Die Truppen Suleiman's waren von dem voraussichtlichen Kriegsschauplatze ca. 26 Tagmärsche à 25 Kilometer, entfernt; sie konnten jedoch per mare, in etwa dem Viertel oder Fünftel dieser Zeit nach Bulgarien verführt werden.

Ein Lloyd-Dampfer, der eine Anzahl kleiner Häfen berührt, braucht von Triest nach Constantinopel ca. 7—8 Tage.

Bis zu welchem Zeitpunkte das Rokiren dieser zwei Armeen und ihre Concentrirung auf dem wahrscheinlichen Kriegsschauplatze ohne jede Gefahr feindlicher Einwirkungen durchzuführen war und welchen Aussichten man sich in Hinsicht der Mobilmachung und Concentrirung der neu zu bildenden Formationen hingeben durfte, davon konnte man sich nur durch einen Calcül über die voraussichtliche Dauer des russischen Auf- und Vormarsches Gewissheit verschaffen.

Zwar war es den Türken ebensowenig möglich, wie irgend einem andern Staate, sich vollständig, oder auch nur auf ein oder zwei Tage genau über die Verhältnisse der Mobilisirung und Concentrirung ihres Gegners zu orientiren; aber bei Aufstellung solcher Calcül's handelt es sich auch nur um ein Sicherheits-, ein Minimal-Calcül, um ein Programm, in welchem man die vom Gegner zu bewirkenden Leistungen mit den denkbar höchsten Werthen beziffert.

Jeder Staat muss ausser dem allgemeinen, schon besprochenen organisatorischen Calcül im letzten Momente ein neues, knapperes aufstellen, um zu wissen, welchen Vorsprung der Gegner unter den

---

*) Wir geben im Folgenden der leichteren Beurtheilung wegen die Distanzen in Tagmärschen an und rechnen — die Distanzen meist der Luftlinie nach gemessen — einen Tagmarsch = 25 Kilometer oder etwa $3^{1}/_{3}$ Meilen.

momentanen Verhältnissen in der Mobilisirung und in der Concentrirung seiner Armee erringen kann, und um hiernach den eigenen Aufmarsch und die eigenen Vorbereitungen im Detail festsetzen zu können.

Die Staaten würden zwar oft darüber erstaunen, welche Leistungsfähigkeiten und Geschwindigkeiten ihnen von ihren Nachbarn zugemuthet werden; doch bleibt kein anderes Mittel übrig.

Der türkische Generalstab konnte daher Mitte November 1876 auf Grund der officiell veröffentlichten russischen Mobilisirungs-Bestimmungen etwa folgend calculiren:

„Ist es wahr, dass die Russen nur die uns zunächst stehenden 6 Corps der Militär-Bezirke Odessa, Charkow und Kiew mobilisiren — und die Wahrheit war im Wege besonderer Kundschaften leicht zu constatiren, — so sind im Minimum zu rechnen:

„Ein bis zwei Tage mit Rücksicht auf die sehr mangelhaften telegrafischen Verbindungen für die Verbreitung des Mobilmachungs-Befehles;

„zwei bis drei Tage für das Einrücken in die Ergänzungs-Stationen;

„zwei Tage Einkleidung und Ausrüstung der Mannschaften;

„vier bis fünf Tage für das Zusammenstossen in die höheren Truppenverbände und Marsch an die Bahn; die zu Fuss zu hinterlegenden Distanzen betragen im Mittel 4—5 Tagmärsche à 25 Kilometer".

„Am 10. Tage — kaum früher — Beginn des Eisenbahn-Massen-Transportes an die Grenze".

„Von den mobilisirten 6 Corps reflectiren nur 5 auf den Eisenbahn-Transport".

„Das VIII. Corps in Kisinew und Odessa ist kürzer mittelst Fussmärschen u. z. binnen 6—7 Tagen, bei Kisinew zu concentriren (Odessa—Kisinew 188 Kilometer).

„Für den Transport der andern 5 Corps stehen 2 durchlaufende Eisenbahn-Linien zur Verfügung (siehe die als Beilage I angeschlossene Skizze), nämlich:

„*a*) Kiew—Kazatin—Smerinka—Birsula, und

„*b*) Orel—Kursk—Charkow—Birsula."

„Auf die nördliche Linie entfallen naturgemäss die an ihr und ihren Verzweigungen echellonirten 5 Divisionen (die 5. des IX., die 11. und 32. des XI. und die 12. und 33. des XII. Corps."

„Ein russisches Corps zählt 32 Bataillone, 14 Batterien, 18 Eskadronen; erfordert also etwa:

„32 Bataillone . . 32 Züge,
„14 Batterien . . . 20 „ } zusammen 70 Züge."
„18 Eskadronen . . 18 „

„Der Corpsstab und die Divisionsstäbe erfordern weiters 2 Züge; — macht 72 Truppenzüge."

„Die zwei fliegenden Divisions-Artillerie-Parks und

„die fliegende Cavallerie - Park - Abtheilung, — mit circa 2000 Pferden und 350 Fuhrwerken, —

„die Reserve-Anstalten, u. z.:

„die 2 mobilen Artillerie-Park-Abtheilungen,

„die 2 Feldspitäler und

„die 3 Abtheilungen des Intendanz-Transportes, welche man wohl nicht erst am Kriegsschauplatze selbst zu bilden hoffen kann, — mit circa 4000 Pferden und 1200 Wägen, —

„erfordern circa 60 Züge, vorausgesetzt, dass jeder derselben circa 100 Pferde und 30 Fuhrwerke und die dazu gehörige Mannschaft enthält."

„Die Truppen von 2½ Corps brauchen demnach zusammen mindestens 200 Züge, die Trains mindestens 150, zusammen 350 Züge."

„Die Bahnen sind eingeleisig; die Stationsweiten in Russland sehr bedeutend; die Leistungsfähigkeit daher kaum mit mehr als 10 Militärzügen täglich ins Calcül zu nehmen; aber nimmt man selbst 15 Züge täglich an, so können die Truppen der nördlichen Zone nicht vor 13 Tagen einwaggonirt und bei einer Entfernung von circa 500 Kilometern und einer Fahrgeschwindigkeit von 20 Kilometern in einer Stunde, nicht vor 15 Tagen in Birsula — 100 Kilometer von Kisinew — stehen."

„Ihre Trains können nicht vor weiteren 10 Tagen eintreffen."

„Auf die südliche, ebenfalls eingeleisige Linie reflektiren analog ein Theil des VII. Corps, eine Division des IX. und das X. Corps."

„Die Distanz von Orel nach Birsula ist ca. 1000 Kilometer; die Fahrtdauer daher 2—2½ Tage. Die Abtheilungen der südlichen Zone könnten daher im günstigsten Falle nicht vor 14 Tagen mit den Truppen und nicht vor 25 Tagen mit den Trains in Birsula angelangt sein."

„Nimmt man jedoch, was höchst wahrscheinlich, an, dass die Bahnen nur 10 Militärzüge täglich expediren können; so dauert der Transport der Truppen circa 20 Tage, und der der Trains circa 15, zusammen 35 Tage, also gleich um 10 Tage länger."

„Auch diese Dauer ist wahrscheinlich noch ein Maximum, weil unbeschadet des Truppen-Transportes auf den Bahnen auch täglich wenigstens 2—3 Verpflegs- und Materialzüge und ein Postzug spedirt werden müssen."

„Selbst in Deutschland wurden im Jahre 1870 beim Massen-Transporte der Truppen an die Grenze, von den eingeleisigen Bahnen täglich nicht mehr als 12—14 Militärzüge expedirt."

„Von Birsula nach Kisinew sind 4 Tagmärsche à 25 Kilometer, es kann also nur ein Theil der in Birsula zusammentreffenden fünf Corps auf der Bahn weiter geschafft werden."

„Die Bahnstrecke Birsula — Razdělnaja — Kisinew ist zwar zweigeleisig; aber wenn man ihre Leistungsfähigkeit auch mit 30 Zügen im Tage annimmt, so können binnen 5 Tagen nur 150 Züge, also etwa die Hälfte der Truppen per Bahn weiter befördert werden."

„Zwei oder drei Corps marschiren jedenfalls besser zu Fuss."

„Die Mobilisirung mit 10 Tagen, den Aufmarsch mit 40 Tagen beziffert, können die 6 russischen Corps — vom 10. November an gerechnet — nicht vor Ende December an der Grenze bei Kisinew eingetroffen sein."

„Aber selbst dann steht die russische Armee noch circa 20 Tagmärsche von Bukarest und der mittleren Donau entfernt; und wenn sie auch bis Ende Jänner dahin gelangt sein sollte, so sind für den Donau-Uebergang immerhin wieder 8—14 Tage zu veranschlagen, — so dass vor Anfang Februar nicht leicht grössere Zusammenstösse an der Donau vorauszusetzen sind."

Wir skizziren mit diesem Ueberschlage nur den Vorgang, den jeder Staat einschlagen muss, um sich über die möglichen Leistungen seines Gegners und deren Anwendbarkeit nach Zeit und Raum zu orientiren.

Es ist klar, dass in jedem Staate, bei jedem Generalstabe — also auch sicher bei dem türkischen — nach den Erfahrungen des deutsch-französischen Krieges, solche Calcüls aufgestellt und auf Basis viel genauerer als der oben ganz allgemein angenommenen Daten präcisirt wurden.

Mobilisirungs-Methoden und Eisenbahn-Transporte werden ja bald von Jedem beurtheilt und gewürdigt werden; was heute noch theilweise als unzugänglich und neu gilt, wird in wenigen Jahren — als ganz selbstverständlich — Gemeingut Aller sein.

Im Ganzen steht es für uns ausser jedem Zweifel, dass auch die türkische Heeres-Verwaltung vollkommen klar war über den Zeitraum, den sie zur Vorbereitung und Ausrüstung ihrer Armeen vor sich hatte, und über die Gefahren und Chancen, welche ihr der Zeit nach, durch die Anfangs November angeordnete Mobilisirung der sechs russischen Corps drohen konnten.

Sie hatte Mitte November einen Zeitraum von mindestens $2^{1}/_{2}$, wahrscheinlich von $3—3^{1}/_{2}$ Monaten vor sich, und konnte ihre Rüstungen auf breiter, umfassender Basis ohne Uebereilung und ohne Furcht, dabei gestört zu werden, betreiben.

Binnen der ersten 2 Monate konnte sie zunächst in aller Ruhe den grössten Theil der Nišer Armee, und auch die in der Herzegowina befindlichen Truppen selbst per terra bei Schumla concentriren; ja es erübrigten der türkischen Heeresleitung noch immer einige Wochen, um mit diesen Heerestheilen irgend welche Bewegungen zu machen, die Offensive vorzubereiten u. dgl.

Diese beiden Armeen gaben naturgemäss den Stock ab für die neuen Formationen, durch welche man sie verstärken musste.

Für diese war der oben nachgewiesene Zeitvorsprung von drei Monaten allerdings unbedingt nothwendig.

Die türkischen Rekruten-Transporte aus den inner-asiatischen Provinzen mussten ja allein $1^{1}/_{2}$—2 Monate nach der Küste marschiren.

Von Bagdad z. B. sind allein 40 Tagmärsche bis zum nächsten levantinischen Hafen, nach Ladjikiöj oder Beirut, oder nach Trapezunt am schwarzen Meere.

Von Beirut oder Trapezunt per Transport-Dampfer nach Makri an der Maritza-Mündung, in der Bucht von Enos, dem Ausgangspunkt der Maritzathal-Bahn, oder nach Constantinopel sind 4—5 Tage Fahrzeit zu rechnen; weiter nach Jamboli — 150 Kilometer — per Bahn einen Tag; und schliesslich nach Schumla, zu Fuss, etwa 5 Tagmärsche; im Ganzen also von Bagdad nach Schumla zur Hinterlegung einer (der Luftlinie nach) über 1800 Kilometer grossen Distanz, d. i. einer um 200 Kilometer grösseren Distanz, wie von Wien nach Moskau, circa 50 Tage.

Rechnete man für Einkleidung, Ausrüstung, Musterung etc. 10 Tage, so konnten also die entferntesten Provinzen ihre Contingente nicht vor Ende Jänner nach Schumla beistellen.

Was speciell die Grösse der Anforderungen in Hinsicht des lebendigen Materials betraf, so war es klar, dass die Türkei jedenfalls mit mehr Grund als die Russen, den bevorstehenden Krieg als einen entscheidenden Krieg, als eine Existenz-Frage, und die höchste Anspannung ihrer Kräfte unbedingt nothwendig erachten musste.

Sie war in dieser Beziehung von Alters her in ihren Massnahmen weniger beengt, als andere Staaten, und wenn wir ihre, während der Friedenszeit getroffenen militärischen Vorbereitungen nicht näher erörterten, so geschah dies nur in der Ueberzeugung, dass es sich bei der Türkei weniger um die Ausfüllung des für die Armee bestandenen Rahmens, als um allerdings höchst primitive, aber vielleicht eben deswegen ausgiebigere Recruten-Aushebungen handelte.

Ueber den inneren Werth dieser Organisationen, die wir früher für Europa mit 16—24 Divisionen bezifferten, konnte man allerdings verschiedener Meinung sein.

Der Mangel an Officieren musste sich in überwältigender Weise geltend machen.

Andererseits konnte die türkische Regierung von der Vaterlandsliebe und der muselmännischen Todesverachtung wenigstens die theilweise Ausgleichung aller intellectuellen und organisatorischen Mängel hoffen.

Die grössten Schwierigkeiten mussten sich naturgemäss bei der Beschaffung der Cavallerie und des Trains, dann bei der Heranbildung der technischen Truppen ergeben.

Doch man hatte ja $2^1/_2$ Monate, — vielleicht mehr vor sich.

Das organisatorische Talent und die Energie eines Mannes konnte Alles bewirken.

Aber auch das grösste Organisations- und Administrationstalent würde nichts genützt haben, hätte die Türkei nicht auch Credit gefunden. Credit für die Beschaffung der Bekleidung und Armirung, der Munition und des grössten Theiles der Verpflegung.

Von der spontanen Ergiebigkeit der erschlossenen Quellen hing auch die Mächtigkeit und rasche Wirksamkeit der organisatorischen

Massnahmen ab; — intermittirte sie, so konnte auch die militärische Action nur intermittiren.

Dass es den Türken möglich wurde, trotz leerer Kassen, so zahlreiche Aushebungen zu transportiren, zu bekleiden, auszurüsten, ist jedenfalls ein ganz seltener Beweis für die Opferwilligkeit des Landes, — kann jedoch gewiss nicht auf diese allein zurückgeführt werden.

Angesichts des begeisterten Anklangs, den der bevorstehende Krieg im eigenen Lande fand, mussten die Nachrichten über die geringen Kräfte, welche Russland zu Ende des Jahres 1876 mobilisirte, die Hoffnung auf erfolgreichen Widerstand mächtig bestärken.

Die von den Russen hiebei bewusst oder unbewusst zum Ausdrucke gebrachte Geringschätzung der türkischen Widerstandsfähigkeit, musste die Militärs in Stambul mit innerer Freude erfüllen; es schien, als wolle der Himmel auch diesmal den Türken einige Chancen zuwenden.

Als der Februar kam, aber nicht die Kriegserklärung; — neues, belebendes Moment.

Jeder Tag, den Russland zögerte, er kam den türkischen Armeen zu Gute; man konnte hoffen, aus dem Recruten einen Soldaten zu machen.

Welcher Osmane hätte da nicht die Hoffnung gehegt, das Reich der 14 Millionen werde sich des Reiches der 63 Millionen vielleicht doch erwehren.

Man muss gestehen, so mangelhaft die in den Friedensjahren bewirkte Vorbereitung des Krieges war, die Türkei bot im letzten Momente — sowohl auf politischem als militärischem Gebiete — Alles auf, um sich des drohenden Angriffes zu erwehren.

Begünstigt durch die auf Zeitgewinn berechneten politischen Schachzüge, errang sie sich wirklich die Chance, trotz aller Unfertigkeit, trotz aller Mängel, in dem bevorstehenden Kriege militärische Erfolge zu erringen.

Mit diesen Andeutungen ist auch wohl die Auffassung genügend gekennzeichnet, welche die türkische Heeresleitung in Hinblick auf die Eröffnung der Operationen hegen musste.

Je länger diese hinausgeschoben wurde, desto mehr Vortheile gewann sie.

VII.

Die Wahl der Räume für die Versammlung der Operations-Armeen.

Die militärische Bedeutung Rumäniens.

Von rein militärischem Gesichtspunkte aus betrachtet, musste sich bei Feststellung des strategischen Aufmarsch-Raumes russischerseits die Frage aufdrängen, ob man diesen überhaupt an der Grenze, oder schon jenseits derselben in Rumänien wählen sollte.

Die russische Heeresleitung cantonirte sämmtliche mobilisirten Heerestheile zwischen dem Dnjestr und dem parallel mit ihm laufenden Pruth.

Von der österreichischen Grenze an, — 200 Kilometer lang — bis südlich Ungheny, bildet dieser Fluss die Grenze zwischen Russland und der Moldau. Dort, wo circa 70 Kilometer westlich Kisinew, die Grenzlinie vom Prúth selbst unter einem spitzen Winkel östlich abbiegt, ist der Raum zwischen den beiden Flüssen Dnjestr und Prúth circa 90 Kilometer oder 4 Tagmärsche breit.

Während sich aber der Prúth nunmehr ganz gegen Süden — gegen Galatz — wendet, bleibt die Grenzlinie weitere 175 Kilometer oder 7 Tagmärsche lang mit dem Dnjestr parallel.

In der letzten, 100 Kilometer langen Strecke wendet sich die Grenzlinie scharf nach Osten, und läuft nun parallel mit der Donau bis zum Meer. Die Spitze des dadurch gebildeten Winkels, durch den russischen Ort Kúbej und den rumänischen Bolgrad markirt, ist nur 70 Kilometer oder kaum 3 Tagmärsche von Galatz und der türkischen Grenze entfernt.

Von dieser, durch den Dnjestr und die Grenze gebildeten, circa 400 Kilometer langen und circa 90 Kilometer breiten Zone, benützten die Russen den südwestlichen Theil in Form eines Rechtecks. Dessen nordwestliche, kurze Seite lag circa 125 Kilometer oder 5 Tagmärsche von der österreichischen Grenze ab; dessen lange Seite mass von Ungheny über Besztomak und Taratinskaja noch über 250 Kilometer oder 10 Tagmärsche bis an's schwarze Meer.

Die 3 eben genannten Orte markiren die Einbruchstellen der 3 einzigen Strassen, auf welchen eine russische Armee in die Moldau einrücken kann.

Die beiden östlichen dieser Strassen von Besztomak und Taratinskaja vereinen sich bei Galatz, so dass für eine Fortsetzung des Marsches auf Bukarest nur mehr 2 durchlaufende Strassenlinien zur Verfügung bleiben.

Zehn Tagmärsche breit, vier Tagmärsche tief, central den 3 Einmarschlinien in die Moldau vorgelagert, ist diese Cantonirung von 6 Corps wohl nicht als ein strategischer Aufmarsch im gewöhnlichen Sinne zu verstehen.

Ihre Ausdehnung legt den Vergleich nahe, als ob sechs Corps, zusammen 120.000 Mann — zwischen Prag und Olmütz, mit dem Ziele Dresden, oder zwischen Lemberg und Krakau, mit dem Ziele Warschau, aufmarschiren wollten, — Räume, die nach unserer Ansicht für die gleichmässige Vertheilung einer relativ so kleinen Armee viel zu gross wären.

In den weniger cultivirten Gegenden Bessarabien's war dies gewiss schon der leichteren Verpflegung wegen gerechtfertigt.

Nachdem aber derart jedes Corps immerhin 2—3 Tage, die ganze Armee aber zu ihrer Concentrirung auf einen Flügel 10 Tage, zu jener auf die Mitte 5 Tage brauchte, so kann man diese Cantonirung eigentlich nur sehr bedingt eine Concentrirung nennen.

Dass eine grössere Concentrirung durchaus nicht nothwendig war, lag in den Verhältnissen des Gegners, von dem durchaus keine Störung zu befürchten war.

Der, der feindlichen Grenze nächst gelegene Theil, war das südliche Eck dieses Rechtecks. Kubej z. B. war, wie erwähnt, noch immer etwa drei Tagmärsche von der Donau (Ismail, Kilia) entfernt. —

Am bedrohtesten musste noch die der Einwirkung der türkischen Flotte ausgesetzte Strecke des schwarzen Meeres erscheinen.

Sie war auch am stärksten bedacht.

Es standen die 15. Infanterie-Division und die 7. Cavallerie-Division bei **Odessa**
die 36. Division bei **Tartar-Bunar** } VII. Corps

die 11. Division in **Taratinskaja**
die 32. Division in **Kauszani** } XI. Corps.

Diese 4 Divisionen waren in 2 Gewaltmärschen à 40 Kilometer an jedem Küstenpunkte bei und südlich Odessa, — aber auch ebenso rasch an der Strasse von Taratinskaja nach Galatz zu vereinen.

Das VIII. Corps war der Hauptsache nach an der mittleren Strasse und an der Bahn echellonirt.

Die 4. Schützenbrigade und die kaukasische Kosaken-Brigade standen gewissermassen als Vorhut des VIII. Corps knapp an der Grenze.

Das XII. Corps und die 8. Cavallerie-Division cantonirten an der nördlichsten Strasse, vis-à-vis Jassy, unmittelbar zum Einmarsche bereit. Jede dieser Colonnen war mittelst dreier Gewaltmärsche auf die Téte zu versammeln.

Weiter rückwärts cantonirte bei Winnica a/d Bahn das IX. Corps und die 9. Cavallerie-Division.

Das X. Corps stand abseits dieses Cantonirungsraumes in der Krim.

Für die **Verbindung und den Verkehr der cantonirenden Truppe mit dem Hinterlande** diente (siehe die Beilage 1) die Eisenbahn-Linie Ungheny—Kisinew—Bender—Razdělnaja.

Sie verbindet die zwei Bahnen:

a) Czernowitz—Paskani—Galatz, — im Sereth-Thale, — und

b) Lemberg—Balta—Odessa, zwischen Bug und Dnjestr laufend.

Sowie der Bug, der Dnjestr, der Pruth und der Sereth, streben auch diese Bahnlinien unter einander und mit diesen Flüssen parallel — mit gegen Norden sanft gekrümmter Curve, der allgemeinen Bodensenkung folgend — dem schwarzen Meere zu.

Die Bahn Jassy—Ungheny—Kisinew durchschneidet diese Zone in rein ostwestlicher Richtung 300 Kilometer lang.

Sie übersetzt bei Ungheny den unverlässlichen Pruth, bei Bender den noch unverlässlicheren Dnjestr mit grossen Eisen-Constructionen. Es ist klar, dass die Herbeischaffung aller nothwendigen Bedürfnisse durch die Anlehnung an diese Bahnen vollständig garantirt erscheinen konnte.

Bei der Station Birsula-Balta setzt sich an die Lemberg—Odessaer Linie der Schienenstrang nach Charkow und Moskau, bei Smerinka—Winnica jener nach Kazatin—Berditschew an; — von hier strahlt eine grosse Eisenbahn-Curve westlich der Pinsk'schen Sümpfe nach Brzescz-Litewsk und von da weiter nach Warschau—Petersburg und eine zweite östlich des Pripjet-Gebiets über Kiew ebenfalls nach Petersburg aus.

Der Cantonnirungsraum hing also mit seinem grossen Hinterlande hauptsächlich mittelst der Lemberg—Odessaer Bahn und deren Abzweigungen nach Westen und Osten sehr bequem zusammen.

Die militärische Bedeutung der Bahn-Linie Paskani—Jassy—Kisinew—Bender—Razdělnaja ist wohl durch diese Beziehungen am allerkräftigsten demonstrirt; — ebenso auch die Berechtigung der getroffenen Cantonirungs-Disposition.

Dagegen war die cantonirende Armee bei ihrem Vormarsche an die Donau ausschliesslich an die Czernowitz—Galatzer Bahn gewiesen.

Bei der Würdigung der Verbindungen des strategischen Aufmarschraumes nach vorne können wir jedoch nicht umhin, darauf aufmerksam zu machen, dass diese im Sereth-Thale in rein südöstlicher Richtung führende Czernowitz—Paskani—Galatzer Bahn von der Donau an als rumänische Bahn Galatz—Braila—Bukarest in einem grossem Bogen ganz abseits der Luftlinie Kisinew—Bukarest zog.

Während die von der Chaussée Kisinew—Falči—Birlat—Tekuč—Bukarest eingehaltene Richtung circa 350 Kilometer misst, beträgt die Längen-Entwicklung der Bahnlinie von Kisinew über Jassy und Roman (südlich Paskani, wohin eine kleine Abzweigung führt) nach Galatz allein 380 Kilometer und die ganze Strecke bis Bukarest 580 Kilometer, also um 200 Kilometer mehr.

Unter den strategischen Aufmarschräumen, zwischen welchen die Türkei zu wählen hatte, zog natürlich der in Nordbulgarien zuerst die Aufmerksamkeit auf sich.

Es lag auf der Hand, dass sie im Allgemeinen zwar entscheidende Zusammenstösse im Interesse ihrer Rüstungen so spät als möglich wünschen musste, dass sie aber einem offensiven Vorgehen Russlands nicht leicht später als an der Donau selbst entgegentreten konnte. Bulgarien war ja der Zankapfel; dessen Gewinnung war Russlands nächstes Ziel;

die Vertheidigung im Lande selbst um so dringender geboten, als die Bulgaren bereit waren, die Reihen der Feinde zu verstärken.

Bei Trojan und Selvi, westlich Tirnova, war der stete Herd der bulgarischen Aufstände.

Das Aufgeben Bulgariens wäre auch ein Eingeständniss der Schwäche gewesen, das kaum wieder hätte gut gemacht werden können.

Die Wahl eines Aufmarschraumes jenseits der Donau dagegen erwies sich schon der politischen Verhältnisse wegen als unthunlich.

Im Ganzen und Grossen konnte man daher vorläufig und insolange man nicht über die Absichten des Gegners genauer orientirt war, den Haupttheil der Armee nicht leicht irgendwo anders concentriren wollen, als etwa bei Schumla.

Zwischen den beiden Aufmarschräumen in Bessarabien und Nordbulgarien lag, — trennend und verbindend, Rumänien; — eine Zone von ganz eigenthümlicher Gestaltung.

In ihrem östlichen Theile hielt sie die gegnerischen Parteien bloss auf 2—3 Märsche auseinander; um so gewaltiger buchtete sie sich aber entlang des Südrandes der siebenbürgischen Karpathen aus.

Je nach der Wahl der Operationsrichtung, über Galatz, Rustschuk oder Widdin, hatte die russische Armee bis zum Donau-Uebergange 3 oder 20, oder auch 50 Tagmärsche zurückzulegen.

Durch die bestehenden Verträge in ihrem Bestande garantirt und als neutral erklärt, — involvirte die Ueberschreitung ihrer Grenze an und für sich die eigentliche Kriegs-Erklärung.

Sowohl Russland, als auch die Türkei, hatten den entschiedensten Anlass, Rumänien in ihr Interesse zu ziehen.

Russland insbesondere musste in jeder Hinsicht auf die Unterstützung und Mithilfe Rumäniens reflectiren.

Sowohl bei Ausführung eines Donau-Ueberganges, als bei den Operationen jenseits der Donau war die russische Armee auf die Unterstützung der rumänischen Regierung in Hinsicht der Ansammlung und Herrichtung des Materials, der Beschaffung oder Mithilfe bei der Beschaffung eines grossen Theiles der Verpflegs-Bedürfnisse angewiesen.

Bei der Haupt-Operations-Richtung durch die Dobrudscha war die Nothwendigkeit, auf diese Mitwirkung und Unterstützung zu reflectiren, am geringsten zu veranschlagen; die Verbindungen der russischen Armee gingen dann nur durch jenen schmalen Streifen rumänischen Landes, welchen der Pariser Vertrag den Russen abzwang, um sie von den Donau-Mündungen entfernt zu halten.

Je weiter westlich die Haupt-Operationslinie lag, desto intensiver mussten sich diese Beziehungen gestalten.

Bei allen, westlicher als die Dobrudscha liegenden Operations-Richtungen zeigte sich Bukarest, und die Wallachei überhaupt, als natürliches Entrepôt, als Hauptstappelplatz für die von Russland anlangenden und alle an die Armee abgehenden Transporte.

Rumänien's militärische Bedeutung musste sich jedoch auch nach anderen Richtungen hin erweisen.

Zunächst in der Sicherung des Aufmarsches der russischen, wie der türkischen Armee.

Die rumänische Armee bildete gewissermassen die Vorhut der russischen Armee, wie die Baiern — 1809 — die Vorhut der Franzosen.

Dieser Vorhut fiel von selbst die Aufgabe zu, Fühlung mit dem Gegner zu nehmen, gewisse Punkte festzuhalten u. dgl.

Man beliebe sich nur an die viel besprochene Sereth-Eisenbahnbrücke bei Barbosi zu erinnern.

Wenige Stunden südlich Galatz, ganz nahe der türkischen Grenze, konnten die auf der Donau stationirten türkischen Monitors sofort in den Sereth einfahren.

Wer bürgte den Russen dafür, dass nicht die Türken die Feindseligkeiten um eine Stunde früher eröffneten als sie? — Wer war berufener als die Rumänen, die Sicherung dieser Brücke, überhaupt der ganzen Grenze und somit auch des strategischen Aufmarsch-Raumes der russischen Armee zu bewirken?

Selbst die militärische Macht Rumänien's, so wenig auch Russland auf 3—4 unerprobte Divisionen anstehen könnte, war bei den obwaltenden Verhältnissen ein nicht zu unterschätzender Bundesgenosse; — nicht wegen der Zahl, sondern eben wegen ihrer Lage zur feindlichen Armee.

Eine weitere wichtige Rolle musste Rumänien in seiner Eigenschaft als Durchzugsland, — als Zwischenglied zwischen der operirenden Armee und dem eigentlichen Hinterlande, zukommen.

In dieser Beziehung musste sich die Aufmerksamkeit der russischen Heeresleitung auf eine directe Verbindung von Bender nach Galatz, und so lange eine Eisenbahn-Verbindung von Bender nach Galatz nicht bestand, überdies auch auf die Abkürzung der Bahnlinie Kisinew—Jassy—Galatz—Bukarest richten; weiters auf die unbedingte

Prakticabilität der als Marschlinien an die Donau führenden Strassen und Wege.

Von Galatz ging, wie schon erwähnt, die rumänische Bahn nach Bukarest, knapp an der länderscheidenden Donau, fast 20 Kilometer lang, bis Braila, um dann erst über Buseo auf Bukarest zu laufen.

Die Eisenbahnstrecke Galatz—Braila war demnach an und für sich sehr gefährdet.

Die Sereth-Brücke — südlich Galatz — bei Barboši, schien wie schon erwähnt, durch die türkischen Monitors geradezu unmittelbar bedroht.

In dieser Hinsicht wäre eine Eisenbahnlinie von Tekuč nach Buseo höchst vortheilhaft gewesen.

Obwohl der Sereth und der Buseo zu überbrücken gewesen wären, ist es doch ganz gut denkbar, dass man die kaum 70 Kilometer lange Strecke im Wege der rumänischen Regierung binnen 3—4 Monaten — während des Winters 1877 — hätte herstellen können.

Diese Linie hätte die Eisenbahnfahrt von Kisinew über Jassy nach Bukarest, welche Richtung vor der Hand die wichtigste war, um 70 Kilometer verkürzt und eine Unterbrechung der Linie unmöglich gemacht.

Die Linie hätte weiters den natürlichen, nebenbei auch kürzesten Zuge der Operationen von Kisinew nach Bukarest entsprochen.

Im Allgemeinen hält man solche Forderungen, wie Neubauten von Bahnen als Kriegs-Vorbereitungen u. dgl., für zu weitgehend.

Die Anschauungen über die im strategischen Aufmarschraume zu treffenden Vorbereitungen und technischen Herrichtungen sind überhaupt sehr getheilt. Man schreckt nur zu leicht vor allen grösseren Arbeiten zurück; aus Furcht, sie würden am Ende doch keine grosse Rolle spielen und die ausgegebenen Kosten nicht rechtfertigen.

Man glaubt das Aeusserste gethan zu haben, wenn man ein paar Punkte fortificirt.

Aber wir selbst haben im Jahre 1854 nicht blos eine zweite durchlaufende Strasse durch ganz Galizien, sondern auch den so schwierigen Uebergang über Tihucza in die Bukowina, und viele der Uebergänge in die Moldau gebaut.

Auch an älteren Beispielen fehlt es nicht; man denke nur an die Strassen und Brückenbauten, welche Napoleon im Frühjahre 1807 an der unteren Weichsel zur Verbindung Danzig's mit Dirschau und

Elbing und bei Graudenz anordnete, um sich eine neue Verbindungslinie zu schaffen.

Heute, wo man ganze Brücken-Constructionen zu kaufen bekömmt, und beinahe nichts zu thun hat, als sie an Ort und Stelle zusammenzusetzen, ist auch die Hauptschwierigkeit von feldmässigen Eisenbahn-Anlagen besiegt.

Drei Monate, vom Ende Jänner bis Ende April, verbrachte die russische Armee in ihren Cantonements an der Grenze. — Wie hätte man diese freiwillige oder unfreiwillige Muse militärisch verwerthen können?

Beim Ausbruch des Krieges fanden die Russen in Rumänien so gut wie gar nichts vor; sie fanden die Eisenbahnlinien nicht genügend vorbereitet für den Transport; dem Nachtheile der verschiedenen Geleisweiten war nicht abgeholfen; die Strassenbrücken waren nicht für einen andauernden Verkehr hergerichtet. Die wenigen rumänischen Truppen waren keineswegs als Avantgarde verwendet, sie waren vielmehr dem Einmarsche der Russen vollständig aus dem Wege gegangen; sie standen ganz abgesondert im westlichen Theile des Landes in der kleinen Wallachei, gegenüber von Widdin.

Im Ganzen könnte man daher kaum sagen, dass die Russen in diesen Beziehungen den Winter 1876/77 für die Vorbereitung des Feldzuges besonders ausgenützt hätten.

In wie weit dies Alles möglich war, wer könnte das sagen?

Es geschah nicht; das ist jedenfalls genügender Beweis dafür, dass es erstens Russland nicht gelungen ist, den militärischen Interessen volles Recht zu verschaffen, dass zweitens Russland aus gewiss sehr beachtenswerthen Motiven nicht von dem eigentlich in der Natur des Krieges begründeten Rechte Gebrauch gemacht hat oder machen konnte, den kleinen Nachbar aller Bedenken zu entheben.

Ein mächtiger Staat hat so unendlich viele Wege seinem Alliirten etwaige momentane Unhilden zu vergüten; er kann das scheinbare Unheil so leicht in wirklichen Segen verwandeln; — er kann gewaltthätig und dabei doch so rücksichtsvoll sein, dass wir der seinerzeit viel besprochenen Ansicht nicht alle Berechtigung abstreiten können:

„Eine Grossmacht könne einem kleinen Staate, dessen Unterstützung sie unbedingt braucht, der aber nicht in der Lage ist, sie freiwillig zu gewähren, gar keinen grösseren Gefallen erweisen, als sich gewisser Leistungen, ja selbst seiner activen Theilnahme so rasch wie möglich zu vergewissern.

Damit ist jedesfalls jedes weitere Schwanken ausgeschlossen; man ist einer Unmasse von Erwägungen und Verwicklungen enthoben; die Sachlage ist geklärt.

Das Verzichtleisten auf einen Kraft-Factor im Kriege ist stets eine missliche Sache. Wer dies freiwillig thut, der weiss nicht, wie viele Factoren im Kriege in Bewegung gesetzt werden müssen, damit schliesslich wenigstens einzelne davon wirksam werden.

Je mehr Hebel angesetzt werden, je umfassender und grossartiger, und je einfacher dabei der Apparat ist, desto sicherer ist die Wirkung.

Der Krieg selbst gewinnt oft plötzlich so beengende Formen, dass man meist erst zu spät erkennt, dass man sich nicht ungestraft der Mitwirkung noch so unbedeutend scheinender Momente begibt.

Wir brauchen nicht an Napoleon's Verfahren in Deutschland zu erinnern.

Der König von Württemberg wollte 1809 nur einen andern Commandanten, als den rauhen Vandamme für sein Hilfs-Corps; aber Napoleon ging nicht einmal auf dieses billige Verlangen ein.

„Vandamme ist roh", schrieb er dem König zurück, „aber tüchtig; ihre Soldaten werden unter ihm zwei Mal so viel werth sein, als unter einem andern General!"

„Ich weiss, dass er Fehler hat; aber im Kriege muss man gar Vieles ertragen. „La grande affaire est de triompher."

So summarisch und so wenig nachahmenswerth dieses Beispiel auch sonst sein mag, — dieses Hervorkehren der rein militärischen Motive, dieses zweckbewusste, rückhaltslose Hinsteuern nach dem Siege ist doch nur zu bewundern.

Und nach solchen Mustern beurtheilt, ist die im letzten Augenblicke, im April, zu Stande gekommene russisch-rumänische Convention, durch welche man sich der Mitwirkung der rumänischen Armee begab, gewiss nicht als mustergiltige Einleitung eines Krieges anzusehen. —

Dass die Türkei darauf verzichten musste, Rumänien auf ihre Seite zu ziehen, konnte schon ihrer mangelhaften Vorbereitung und der politischen Verhältnisse wegen, keinem Zweifel unterliegen.

Sie musste entschieden darauf gefasst sein, Rumänien an der Seite Russland's zu sehen. Der denkbar günstigste Fall war der, dass es sich aus politischen Rücksichten neutral verhielt.

VIII.

Der russische Operationsplan.

Wir kommen nun dazu, von dem Operationsplan der Russen zu sprechen; dieser muss selbstverständlich allen andern Erwägungen vorausgehen, den Rahmen für die Anordnung des strategischen Aufmarsches, für die Deckung desselben, für die Anordnung der Truppen im Innern des gewählten Raumes, für die Einrichtungen des Aufmarsch-Raumes, für die Etablirung der Anstalten u. dgl., abgeben.

Der russische Operationsplan konnte der topografischen Verhältnisse wegen nur 3 Bewegungs-Richtungen in's Auge fassen: Jene durch die Dobrudscha, jene zwischen Silistria und Rustschuk, jene westlich Rustschuk.

Die erste Richtung zeigte von Kisinew nach Adrianopel 600, die zweite 700, die dritte 800 Kilometer, oder 25, 30 oder 35 Tagmärsche Länge.

So willkürlich diese Unterscheidung auch auf den ersten Blick scheinen kann, so erweist sie sich doch bei näherem Eingehen als vollkommen genügend, um drei wesentlich von einander unterschiedene Operationen zu zeigen, unter welche sich alle andern denkbaren subsummiren lassen.

Nimmt man als letztes Ziel des russischen Feldzuges, als Inbegriff aller möglichen militärischen Erfolge, die Besitznahme Constantinopels an, so weist jede der 3 Richtungen 2 hochinteressante militärische Hindernisse auf: die Donau und den Balkan.

Jede Vorrückung von Kisinew auf Constantinopel besteht aus 3 natürlich getrennten Abschnitten; aus einem Donau-Uebergang, — einem Balkan-Uebergang, — und endlich dem Vormarsch auf Constantinopel.

Der erste Abschnitt musste der Beschaffenheit des Hindernisses wegen, als der schwierigste, der zweite, aus gleicher Ursache, als der minder schwierige, der letzte konnte im Vergleiche mit den voraussichtlichen Schwierigkeiten der beiden ersten, als einfacher Spaziergang erscheinen.

Der Gegner konnte sich in jeder dieser 3 Richtungen, u. zw. jedes Mal, an der Donau, am Balkan und schliesslich vor Constantinopel entgegenstellen. In jeder derselben musste man gefasst sein, den Gegner zur Vertheidigung des betreffenden Abschnittes bereit zu finden.

Grund genug, sich zunächst auf einen Donauübergang im Angesichte des Feindes, weiters auf die Ueberschreitung des Balkans unter feindlicher Gegenwirkung vorzubereiten.

Es ist wohl einleuchtend, dass es für das Ganze und Grosse ganz einerlei ist, ob die Donau an dieser oder jener Stelle bloss 1000, 1200 oder 1500 Schritte breit, der Balkan in der Richtung auf Sofia in 3 Märschen, in der Richtung auf Kazanlik in 4 und 5 Märschen, und im östlichsten, dem rauhesten und ungangbarsten Theile, wirklich nur in 6 Tagmärschen zu passiren ist.

Es genügt für die Besprechung, ja selbst für die Feststellung des Operationsplanes im Grossen vollkommen, die Plastik und Bedeckung des ganzen Landes in ganz allgemeiner Characteristik zu kennen und zu wissen, dass z. B. in der ganzen Strecke der Donau keine Brücke und auch nicht Dampfschiffe oder sonstiges Ueberschiffungs-Material vorhanden war, welches den Russen den Uebergang hätten erleichtern können. Die Rumänen besassen ein einziges grösseres Dampfboot auf der Donau.

Im Gegentheile erschien dieser um so schwieriger, als man rechnen musste, dass die Türken, vollkommen Herren der Donau, jeden Brückenschlag durch ihre Monitors und ihre 30 Schiffe starke Donauflotille auf das Aeussserste erschweren würden.

Zur Characterisirung des Balkans genügte die Erinnerung vollkommen, dass er wiederholt von grösseren Armeen, und speciell von Diebitsch 1829 im Osten von Schumla, in dem unwegsamsten Theile, überschritten wurde.

Die Russen, durch den Kaukasus gewiss nicht verwöhnt, brauchten sich also im Hinblick auf die Ueberschreitbarkeit des Balkans nicht einmal das Wort Napoleon's in's Gedächtniss zu rufen, dass, wo eine Ziege fortkommt, auch ein Soldat weiterkommen muss.

Die Haupt-Operations-Richtung durch die Dobrudscha zeigte sich zwar als kürzeste, aber auch als die gewagteste unter den 3 genannten Richtungen.

Bei einem Donau-Uebergang zwischen Galatz und der Donau-Mündung hatte man die circa 150 Kilometer oder 6 Tagmärsche tiefe Dobrudscha zu durchschreiten; dieser nur 60—70 Kilometer breite Streifen bot schon an und für sich nur für kleinere Armee-Körper Raum; alle Armeen, die dort operirten, hatten stets die äussersten Entbehrungen gelitten. Die Verhältnisse des Bodens hatten sich mittlerweile nicht geändert.

Von diesem Donau-Uebergange musste man in Hinsicht der Verwendung für mehrere Corps eoipso absehen.

Blieb nur die Strecke zwischen Rahova und Silistria übrig, um einen Donau-Uebergang und die Vorrückung in der ersterwähnten Richtung auszuführen.

Von Silistria bis an's Meer sind 100 Kilometer oder 4 Tagmärsche.

Nahm man an, dass Silistria, Schumla und Varna sich hielten, so erschien die Operation sehr eingezwängt. Zwischen Schumla und Varna ist die Entfernung nur 70 Kilometer oder 3 Märsche. — Die russische Armee hätte sich also bei dieser Angriffs-Richtung gewisse Fesseln auferlegt, welche möglicher Weise nur abzustreifen waren, wenn man Silistria, Schumla und Varna cernirte, und mit dem Rest zwischen den letztgenannten Punkten à la Diebitsch auf Karnabad weiter vordrang.

Eine Vorrückung in dieser Richtung hätte andererseits vielleicht zu einem Entscheidungsschlag gegen die türkische Armee geführt. War es den Russen um einen solchen zu thun, so waren die eben berührten beengenden Verhältnisse ihrer Absicht sehr günstig. Es war kaum vorauszusetzen, dass sich wieder ein türkischer General fände, der sich ruhig in Schumla einschliessen und die Vorrückung auf Karnabad und Adrianopel geschehen liesse, ohne früher einen Entscheidungsschlag versucht zu haben.

Die mittlere Operations-Richtung bot ungefähr dieselben Aussichten.

Man wusste Rustschuk und Silistria stark besetzt, in Schumla eine ganze Armee.

Bei einem Uebergang über die mittlere Donau traf Hauptkraft auf Hauptkraft.

Gewiss eine schöne Operation, aber gewiss nur zu wählen, wenn keine andere Wahl möglich.

Für die **Angriffs-Richtung westlich Rustschuk** sprach die Möglichkeit, den schwierigen Donau-Uebergang entfernter von den natürlichen Machtcentren des Gegners auszuführen; die grosse Bewegungsfreiheit nach bewirktem Uebergange; die Aussicht, auf bulgarischem Boden als Retter und Befreier aufgenommen zu werden, u. dgl.

Bei dem grossen Umwege aber, welche diese Richtung gegenüber der kürzesten Richtung auf Adrianopel darstellte, war es theoretisch klar, dass jeder Schritt weiter westlich durch besondere Vortheile hätte gerechtfertigt werden müssen, ja dass es schier sinnlos gewesen wäre, die Basirung auf Serbien mit in's Calcül zu nehmen; sie war eben nicht nöthig.

Die Umgehung der Festungen bewirkte man bei Sistowo oder Nicopolis oder Korabia auch. Bei jedem weiter westlich gelegenen Punkte gerieth man in die Wirkungssphäre von Widdin, wo man eine starke türkische Besatzung wusste.

Jede Verlängerung der Operationslinie hätte zu neuen Detachirungen, entlang der Donau, Anlass gegeben. Das Project einer Basirung auf Serbien wäre schon **damit** zu verwerfen gewesen. Wie schwach wäre man wohl nach Serbien gekommen, nachdem man bis nach Nicopolis nur mehr die Hälfte der ganzen aufgebotenen Kraft brachte.

So fand das russische Calcül etwa bei Rahova an der Schyl-Mündung seine natürliche Grenze.

Wir glauben das Abwägen der militärischen Vor- und Nachtheile der verschiedenen Operations-Richtungen nicht weiter treiben zu sollen.

Jede Alternative im Kriege hat ihre Vor- und ihre Nachtheile. Kein Vortheil ist so bedeutend, dass er nicht erst durch die Ausführung als solcher verwiesen werden müsste; es gibt kaum einen Nachtheil, der sich nicht durch geeignete Massnahmen paralysiren liesse.

Die Individualität des Feldherrn tritt hier zunächst in die Scene; von ihm allein, von seiner Kühnheit, von seiner Energie hängt es ab, ob die Vortheile so gross und die Nachtheile so bedeutend werden, als sie scheinen.

Unter der mächtigen Einwirkung seiner Persönlichkeit wird das schwierigste Unternehmen oft leicht; die Kraft des Einen traut sich an Aufgaben, vor welchen jeder Andere zurückschrecken würde; er überwindet ihre Gefahren, und schmiedet aus des Gegners eigenen Waffen die tödtlichsten Geschosse.

So ist die Grenze nicht leicht zu bestimmen, wann eine Operation zu schwierig wird. — Hingegen kann man leicht feststellen, welche Bedingungen für das Gelingen derselben nothwendig sind, in wie weit dieselben vorhanden sind, oder inwieweit sie erst geschaffen werden müssen.

So können wir nur sagen, dass die wirklich gewählte Richtung — westlich von Rustschuk — Alles in Allem genommen, weniger Schwierigkeiten, als die 2 andern zu haben schien, dass man bei ihrer Wahl sowohl die Donau, als auch den Balkan an Punkten erreichte, für deren Vertheidigung bisher nicht besonders viel geschehen war, und dass man im Allgemeinen die als den militärischen Schwerpunkt der Türkei angesehenen 3 bulgarischen Festungen umging, mithin also diese Angriffs-Richtung besonders Jenen entsprechen müsste, welche — ohne es auf eine Entscheidung ankommen zu lassen — rasch wichtige Erfolge erringen wollten.

In dieser Beziehung schien diese 3. Operations-Richtung auch weitaus besser als die zwei andern dem Gedanken zu entsprechen. politische Eroberungen zu machen, durch die Occupation Bulgarien's ein Pfand für die Erfüllung der von Russland geforderten Zugeständnisse zu gewinnen.

Vielleicht hat man sich aber auch bei der Wahl dieser Richtung geschmeichelt, die Türken zu einem Heraustreten aus den Festungen zu bewegen, und ihnen dann mit grösserer Operations-Freiheit, als zwischen Schumla und dem Meere entgegenzutreten.

Wie dem auch sei, man kann wohl sagen, dass die gewählte Richtung auch militärischen Forderungen in genügendem Masse entsprach.

Aber es handelte sich nicht blos darum, ihre Vortheile auszunützen, sondern auch ihre Nachtheile zu paralysiren.

Sie war zunächst länger, beanspruchte also mehr Kräfte, oder wenn man hierin beschränkt war, eine besonders rationelle Ausnützung der Kräfte; eine genaue Sonderung der wichtigen und unwichtigen Zwecke, damit man nicht auf dem langen Wege seine Kraft zersplittere und zur Entscheidungs-Schlacht zu wenige Kräfte hinbringe.

Diesem mehr allgemeinen Calcül musste man nun ein specielles über die Art der Ausführbarkeit folgen lassen. Die Bedingungen hiefür ergaben sich erst in Verbindung mit der lebendigen Kraft.

Bei Ausbruch des Krieges standen in Europa 6 russische Corps, also circa 120.000 Mann bereit, die Donau-Fürstenthümer zu durchziehen; gegenüber, auf einer Entfernung von 25 Tagmärschen, stand zunächst die Armee Abdul Kerim's mit sehr verschieden angegebener Stärke, zwischen 50.000 und über 100.000 Mann schwankend.

Auch die niedersten und nüchternsten Berichte stimmten aber darin überein, dass ausser den starken Besatzungen in Rustschuk und Silistria — von je 15—20.000 Mann — noch 4—5 Divisionen, jede zu 8—10.000 Mann, also im Ganzen gewiss 40—50.000 Mann, bei Schumla zur Verfügung des Generalissimus waren; dass weiters circa 40.000 Mann unter Osman Pascha noch immer in Widdin, und circa 35—40.000 Mann unter Suleiman gegen Montenegro im Felde standen.

Im Ganzen also etwa 3—4 Besatzungs- und 11—12 mobile, zusammen 14—16 Divisionen.

Die Türkei hatte in den 5 Monaten seit Ankündigung des Krieges in der Mobilisirung der mohamedanischen Bevölkerung ganz Ausserordentliches geleistet. Weder durch Gesetze, noch durch Parlaments-Beschlüsse in der freien Ausnützung der Wehrkraft behindert, hatte die Pforte einfach eine Reihe von Altersjahrgängen zur Vertheidigung des Vaterlandes einberufen. Die Resultate dieser Berufungen erreichten zwar nicht die Höhe der von uns früher angegebenen Ziffern; sie waren aber trotzdem sehr bedeutend und unverhofft gross.

Dass die Russen über diese Verhältnisse, ja selbst über die beiläufige Zahl der mobilisirten Truppen genau unterrichtet waren, das ist getrost anzunehmen; sie hatten nicht umsonst auf der Balkan-Halbinsel Bulgaren, Serben und Montenegriner zu Freunden; bei einem halbwegs vernünftig organisirten Kundschaftsdienst mussten sie so vielfache Daten und Nachrichten von so verschiedenen Seiten erhalten, dass sie die Wahrheit sehr leicht und sehr bald insoweit erfahren konnten, als dies überhaupt in militärischer Hinsicht von Werth sein konnte.

Wir glauben demnach auch, dass der russische Generalstab über die Zahl der Bataillone, Escadronen und Batterien, sowie über die Gesammtstärke ziemlich genau unterrichtet und es der russischen Heeresleitung nicht entgangen war, wie durch eine Concentrirung der 3 erwähnten grossen Gruppen bei Schumla die Armee Abdul Kerim's auf etwa 100.000—120.000 Streiter gebracht werden konnte.

Die Vereinigung derselben war auch vorderhand nicht zu verhindern. Während von Kisinew circa 400 Kilometer oder wenigstens 16 Tagmärsche nach Rustschuk zu rechnen waren, marschirte Osman Pascha nur 300 Kilometer oder 12 Tage nach Rustschuk, und Suleiman Pascha konnte nach russischem Calcül per mare ebenfalls in 10—12 Tagen nach Varna und von da sehr rasch nach Rustschuk gelangen.

Unter der Annahme, dass die Russen über diese Stärke-Verhältnisse orientirt waren, muss man ihren Muth bewundern, ihre Operations-Armee anfänglich nur mit beiläufig gleich starken Kräften dotirt zu haben.

Erklärlich ist dies wohl nur in der Ueberzeugung der schlechten Führung, welche die Russen durch die letzten türkischen Kriege, namentlich jenen in Serbien, gewonnen zu haben glaubten.

Sie vermutheten zweifellos, die türkische Armee werde auch diesmal jeder Offensivkraft entbehren, und es würden sich bei dem Mangel jeglicher Ordnung in den leitenden Verhältnissen nicht binnen 5 oder 6 Monaten kriegsbrauchbare Armeen bilden lassen.

So berechtigt auch in dieser Hinsicht manches Mal das eigene Selbstvertrauen und manches absprechende Urtheil über den Gegner sein kann, so sind doch solche Voraussetzungen selbst von den bedeutendsten Feldherrn nie als Basis für einen Kriegsplan genommen worden; — sie können auch nie als unbedingt verlässlich betrachtet werden.

Aus den undisciplinirtesten Horden wurden unter der Hand gewiegter Führer vorzügliche Soldaten; den schlechtest bewaffneten Truppen hauchte der Geist und das Genie eines Mannes oft heldenhafte Tugenden an, und es ist stets als höchst precär angesehen worden, bei der Anlage eines Feldzuges von der Voraussetzung auszugehen, der feindliche Staat werde sich, wie früher, auch diesmal nicht auf der Höhe seiner Aufgabe befinden, keine Soldaten für seine Heere, keinen Feldherrn für seine Armeen finden.

Mehr minder scheint sich auch in den russischen leitenden Kreisen ein gewisses Gefühl des Missverhältnisses zwischen den anfänglich aufgebotenen 12 Divisionen und den Nachrichten über die Rüstungen der Türkei eingestellt zu haben.

Schon Anfang December wurden 3 neue Corps — das IV., XIII. und XIV. — mobilisirt.

Der Operations-Armee wurden sie indessen nicht einverleibt; ja von den 6 zuerst mobilisirten Corps wurden nur 4 — das VIII., IX., XI. und XII. und die 4. Schützen-Brigade zur Operations-Armee eingetheilt; — die Corps VII und X bildeten die Küsten-Armee.

IX.

Die Lage der türkischen Armee unmittelbar vor der Kriegs-Erklärung.

Der türkische Operationsplan.

Wäre der Beginn des Feldzugs mit Ende Jänner zusammengefallen, so wären der Türkei ausser den im serbischen Kriege erprobten 7—8 Divisionen Abdul Kerim's und Osman's nicht viel kriegstaugliche Truppen zur Verfügung gestanden. In diesem Falle wäre es schon der numerischen Verhältnisse wegen, kaum möglich gewesen, einen Plan für eine Offensive jenseits der Donau zu fassen.

In Folge der Unermüdlichkeit der türkischen Heeres-Verwaltung und des frühzeitigen Mobilisirens, oder wenn man will, des verspäteten Loslegens der Russen, gestalteten sich indessen die militärischen Verhältnisse bis Anfang April ganz günstig.

Rustschuk, Silistria, Schumla und Varna waren in Vertheidigungs-Zustand gesetzt.

Die Festungen Rustschuk, Silistria hatten je eine Besatzungs- und eine Offensiv-Division; die Schumlaer Armee, allerdings nicht einheitlich gegliedert, bestand aus 2—3 alten, und 2—3 neuen, allerdings noch unfertigen Divisionen.

Osman Pascha's Armee zählte ausser den 2—3 alten, 1—2 neue Divisionen.

Im Ganzen dürfte Abdul Kerim Pascha Mitte April an der Donau für Operationen im freien Felde über 8—10 fertige Divisionen verfügt haben.

Ausser dieser, in zwei grosse Gruppen getheilten Haupt-Armee, stand in Europa noch die etwa mit 5—6 schwachen Divisionen zu beziffernde Armee Suleiman Pascha's gegen Montenegro im Felde.

Die Türkei hätte daher Mitte April ganz gut 12—15 Divisionen an der Donau vereinigt haben können.

So mangelhaft auch die Organisation und Administration dieser Truppen gewesen sein soll, es hing nur von ihrem Commandanten ab, diese Mängel nicht in einer, die Operations-Freiheit schädigenden Weise hervortreten zu lassen.

Die Zahl der ihm und den russischen Feldherrn zur Verfügung stehenden Truppen, und die topografischen Verhältnisse allein betrachtet, lässt sich wohl behaupten, dass die Mittel Abdul Kerim Pascha's schon Anfangs April jede Art Operation, offensiv oder defensiv, diesseits oder jenseits der Donau erlaubten.

Bis wohin konnte sich aber eine Offensive der türkischen Armee jenseits der Donau erstrecken? Bis Bukarest! um dort den Angriff des Gegners abzuwarten? — Oder bis Galatz! wieder nur, um den Gegner zu erwarten? — Oder bis Kisenew! — Und was dann?

Die Operations-Ziele fehlten, wie die politischen Ziele fehlten. Was sollte die Besetzung Rumänien's bedeuten, wenn man nicht daran denken konnte, wieder eine türkische Provinz aus diesem Fürstenthume zu machen.

Warum sollte man den Gegner 3 Märsche nördlich im freien Felde erwarten, wenn man ihn an einem Monstre-Hindernisse par excellence erwarten konnte?

Mithin blieb das nächste, und wie es schien, einzige Ziel der türkischen Armee — die Vertheidigung Bulgarien's — und es frug sich nur: War diese diesseits oder jenseits der Donau, oder an ihr am vortheilhaftesten durchzuführen?

Jedenfalls drehte sich Alles zunächst um die Donau.

Die wahre Vertheidigung liegt gewiss auch bei der Donau in der Offensive.

Um die Donau indirecte und offensiv zu vertheidigen, ist die Anlage von Brückenköpfen auf dem linken Donau-Ufer die erste Bedingung.

Ein Brückenkopf auf dem linken Donau-Ufer, welcher einer Armee von 60—70.000 Mann das Debouchiren über die Donau sichern soll, muss an und für sich schon einen bedeutenden Umfang besitzen; er muss die Brücke gegen directes und indirectes Feuer decken, die Werke müssen zum Mindesten 4000 Schritte vom Brücken-Ausgangspunkte entfernt sein.

Der dem entsprechende Halbkreis ist allein schon 12.000 Schritte gross; auf 12.000 Schritte entfallen, der jetzigen Portée der Geschütze entsprechend, wenigstens 6 grössere Werke; er entspräche aber nicht seinen Zwecken, wenn er nicht einen Angriff überlegener feindlicher Kräfte widerstehen könnte; er muss demnach nebst einer Defensiv-Besatzung auch eine genügende Armirung für die verschiedenen Abschnitte besitzen und in der Weise angelegt sein, dass die Hauptarmee sich innerhalb der Werke — gedeckt vom feindlichen Feuer — formiren und aufhalten könne.

Gehen wir nun von dieser rein theoretischen Speculation zur Karte über, so finden wir bald, dass ein solcher Brückenkopf nicht leicht wo anders, als bei Rustschuk, Tuturkai oder Silistria in Aussicht genommen werden könnte, schon wegen der Leichtigkeit der Material-Beschaffung, der Ressourcen, der Wichtigkeit der Communicationen und der Beziehungen dieser Orte zu dem nur 3—4 Märsche entfernten Bukarest.

Bei allen diesen Punkten mussten alle grösseren Orte — Gyurgewo, Oltenitza, Kalarasch — in den Brückenkopf selbst einbezogen werden. Ja diese Orte mussten gewissermassen „das Noyau" derselben abgeben, was wieder zu einer grösseren Ausdehnung der Umfassung nöthigte.

So grosse Schwierigkeiten die Anlage eines Brückenkopfes an der Donau aber auch schon in rein technischer Hinsicht zeigen mochte, so sind wir doch überzeugt, dass es weder in Constantinopel, noch in Schumla an Vertretern einer derartigen Donau-Vertheidigung mangelte. Vielleicht fehlte gar nicht viel, so wären diese durchgedrungen; dann hätte sich auch der Einfluss der Donau in ganz interessanter Weise dargestellt.

Es hätte sich dann gezeigt, dass ein Brückenkopf an einem der genannten Orte, und mehr als Einen konnte man wohl mit Rücksicht auf die verhältnissmässig geringe Kräfte-Zahl nicht anlegen, sofort die ganze Aufmerksamkeit des Gegners auf sich gezogen und die russische Arme zunächst zur Wegnahme oder Cernirung des Brückenkopfes gezwungen hatte.

Wie heute die Sachen stehen, und nachdem die türkische Armee nur eine verhältnissmässig sehr geringe Offensivfähigkeit bewiesen hat, mag es allerdings wie ein Anachronismus erscheinen, die Folgen zu erörtern, welche die Anlage eines Brückenkopfes über die Donau hervorbringen konnte.

Wir wissen auch heute, dass die Donau bei der Pforte als „Conventional-Strom" erklärt wurde, dass selbst der energischeste Ober-Commandant sich nicht über die politischen Folgen einer solchen Operation hinaussetzen konnte. Man musste aus politischen Gründen auf sie verzichten.

Ob diese Idee der Donau-Vertheidigung nun wirklich angeregt wurde, ob sie aus politischen Ursachen nicht weiter ausgearbeitet wurde, oder ob sie endlich aus rein militärischen Gründen, aus Mangel an Selbstbewusstsein und an Beweglichkeit gar nicht weiter discutirt wurde, sicher ist, dass sich auch ein Fluss, wie die untere Donau, mit anscheinend grösserem Vortheile, indirecte als directe vertheidigen lässt.

Ein Brückenkopf ist und bleibt eine beständige Drohung, und ein Gegner, der nicht doppelt so stark ist, als der Vertheidiger, kann gar nicht an einen Ufer-Wechsel denken, ohne sich gegen den Brückenkopf hin entsprechend sicher zu stellen.

Besehen wir uns nun die Donaulinie in Hinsicht einer **directen Vertheidigung**.

Von Widdin bis Tschernawoda, östlich Silistria, ist die zu vertheidigende Strecke circa 400 Kilometer lang.

Eine Versammlung sämmtlicher an der Donau stehenden Truppen an einem oder dem anderen Flügel dieser Vertheidigungslinie kann demnach nicht leicht vor 16 Tagen, — in der Mitte, etwa bei Sistowa, gerade dort, wo die Donau die gegen Bulgarien vorspringendste Stelle bildet, nicht vor 8 Tagen bewirkt werden.

Bei Aufstellung des Calcüls für die Besetzung und Vertheidigung der Donau konnte man immerhin unter gewissem Vorbehalte von der Strecke zwischen Widdin und etwa Rahova an der Schyl-Mündung als der für einen Donau-Uebergang unwahrscheinlichsten Strecke absehen.

Unter dieser Annahme ergaben sich gewissermassen von selbst zwei natürlich getrennte Vertheidigungs-Abschnitte:

a) Der von Widdin, und einige Märsche ober- und unterhalb;

b) der zwischen Rahova und Tschernawoda, circa 300 Kilometer lang.

Mit Rücksicht auf die allgemeine Lage der Operations-Objecte, speciell Constantinopel's, konnte es wohl keinem Zweifel unterliegen, dass diese letztgenannte Strecke die wichtigere sei, und dass man zur Vertheidigung dieser, die Hauptkraft bereit stellen musste.

Für die Vereinigung der in dieser Strecke bereitstehenden Truppen an einem Flügel — bei Rahova oder östlich Silistria — waren noch immer 12 Tage — bei einer Concentrirung auf die Mitte — etwa zwischen Rustschuk und Tuturkai, 6 Tage nothwendig.

Türkischerseits musste man ferner annehmen, dass der Angreifer seinen Hauptübergang gewiss durch Scheinübergänge und Demonstrationen einleiten würde und dass es bei einem so gewaltigen Hindernisse wie die Donau, welche meist 1200 bis 1500 Schritte breit, und dessen An-Terrain, der Auen wegen, stellenweise nicht einmal zu überblicken ist, nicht schwer sein könne, die Vorbereitungen für den Uebergang bis zur Entscheidung geheim zu halten.

Das türkische Minimal-Calcül konnte daher nicht leicht anders gestellt werden, als dass die Russen einen halben, selbst einen ganzen Tag Vorsprung haben würden, bis zu dem Momente, wo die Concentrirung der an der Donau dislocirten Truppen gegen die Uebergangs-Stelle hin überhaupt in's Werk gesetzt werden könnte.

Ein vereinigtes Auftreten der gesammten türkischen Hauptarmee war daher im besten Falle nicht vor 7 Tagen denkbar.

Theilt man die 300 Kilometer lange Vertheidigungs-Front etwa in 3 Abschnitte von je 100 Kilometer, bestimmte man für jeden dieser Abschnitte etwa 1—2 Divisionen, und behielt 3—4 Divisionen als allgemeine Reserve dahinter, so zeigt sich uns folgendes Bild:

Westlicher Abschnitt, Hauptort Nikopolis, von Rahova bis Sistow;

mittlerer Abschnitt, Hauptort Rustschuk, von Sistow bis Tuturkai;

östlicher Abschnitt, Hauptort Silistria, von Tuturkai bis Tschernawoda.

In jedem dieser Abschnitte dauert die Concentrirung der vorgeschobenen Division oder vorgeschobenen Divisionen auf einen Flügel hin 4 Tage, auf die Mitte 2 Tage.

Soll die allgemeine Reserve allen 3 Abschnitten in gleicher Weise zu Gute kommen, so muss sie etwa in dem Dreieck Bjela—Rasgrad—Rustschuk echellonirt sein.

Von dort aus konnte sie die mittlere Gruppe bei Rustschuk

binnen 2 Tagen, die östliche Gruppe bei Silistria, oder die westliche Gruppe bei Nikopolis binnen 4—5 Tagen erreichen und verstärken.

Also auch bei dieser theoretisch kaum anfechtbaren, den Türken gewiss sehr günstigen Truppen-Vertheilung, und unter der Voraussetzung, dass man den Haupt-Uebergang sofort als solchen erkannte und sofort die Concentrirung der betreffenden Gruppe und der allgemeinen Reserve anordnete, musste man sich gestehen, dass man nicht hoffen konnte, dem russischen Haupt-Uebergang einen ernstlichen Widerstand vor dem 2., und die allgemeine Reserve vor dem 5. Tage entgegenzustellen.

Hält man mit diesem Calcül die Schwierigkeiten zusammen, welche sich der Ausführung eines Donau-Ueberganges an was immer für einer Stelle entgegenstellten, so konnte man allerdings in erster Linie auf die Wirksamkeit der Donau-Monitors rechnen. Dass diese aber auch auf die Dauer jeden Uebergang vereiteln, oder den ernst gemeinten wirklich mehrere Tage lang aufhalten würden, das konnte man wünschen, aber wohl nicht in's Calcül aufnehmen.

Für dieses reducirten sich alle Annahmen auf die Eine, dass die Russen schliesslich doch irgendwo, sei es unter dieser oder jener Form, mit wenig oder viel Verlusten, den Uebergang bewirkten; dass, wie noch jedes Mal in den früheren Kriegen, sich auch dieses Mal binnen eines Tages auf dem rechten Donau-Ufer 20—30.000 Mann festsetzen würden, bevor ausreichende Kräfte seitens des Vertheidigers an der Uebergangsstelle versammelt sein konnten.

Unter dem Einflusse dieser geschichtlichen Erinnerungen konnte man leicht zu dem wenig tröstlichen Schlusse gelangen, dass es eine ziemlich aussichtslose Sache sei, selbst ein so mächtiges Hinderniss, wie die Donau, in einer so grossen Strecke directe vertheidigen zu wollen.

Selbst in dem Falle, dass bei besonders ungünstigen Verhältnissen, der Uebergang der Russen sich auf 5—6 Tage erstrecken würde, war es indessen doch denkbar, dass selbst eine verhältnissmässig so geringe Macht, wie die türkische, den Gegner noch während des Ueberganges mit der Hauptkraft anfallen könnte.

Im Kriege ist ja Alles möglich.

Dieser Fall, so unwahrscheinlich er sich in dem Calcül ausnehmen mochte, lag also nicht ganz ausserhalb des Bereiches der Möglichkeit; dabei bot er so viele Chancen des Erfolges, dass man ihn als einen letzten Schimmer des Glückes unverwandt im Auge behalten musste.

Trat dieser Fall nicht ein, so konnte es sich für die Türken nicht mehr um die Vertheidigung ihrer wichtigsten Vertheidigungs-Linie, sondern einfach nur um einen Krieg in Bulgarien handeln, bei welchem voraussichtlich beide Theile ziemlich gleiche Chancen für sich hatten.

Die Türken mussten nämlich annehmen, dass sich die Russen sofort nach dem Uebergange in einem Brückenkopfe einen befestigten Stützpunkt schaffen, und auf diesen basirt, operiren würden.

Allerdings blieben die Russen dadurch in gewisser Abhängigkeit von diesem Punkte und den durch ihn geschützten Brücken; ihre Marschroute war eine gebundene, ihre Operationsfreiheit beschränkt.

Gegenüber dieser jedenfalls schwierigen Situation konnte man im türkischen Hauptquartier leicht die Vortheile geltend machen, welche der türkischen Armee durch die befestigten Punkte Bulgarien's erwuchsen; auf die ganz bedeutende Actions-Freiheit, welche diese an und für sich, und als gesicherte Replipunkte und befestigte Depots involvirten.

In ihrer Gesammtheit und in Verbindung mit einer offensivfähigen Armee gedacht, stellte sich das Dreieck Rustschuk—Schumla—Silistria als eine vorzügliche Flankenstellung dar, ebensowohl geeignet, den Gegner, welcher sich westlich von Nikopolis auf Philippopel oder östlich von Rassova gegen Varna bewegen sollte, aus ihr heraus anzufallen, als auch geeignet, den Gegner, wenn er in den Raum zwischen die Festungen eindringen sollte, mit Vortheil zu bekämpfen.

In Hinsicht dieses Anfallens des Gegners nach bewirktem Uebergange konnte nun das türkische Hauptquartier denken, es sei ziemlich gleichgiltig, ob dieser Zusammenstoss 2 oder 3 Märsche weit von der Uebergangsstelle, und 5 oder 6 Tage später, als der Uebergang selbst, geschähe.

Wir glauben indessen trotzdem, dass vom theoretischen Standpunkte aus, der türkische Operationsplan auf den Gedanken nicht ganz Verzicht leisten durfte, den Gegner eventuell noch vor vollständig bewirktem Uebergange anzufallen, und erst wenn das Schicksal in dieser Beziehung keine Chance bot, die Donau-Vertheidigung aufzugeben.

Dem wirklichen Verlaufe der Ereignisse nach zu urtheilen, verzichtete der türkische Ober-Commandant im Vorhinein sowohl auf die indirecte als auf die directe Vertheidigung der Donau.

Er entschied sich für den Krieg in Bulgarien; die der Zeit nach am meisten hinausgeschobene, aber auch wenigst riskirte Alternative; für jene, welche im genauen Anschlusse an die politischen Ziele die Entscheidung vertagte, und vielleicht in den Organisations-Verhältnissen der türkischen Haupt-Armee den massgebendsten Hintergrund fand.

Dieser Operationsplan, so zweckmässig er auch dem türkischen Generalissimus scheinen konnte, war im Ganzen genommen, auch der für die Russen günstigste.

Welches die Ursachen der Zweitheilung der Haupt-Armee in die Gruppen Widdin und Schumla, weiters der Belassung Suleiman's in der Herzegowina waren, ob da bloss politische oder auch militärische Velleitäten ihr Spiel trieben, wird wahrscheinlich nie aufgeklärt werden. Dass sich sehr viele Gründe, wenn auch nebensächlicher Natur, dafür gefunden haben und finden lassen werden, dessen sind wir sicher.

Wie der Krieg aber oft die schönsten academischen Betrachtungen auf das Interessanteste Lügen straft, und oft beweist, dass selbst die von der Theorie am meisten verläumdeten Fehler die schönsten Früchte tragen, während die fehlerlosesten Operationen oft schmählich jedes Erfolges entbehren; so wollen wir auch hier nur „academiquement" betonen, dass die Anfangs des Krieges von den Türken innegehabte Kräfte-Vertheilung in drei weit auseinanderstehenden Gruppen zwar von der Theorie nicht genug verdammt werden kann, dass aber gerade dieser Fehler der Türkei vielleicht die einzigen Erfolge und die einzigen militärischen Lorberen verschaffte, die sie in diesem Kriege errang.

Am 19. April, kaum eine Woche vor der Kriegs-Erklärung, erliess zwar der türkische Generalissimus den Befehl, 30 Bataillone, also etwa 15.000 Mann, von Widdin nach Schumla abzuschieben; am 28. April ward aber dieser Befehl widerrufen.

Auch hierüber, über die Kämpfe, die diesem Entschlusse vorangingen, über die Gründe, mit welchem die eine und die andere Ansicht vertheidigt und motivirt, — wodurch ihre Ausführung verzögert, und warum sie später wieder aufgenommen wurde, — auch darüber sind gar wenige Anhaltspunkte in die Oeffentlichkeit gedrungen.

Wir haben in den vorstehenden 2 Capiteln nur wenige jener Momente hervorgehoben, welche bei der Feststellung der beiderseitigen Operationspläne Berücksichtigung finden mussten.

Wir sind dabei zu dem Schlusse gelangt, dass es den Russen frei stand, östlich oder westlich der bulgarischen Befestigungen oder mitten in sie hinein zu stossen; wir haben angedeutet, auf welchen Bedingungen jede derselben fusste, und dass jede dieser Richtungen Vor- und Nachtheile hatte.

Wir haben dem russischen Calcül das türkische entgegengestellt, in der Absicht, zu zeigen, welche Combinationen sich aus dem Verhältnisse der beiden Gegner ergeben konnten.

In jeder der 3 Richtungen konnten die Türken der russischen Armee möglicherweise schon beim Uebergange oder erst später entgegentreten; sie konnten aber auch den Angriff der Russen einfach abwarten.

Dass die Türken nicht mit einer Offensive auf dem linken Donau-Ufer drohten und dadurch die Sachlage weiter complicirten, haben wir als einen politischerseits erzwungenen Verzicht auf die anscheinend kräftigste Art der Offensive bereits gekennzeichnet.

Mit diesen Momenten haben wir so ziemlich das vollständige Gerippe für die Einleitung des Feldzuges entworfen; mehr lässt sich kaum geben.

Einer oder der anderen Operation ausschliesslich besondere Vortheile zuzuerkennen oder aus der Thatsache des gelungenen Donau-Ueberganges von Zimnica z. B. schliessen zu wollen, dass gerade dieser der wichtigste Punkt gewesen sei, wäre gegen unsere Ueberzeugung.

Wir glauben, dass wie dieses Mal, sich auch vielfach in ähnlichen Verhältnissen, dem Feldherrn verschiedene Alternativen darstellen von welchen jede, — theoretisch analysirt, — ganz acceptabel, und an und für sich ganz richtig ist.

Mit apodiktischer Gewissheit sagen zu wollen, diese Variante sei die einzig richtige, das halten wir für nicht berechtigt.

Man vergegenwärtige sich nur, dass der eigenen Idee und der eigenen Anschauung sich stets eine fremde Idee, — eine fremde Anschauung mit entschieden feindseligem Hintergrunde und in der Tendenz gegenüberstellen, die eigenen Absichten durchzusetzen.

So reiht sich dem rein materiellen, dem auf die topografischen Verhältnisse gegründeten allgemeinen Calcül, ein neues, viel interessanteres und schwierigeres an.

Das Gegeneinanderstellen der Consequenzen des eigenen Gedankens mit den wahrscheinlichen und möglichen Verfahrungsarten des Gegners macht hiebei durchaus nicht den Haupttheil aus; dieses würde nebenbei gesagt, auch eher verwirren als klären, es würde uns in ein wahres Chaos von widersprechenden, sich gegenseitig aufhebenden und übergreifenden Massregeln und Bedenken führen.

Ein volles Verwischen der Haupt-Idee, ein Untergehen in Details wäre nur zu oft die natürliche Folge.

Das Schwergewicht dieses geistigen Calcüls liegt vielmehr in dem Bestreben, sich über alle die Gefahren zu erheben, die der eigene Entschluss naturgemäss im Gefolge hat und durch die Kühnheit der Conception und das selbstbewusste Auftreten dessen Schwächen zu begleichen.

Das Herausgreifen der Operationsrichtung ist wenig; aber aus ihr etwas zu machen, das ist die Kunst.

Das Streben die eigene Idee dadurch aufrecht zu erhalten, dass man den Gegner an Kühnheit und Entschluss und festen Willen überbietet; dies erst erzeugt in grossen Characteren jenes nackte Hinstreben nach grossen Entscheidungen, jenes fast räthselhaft rücksichtslose Losstürmen zum taktischen Schlage, welches z. B. die Operationen Napoleon's characterisirt.

Der Krieg ist eine Sache des Takts und des Gefühls.

Vergeblich wäre es, diese Kunst mit dem Lehrbuch in der Hand nach theoretischen Grundsätzen oder nach dem System der Analogie erlernen zu wollen.

So getrauten wir uns auch von der wirklich eingeschlagenen Operationsrichtung der Russen nur zu sagen, dass sie eine jener Richtungen war, welche die Theorie auch heute post festum noch als richtig bezeichnen kann; wir fügten aber bei, dass sie jedoch desshalb, weil sie gewählt wurde und entsprach, durchaus nicht schon zur einzigen oder besten geworden sei.

Sie war gut; möge sich die Kritik damit begnügen.

Ein anderer Feldherr, vom Character eines Suwarow, hätte vielleicht den Stier bei den Hörnern gepackt; er hätte mit Rücksicht auf die mangelhafte türkische Ausrüstung sich zum dreisten Drauflosgeben stark genug gefühlt, er hätte vielleicht den Krieg binnen 14 Tagen geendet.

Ein anderer General hätte sich für die 3. der angegebenen Richtungen entschieden, und hätte vielleicht die Türken in der so berühmten Stellung bei Hadji—Oglu—Bazardschik, auf halbem Wege von der Dobrudscha nach Schumla gefunden.

Ein anderer türkischer Ober-Commandant hätte sich vielleicht jenseits der Donau engagirt.

Mit alledem wollen wir nur sagen, dass es in jedem Kriegsfalle eine Anzahl von Operationen gibt, welche an sich richtig, gewissermassen ein Minimum von Vortheilen darstellen, unter das man nicht gehen darf, aus welchem sich aber ein Maximum machen lässt.

Der Erfolg oder Misserfolg kann dann nur zeigen, ob dem ersten richtigen materiellen Calcül als zweites ein ebenso richtiges, geistiges folgte, ob der Commandant es auch verstanden hat, die Vortheile der gewählten Richtung auszunützen und die Nachtheile derselben unschädlich zu machen.

Mit der richtigen Wahl selbst ist nur ein Fehler vermieden, keine Chance errungen.

Eine vernünftige Kritik hat demnach nur ein beschränktes Feld; sie kann oft nur sehr wenige Operationen als fehlerhaft, sehr selten gerade e i n e Operation als die richtige bezeichnen.

So natürlich es auch wäre, im Anschlusse an die Skizzirung der zu den Operationen bereitgestellten materiellen Machtmittel der beiden Kriegführenden, eine Schilderung der moralischen Eigenthümlichkeiten derselben zu geben; — so schwer es uns auch ankömmt, darauf zu verzichten, wir widerstehen der Versuchung, über den kriegerischen Werth der beiden Operations-Armeen, über den Einfluss, den die verschiedene Nationalität, die Religion, die Sitten und Traditionen bei den Einzelnen, wie bei der Masse hervorbrachten oder hervorbringen konnten, zu sprechen.

Wir wissen, wie wichtig diese Momente sind; wie arg entstellt sie die Leidenschaft und das Partei-Interesse oft in die Oeffentlichkeit einführt; wie dankbar es wäre, der meist nach dem Augenblicke und stets überschwänglich urtheilenden öffentlichen Meinung berichtigend entgegen zu treten; trotzdem sehen wir von ihrer Erörterung ab.

Schliesslich bilden grösserer religiöser Fanatismus und eingewurzelter Racenhass, besonders opferwilliger Gehorsam, strengere Disciplin, grössere Findigkeit und geistige Beweglichkeit oder besonderer kriegerischer Stolz, doch nur accessorische Momente.

Sie entheben den Feldherrn nicht von der Verpflichtung intensivsten Calcüls; sie erleichtern ihm seine Aufgabe, sie ermöglichen ihm oft das Unglaubliche, sie kommen trotzdem bei allen grossen Operationen eigentlich erst dann zur Sprache, wenn sie Unterschiede zu Tage fördern, wie sie zu Cortes Zeiten, z. B. die Spanier und die Mexicaner, oder zu Clive's Zeiten die Engländer und die Hindus zeigten.

Ebenso wenig glauben wir in die Unterschiede der Bewaffnung und der Taktik besonders eingehen zu sollen.

So gross sie auch scheinen mögen und so interessant es sein wird, ihren Einfluss in speciellen Fällen zu verfolgen, so können wir ihnen doch keine ausschlaggebende Bedeutung für die Anlage der Operationen im Grossen zuerkennen.

Das Berdan-Gewehr und das Krnka-Gewehr, mit dem die Russen in's Feld rückten, erlaubten das Schiessen bis auf 2000 Schritte.

Die russische Munitions-Dotirung war ganz bedeutend. Jeder Mann trug 72 Patronen bei sich; 72 per Gewehr folgten in den 4spännigen Compagnie-Munitions-Karren.

Die russische Armee hatte dafür bis zum Feldzuge noch nie auf grosse Distanzen geschossen.

Sie war gewöhnt, das Feuer meist erst auf höchstens 400 bis 500 Schritte zu eröffnen; sie hielt das Feuergefecht in Schwärmen nicht für die stets nothwendige Vorbereitung des Bajonett-Angriffes, sie griff lieber gleich tête baissée in dichten Massen an.

Die türkische Infanterie rückte ebenfalls mit verschiedenen Gewehr-Systemen in's Feld: Snider, Henry, Martini, Peabody.

Nach unseren westeuropäischen Begriffen war auch ihre Ausbildung im Feuergefecht nur mangelhaft; dafür garantirte der besonders practische Sinn des türkischen Soldaten, strenge Feuer-Disciplin und die Ausnützung des Gewehres auf alle Distanzen.

Sie begannen, hinter Deckungen stehend, mit Munition reich dotirt, ihr Feuer auch überall und principiell von der Ertragsweite der Gewehre, von 2000 Schritten an, begreiflicher Weise mit dem besten Erfolge.

Die Russen kamen, wie wir sehen werden, sehr oft gar nicht dazu, von ihren Feuer auf kurzen Distanzen Gebrauch zu machen.

Die russische Artillerie hatte reitende und fahrende 6-spännige Batterien mit Hinterlad-Geschützen, Maximal-Tragweite 6000 Schritte.

Die türkische mit Krupp'schen Hinterlad-Geschützen (3-, 4-, 6-Pfünder) ausgerüstete Artillerie erwies sich der russischen Artillerie oft weit überlegen, trotzdem die einzelnen russischen Heerestheile viel stärker mit Artillerie dotirt waren, als die türkischen. Eine russische

Division führte organisationsgemäss je 6 Batterien mit zusammen 48 Geschützen mit; die türkischen Divisionen traten selten mit mehr als 2 oder 3 Batterien — 12 oder 18 Geschützen — auf.

Aehnlich überlegen zeigten sich die Dotirungs-Verhältnisse der Cavallerie. Bei der russischen Armee entfiel, abgesehen von mehreren selbständigen Cavallerie-Brigaden, auf jede Infanterie-Division eine Cavallerie-Brigade von 8 Escadronen. Bei den Türken, abgesehen von den wenig organisirten Tscherkessen-Schwadronen, höchstens 2—3, oft auch nur 1—2 Escadronen.

Am grellsten musste sich der Vortheil eines festen organisatorischen Rahmens beim Trainwesen zeigen.

Während in der russischen Armee sowohl die in den vorderen Staffeln mitzuführenden Munitions-, Verpflegs- und Sanitäts-Artikel der Truppen-Trains, der Munitionsparks und Intendanz-Transporte meist auf ärarischen Fuhrwerken, und mit guter Bespannung ausgerüstet, truppenkörper-, divisions- und corpsweise gegliedert, auf dem Operations-Schauplatze erschienen, war die türkische Armee in Hinsicht der Fortbringung fasst aller ihrer Bedürfnisse vollständig auf Improvisationen, auf die Ressourcen des Landes angewiesen.

In ganz Nord-Bulgarien besteht das landesübliche Fuhrwerk in 2- und 4-spännigen, äusserst primitiv gezimmerten Büffelkarren, mit einer durchschnittlichen Ladefähigkeit von 250—400 Kilogr. (5 bis 8 Centner) und — der Schwerfälligkeit der Bespannung wegen, — ganz ausnehmend geringer Beweglichkeit; Tagesleistungen von 12—15 Kilometer gelten schon als bedeutend.

Die einheimischen Trains können daher raschen Truppen-Bewegungen nicht folgen; — es bleibt nichts übrig, als dem Manne selbst die Verpflegung und Munition für 4—5, selbst 6 Tage aufzubürden oder die Operationen nach den Trains einzurichten, nach Trains, die per Division aus 3—400 Karren schwerfälligster Beschaffenheit, bestehen mussten.

Dazu trat, dass für den Verkehr über den Balkan und für die Kriegführung in dieser 3—4 Tagmärsche breiten Zone zum Theile auch auf die einheimischen Tragthiere, mit einer Tragfähigkeit von 75—100 Kilogr., reflectirt werden musste; das verlangte wieder eine ganz neue Organisation.

Die 1000 oder 1200 Geschosse, die einer Batterie z. B. als normale Ausrüstung bei den westeuropäischen Staaten in 10 oder 12 6spännig bespannten Batterie-Munitionswagen unmittelbar nachfolgen, brauchten zu ihrer Fortbringung bei einem Gesammtgewichte von etwa 5 oder 6000 Kilogramm, 20—25 solcher Karren oder 100—120 Tragpferde; abgesehen, dass die für die rasche Verladung und bequeme Verführung nöthigen besonderen Herrichtungen, Sättel, leicht tragbarer Verschläge etc. fehlten.

Diese mangelnde organisatorische Vorbereitung musste daher die Marschfähigkeit der Truppen an und für sich, noch mehr aber die Befehlsgebung und Leitung der Operationen im Grossen, sehr beeinträchtigen.

Nur ein ganz besonderes organisatorisches Genie mit ausserordentlichsten Vollmachten ausgestattet, hätte binnen wenigen Monaten diese Mängel beheben können.

Ein mehr bureaukratisches streng centralistisches System, wie jenes der Dari Schura in Constantinopel konnte ihre Folgen nicht beschwören.

Es erwies sich sehr bald, dass man allenfalls über Nacht aus einer Anzahl Bataillone, Batterien und Escadronen eine Zahl Divisionen oder Brigaden bilden könne; aber keine operationstüchtige Armee.

Die einzelnen Heerestheile mussten erst eigenes Leben, Selbständigkeit erhalten und entfalten lernen. So leicht aber in cultivirten Ländern alle Subsistenzbedingungen zu beschaffen sind, so schwierig ist dies in armen, mit nur wenigen administrativen und politischen Verwaltungs-Organen bedachten Gegenden.

Der Mangel an geschultem Administrations-Personale musste sich naturgemäss noch mehr bei den Armeen selbst fühlbar machen.

Die Divisionen und Brigaden hingen in Hinsicht der Befriedigung ihrer Bedürfnisse alle von einer Stelle ab. — Wie ungelenk muss jede Armee sein, wenn 5, 6 oder mehr Divisionen ihre Fassungen stets über Anordnung einer Stelle und aus Einem und demselben Reservoir bewirken müssen.

Die Armee kommt dabei nicht vom Fleck. Sie wird alle sonstigen Eigenschaften entwickeln können; nur Offensiv- und Schnellkraft wird sie keine haben.

Die türkischen Feldherrn mussten von jeher jede Division, von der sie eine Bewegung erwarteten, erst einzeln anziehen und ausrüsten, und buchstäblich stets von 1000 zu 1000 Schritten weiter vorschieben.

Das machte die türkische Armee im serbischen Kriege so schwerfällig; wir werden sehen, dass sie auch während der Campagne des Jahres 1877 an den Folgen dieser mangelnden organisatorischen Kriegs-Vorbereitungen schwer zu leiden hatte.

Trotzdem wollen wir auch diese organisatorischen und Ausbildungs-Unterschiede nicht zu ausschlaggebenden Faktoren stempeln.

Solche Momente beeinflussen zwar sehr oft auf das Bedenklichste die Durchführung der Operationen; die schlechtere Bewaffnung und die schlechtere Ausbildung tragen Schuld an unnöthigen grösseren Verlusten; sie wirken mittelbar auf die moralischen Potenzen einer Armee ein; eine mangelhaft organisirte oder improvisirte Armee ist im Allgemeinen stets schwerfälliger wie jede stramm und namentlich einfach organisirte; aber: auf die Anlage der Operationen im Grossen, auf die Feststellung der allgemeinen Ziele und die allgemeine Kräfte-Vertheilung, also gerade auf jene Momente, die wir bereden wollen, wirken sie so gut wie gar nicht ein.

Sie beeinflussen mehr die Art der Ausführung, die technische Seite der Armee-Verwendung.

Wir werden daher auch im Folgendem auf beiden Seiten stets nur Divisionen und jede dieser mit 10.000 Mann in Rechnung nehmen; von der Annahme ausgehend, dass in Anschung der grossen Operationen sich je eine russische und eine türkische Division das Gleichgewicht halten; dass es dabei wenig bedeutet, ob die eine in Regimenter und Bataillone oder in Bataillone allein gegliedert, an technischen Truppen oder Train reicher oder ärmer dotirt ist u. dgl. — und dass unbeschadet ihres unbezweifelt hohen sonstigen Werthes beispielsweise, weder die grössere oder geringere Intelligenz der Commandanten, die strammere Disciplin oder die Geschicklichkeit der Truppen in der Terrainbenützung oder im Schiessen — über die Anlage, und bis zu einem gewissen Grade auch über den Ausgang der Operationen entscheiden können.

X.

Die Kriegseröffnung. Der Einmarsch der Russen in Rumänien.

24. April bis 26. Juni.

In der Regel wird die Inangriffnahme der eigentlichen Operationen nur als der Schluss jener langen Reihe von Thätigkeiten angesehen, welche in dem strategischen Aufmarschraum ihren Höhepunkt und ihre grösste Spannung erreichen.

In dieser Weise zeigen sich die gelungensten Feldzüge aller Zeiten meist als eine einzige gewaltige, bis zum Springen intensiv angelegte Kraft-Aeusserung, die in der Concentrirung aller Kräfte im strategischen Aufmarschraume gipfelt und in der vernichtenden zermalmenden Entscheidungsschlacht endet.

Sie gleichen den mächtigen Lawinen, die auf flachen, wenig geneigten Schnee-Feldern langsam gebildet, an einer steilen Böschung plötzlich in's Stürzen kommen und sich vergrössernd, nun verheerend niederschmettern, was sich ihnen entgegenstellt.

Napoleon's schönste Feldzüge bestanden in einer derartigen gewaltigen Anspannung aller Kräfte; in einem einzigen mächtigen Zusammenfassen und in einem plötzlichen Loslassen derselben.

Diese Züge zeigt auch der Feldzug 1866 in Italien; es zeigt sie der Feldzug 1870 der Deutschen.

Der russische Aufmarsch 1877 zeigt sie nicht.

Er spielte sich ganz für sich ab; — er stand in gar keiner directen Beziehung zur Eröffnung der Operationen.

Er hätte ohne jeden Nachtheil auch 10 Märsche weiter gegen Norden angeordnet sein können. — Aber auch der neue strategische Aufmarsch in Rumänien zeigte keine napoleonischen Züge.

War die bereitgestellte Kraft im Vergleiche zu jener des Gegners durchaus in keinem überwältigenden Verhältnisse, verrieth das ruhige Zuwarten in Kisinew auch kein besonders intensives Hinstreben nach einer überfallsartigen Kriegseinleitung, so machten die eigenthümlichen Verhältnisse des Kriegstheaters und die beabsichtigte Hauptoperationsrichtung zum Ueberflusse eine neue Basirung der Armee, eine neue Concentrirung in Rumänien nothwendig.

Der Marsch dahin bildete die eigentliche Einleitung des Feldzuges.

Für den Beginn desselben konnten die Truppen auf den drei schon mehr erwähnten Strassenzügen und auf der Eisenbahn Kisinew—Jassy—Galatz—Bukarest instradirt werden.

Die Leistungsfähigkeit dieser Bahnlinie war schon an und für sich nicht mit mehr als 10—12 Zügen zu veranschlagen.

Sie war weiters durch die Verschiedenheit ihrer Geleisweite mit jener der russischen Bahnen sehr beeinträchtigt.

Jedenfalls konnte sie schon von allem Anfange an weit weniger für den Massentransport der Heereskörper als für den Nachschub der Verpflegsbedürfnisse und als grosse Erleichterung für den Verkehr mit dem Hinterlande in Betracht kommen.

Nahm man an, dass sie täglich 10 Militärzüge à 30 Waggons befördern konnte, so brauchte man für den Abschub einer Infanterie-Truppen-Division mit 45 Zügen etwa $4\frac{1}{2}$ Tage; die Fahrdauer 500 Kilometer mit 25 Stunden berechnet, im Ganzen für den Transport einer Division circa 6 Tage.

Von Kisinew nach Bukarest sind in Fussmärschen 350 Kilometer, bei günstigen Verhältnissen circa 14 Tage, unter ungünstigen kaum mehr als 20 Tage (täglich 18 Kilometer) zu rechnen.

Man konnte also höchstens auf den Eisenbahn-Abschub von 2—3 Infanterie-Divisionen reflektiren, so dass von den 8 zur Operations-Armee bestimmten Divisionen für den Einmarsch zu Fuss jedenfalls alle Cavallerie-Divisionen und 5—6 Infanterie-Divisionen übrig blieben.

Von dieser Voraussetzung ausgehend, konnte man über den Einmarsch in Rumänien etwa folgendes Calcül anstellen: „Die 6 Infanterie- und 6 Cavallerie-Divisionen vertheilen sich im Anfang auf 3 Marschlinien, so das selbst auf die meist belastete nicht mehr als eine Colonne von 2 Cavallerie- und 2 Infanterie-Divisionen entfällt.

Jede dieser Colonnen wird sich naturgemäss in einen vorgeschobenen Cavallerie- und einen Infanterie-Staffel gliedern und nicht tiefer als je einen Tagmarsch sein.

Von Galatz—Tekuć an, entfallen auf jede der zwei Strassen allerdings schon je drei Infanterie-Divisionen.

Eine russische Division im Marsche ist circa 16 Kilometer tief; um die Colonnenlänge von zwei Bataillonen und drei Batterien — also um etwa 2000 Schritte länger als eine österreichische; — aber selbst eine 48 Kilometer tiefe Colonne ist ja nur als ein Tagesstaffel, nämlich als eine Colonne anzusehen, die im Nothfalle binnen eines Tages, d. i. binnen 14—16 Stunden auf die Tête entwickelt, oder wenigstens gegen sie bis auf 2—3 Stunden Tiefe zusammengeschoben werden kann."

Diese Bemerkungen sollen nur zeigen, dass bei Ausführung des Vormarsches in Hinsicht der Marsch-Technik, — die Practikabilität der Strassen vorausgesetzt, — selbst dann keine besonderen Schwierigkeiten zu überwinden oder besondere Massregeln in Aussicht zu nehmen waren, wenn alle 8 Divisionen der Operations-Armee in Fussmärschen in Rumänien einzurücken gehabt hätten.

Mit Rücksicht auf diese Verhältnisse hätten wir es vom Standpunkte der Marsch-Technik aus für ganz gerechtfertigt gehalten, wenn auf die Benützung der Eisenbahn behufs des Transportes der Truppen ganz verzichtet worden, — wenn die Eisenbahn ausschliesslich für den Nachschub des Materials (der Verpflegung, der Artillerie-Parks, der Uebergangsgeräthe etc.) verfügbar geblieben wäre.

Wir werden sehen, dass gerade in dieser Hinsicht und vielleicht gerade wegen der Inanspruchnahme der Bahn auch für Truppen-Transporte die russische Heeresleitung recht ärgerliche Erfahrungen machen sollte.

Am 26. April übergab Russland in Constantinopel die Kriegs-Erklärung.

Schon am Tage zuvor überschritten einzelne Abtheilungen der Russen die Grenze.

Die einzige Möglichkeit einer Störung des russischen Vormarsches gegen die mittlere Donau war von der Dobrudscha her möglich.

Unter dieser Annahme bekam der Einmarsch nach Rumänien den Character eines Flankenmarsches.

Zu dessen gesicherter Ausführung war zunächst die militärische Besetzung der untersten Donau-Strecke, speciell aber die Besitznahme von Galatz, eventuell selbst ein Vorstoss in die Dobrudscha nothwendig.

Die hiezu verwendeten Truppen mussten dann das Pivot für die Colonnen bilden, die sich hinter ihnen auf der Strasse nach Tekuč bewegten.

Die Russen thaten daher zweifellos gut, sich nach der Dobrudscha hin zu sichern.

Die eigenen Absichten mussten aber auf das Mass dieser Sicherung in entschiedenster Weise einwirken; hätte man beabsichtigt, in dem untersten Theile der Donau, zwischen Galatz und Ismail, überzugehen, so fiel diese Sicherung mit der Haupt-Operation selbst zusammen.

Da man jedoch von einem Uebergange in dieser Strecke absah, so lief neben der Haupt-Operation — dem Vormarsche gegen Bukarest — nur eine Reihe von Sicherungs-Massregeln zur Deckung der linken Flanke.

Die Durchführung derselben fiel von selbst den im südlichsten Theile der Cantonirung dislocirten Truppentheilen, speciell den in Kubej und Taratinskaja vorgeschobenen Abtheilungen des XI. und VII. Corps zu.

Unter ihrem Schutze konnten die an der mittleren und nördlichsten Strasse dislocirten, allerdings sechs und zehn Tagmärsche weit entfernten Divisionen, directe dem Haupt-Operationsziele Bukarest zustreben. — Sie konnten aber auch eventuell rasch nach Galatz gezogen werden, wenn, was ganz unwahrscheinlich, von dort her irgend eine Gefahr drohen sollte.

Mit Rücksicht auf die von den Russen beschlossene Nichtbenützung der untersten Donaustrecke weder für einen demonstrativen, noch für einen ernsten Zweck, und das ganz passive Verhalten des schwachen, im letzten Momente in die Dobrudscha vorgeschobenen türkischen Corps, war der russische Aufmarsch in Rumänien im Grossen de facto nichts als ein Marsch aus einer Concentrirung in die andere, zum Zwecke erneuerter Basirung. —

Des Gegners Aufstellung unmittelbar hinter der Donau machte aber klar, dass eine Fortsetzung des Marsches über die Donau in dem bisherigen Marsch-Echiquier-Verhältnisse ein Unding wäre, dass die

Donau nur mit directester Rücksichtnahme auf die Möglichkeit feindlicher Gegenwirkung, also als passage forcé, mit dicht aufgeschlossenen, zum Gefechte bereiten Colonnen zu bewirken sei.

Diese Aussicht und diese Schwierigkeiten machten die Passirung des Flusses zum Endpunkte der der Kriegs-Erklärung zunächst folgenden Operationen; sie erhellen auch wohl die Nothwendigkeit eines Haltes, eines neuen strategischen Aufmarsches an der Donau zur Genüge.

Die im Marsche befindlichen Colonnen mussten sich gegen die Tête zusammenschieben.

Wie früher, blieb aber auch hier der Gedanke vorwiegend, die ganze Operation nicht länger hinauszuschieben, als eben in Hinsicht ihrer umfassenden und rationellen Anlage unbedingt nothwendig war.

Im Grossen und Ganzen kann man daher den Einmarsch in Rumänien nur im Hinblick auf die Forderung richtig beurtheilen, dass der Donau-Uebergang sich möglichst unmittelbar dem Einmarsche in die Fürstenthümer anreihte, und die im Interesse des Ueberganges nothwendigen Vorbereitungen und Demonstrationen möglichst gleichzeitig mit dem Anlangen der Colonnen an der Donau geschahen.

Dies setzte voraus, dass gleichzeitig mit dem Gros der Colonnen auch die für die Ausführung der Schein- und Ernst-Angriffe nothwendigen Ueberschiffungs- und Ueberbrückungs-Mittel zur Stelle geschafft waren.

Aus dem factischen Verlaufe der Ereignisse ist zu ersehen, dass es den Russen nicht gelang, die Schwierigkeiten der sofortigen Weiterführung der Operationen vollständig zu besiegen.

Dafür bemächtigten sie sich, nachdem sie die Besetzung von Galatz und Braila seitens der Rumänen verschmäht hatten, nunmehr dieser Punkte selbst ausserordentlich rasch.

Ein Theil des XI. Corps traf noch am Tage der Kriegs-Eröffnung in Galatz ein, und besetzte bald darauf die durch die türkische Donau-Flotille so sehr gefährdete Barboše-Brücke.

Am dritten Tage nach der Kriegs-Erklärung war das ganze XI. Corps bei Galatz concentrirt.

Das kleine, in die Dobrudscha vorgeschobene türkische Corps blieb ruhig; ebenso die türkische Donau-Flotille; ebenso die in den Donau-Festungen stehenden Corps.

Immer deutlicher trat die Thatsache hervor, dass die Türken keine Störung des Vormarsches auszuführen beabsichtigten oder auszuführen in der Lage waren.

Das XI. Corps blieb bei Galatz; unter dessen Schutz marschirten die drei übrigen Corps — VIII., IX. und XII. — und die 4. Schützen-Brigade, anfänglich in drei, später in zwei Colonnen über Tekuč und Galatz nach Bukarest.

Die Eisenbahn leistete dabei so viel wie nichts; sie beförderte täglich 4—5 Militärzüge à 30—35 Waggons.

Erst am 1. Juni soll die ganze Operations-Armee bei Bukarest vereinigt gewesen sein.

Anhaltende Regengüsse, Ueberschwemmungen, abgerissene Dämme und eingestürzte Brücken verzögerten vielfach den Marsch; Zufälle, gegen welche man allerdings oft nichts kann, gegen welche man aber stets in so weit als möglich ankämpfen soll, und für deren Nichtbesiegung man vom Standpunkte der Theorie aus nur dort ganz entschuldigt ist, wo man eben Alles für ihre Besiegung aufwendete.

Ob nicht durch Neuanlagen, durch Ausbesserung und Verstärkung der Communicationen mehr gegen diese Zufälle gethan werden konnte, als wirklich geschah, ist wohl zweifelhaft.

Vielen Berichten zufolge, soll die geringe Zahl der damals bei der Operations-Armee eingetheilten technischen Truppen, im Ganzen 3 Sappeur-Bataillone und 2 Pontonier-Halb-Bataillone, in dieser Beziehung nur ganz geringe Aushilfe geboten haben.

In der russischen Armee hängt die Verwendung dieser Truppen organisationsgemäss vom Armee-Commando ab; die einzelnen Divisionen haben technische Truppen nicht permanent zugewiesen. — Es scheint, als ob sich diese Organisation der technischen Truppen schon bei dieser Gelegenheit nicht besonders bewährt hätte.

Jedenfalls dürfte die bei uns bestehende Eintheilung von je einer Genie-Compagnie bei jeder Division, von je zwei Pionnier-Compagnien und vier Brücken-Equipagen mit einer Brückenlänge von circa 160 Schritten, per Corps, und das Zurückhalten von besonderen Reserven beim Armee-Commando, geeigneter sein, unter analogen Verhältnissen rasche Hilfe zu gewähren.

Im Ganzen fand der Aufmarsch der vier Corps, unter allerdings sehr ungünstigen Bedingungen, trotz einzelner grosser Marschleistungen der Truppen an und für sich sehr langsam Statt. — 350 Kilometer in 35 Tagen; — 10 Kilometer per Tag.

Der Uebergang aus diesem zweiten strategischen Aufmarsch bei Bukarest zu den eigentlichen Operationen, ward weiters aus Ursachen, deren Beseitigung ebenfalls, wenigstens zum Theile, in der Macht der russischen Heeresleitung lag, um weitere drei Wochen verzögert.

Die Corps VII und X, ein Drittel der gesammten anfänglich mobilisirten Macht, waren wirklich an der Küste zur Bewachung zurückgeblieben, eine Massregel die durch die Besorgniss vor maritimen Expeditionen der Türken geboten schien, über deren Berechtigung sich aber streiten liesse.

Anfang Juni sehen wir die sechs Corps der Russen auf einem Raum von 750 Kilometer oder 30 Tagmärschen vertheilt; in der Hauptrichtung des Angriffes in der Hand des Ober-Commandirenden sind ausser den Cavallerie-Divisionen nur die drei Corps VIII, IX, XII und die 4. Schützen-Brigade.

Wir können uns lebhaft vorstellen, dass das russische Hauptquartier beim Anblick dieses Schwundes nicht gerade erbaut war; es ist sogar wahrscheinlich, dass alle jene, welche bedachten, wie ausgedehnt die zu deckenden Strecken waren und wie winzig sich die zur Vertheidigung bestimmten Truppen darin ausnahmen, ein Gefühl der Unbehaglichkeit beschlich.

Diese mächtige Einwirkung des Raumes liess gewiss Jedermann bedauern, nicht alle 6 Corps zur Stelle zu haben.

Als sicher ist auch anzunehmen, dass die bei Bukarest versammelten drei Corps unmöglich jenes Gefühl der Stärke und jenes gewaltige Bewusstsein der Kraft haben konnten, welches sich nur einstellt, sobald man Alles, was überhaupt hiefür disponibel ist, zu der entscheidenden Operation vereint weiss. So gross auch Jene, die stets gerne Alles decken möchten, die Gefahren darstellen konnten, die durch ein Preisgeben der Küste entstehen mussten: die Entscheidung lag an der Donau. — Dorthin gehörten auch das VII. und das X. Corps.

Die Vertheidigung der Küste konnte man den Local-Truppen überlassen.

Dass russische Ober-Commando war in der glücklichen Lage, diesen Erwägungen dadurch abhelfen zu können, dass es die mittlerweile mobilisirten Corps IV, XIII und XIV an sich zog. Man musste aber 2—3 Wochen auf sie warten.

Das XIV. Corps sollte am 13. und 14. Juni in Galatz, das XIII. Corps Ende Juni südwestlich von Bukarest in Alexandria eintreffen; das dem IV. Corps gegebene Marschziel ist uns noch unbekannt; es pendelte später zwischen Galatz und Bukarest.

Es hatte dies Abwarten äusserlich gar keinen Nachtheil; die Türken sahen Allem ruhig zu; sie konnten auch nichts dagegen thun. Aber obwohl sie davon keinen Nutzen zogen, so könnte man doch als Lehre für spätere Ereignisse constatiren, dass die ursprünglich bereit gestellten Kräfte am 1. Juni factisch den ihnen zugedachten strategischen Aufmarsch ausgeführt hatten — dass naturgemäss diesem so bald als möglich die Eröffnung der Operationen folgen sollte, — dass diese aber nicht, wie beabsichtigt am 6. Juni erfolgte, weil noch nicht alle Vorbereitungen beendet waren, und wohl auch desshalb, weil man sich zu schwach fühlen musste.

Während dieser 3 Wochen trat richtig der gefürchtete hohe Wasserstand der Donau ein, und der wirkliche Uebergang fand, obwohl das Wasser bis dahin wieder etwas gefallen war, unter äusserst schwierigen Verhältnissen statt.

Der Kampf um die Donau.

Während dieses Vormarsches der russischen Operations-Armee gegen Bukarest und während Theile des XI. und VII. Corps die Donaustädte von Hirsova abwärts ganz unbelästigt occupirten, begannen indessen doch schon die Feindseligkeiten in Form von maritimen Unternehmungen.

Diese stellen eine von Seite Russland's äusserst geschickt und sorgfältig vorbedachte und mit grosser Energie durchgeführte Bekämpfung der die Donau beherrschenden türkischen Donau-Flotille dar.

Diese bestand zur Zeit des Kriegs-Ausbruches aus 7 gepanzerten und 18 ungepanzerten Schiffen mit im Ganzen etwa 1000 Mann und 60 Geschützen. Diese 25 Schiffe lagen einzeln oder zu zweien oder dreien in den Donauhäfen von Widdin, Rahova, Nikopolis, Sistowa, Rustschuk, Tuturkai, Silistria und Hirsova.

Die untere Donau, von Hirsova an, war von Schiffen der Hochsee-Panzerflotte besetzt. Diese zählte etwa 15 Schiffe mit etwa 100 Geschützen; sie konnte bei günstigem Wasserstande sogar bis Silistria die Donau hinauf fahren.

Die Russen verfügten bei Ausbruch des Krieges auf der Donau nur über drei rumänische Dampfer und etwa 10 — per Bahn — an die Donau transportirte Torpedo-Boote.

Die Mehrzahl der von Kronstadt auf den Kriegsschauplatz expedirten Torpedo's waren noch in den verschiedenen Häfen des schwarzen Meeres vertheilt.

Schon am 30. April, 6 Tage nach der Kriegs-Erklärung, gelang es der der russischen Operations-Armee zugetheilten Matrosen-Abtheilung ober- und unterhalb Galatz bei Braila und Reni Seeminen zu versenken und derart die Hochsee-Flotte von der Donau-Flotille abzusperren.

Wenige Tage später begannen die Russen von Odessa aus, die in den Donau-Mündungen stationirten 4 Panzerschiffe, den linken Flügel der Hochsee-Flotte, anzugreifen.

Diese Torpedo-Manöver gelangen zwar nicht. — Eines der Torpedo-Boote ging sogar selbst unter; ihre Mine hatte sich durch die Berührung mit den Barrikaden, welche die türkischen Schiffe umgaben, entzündet. Ein zweites Boot musste sich in seichtes Wasser flüchten.

Trotzdem imponirten sie den türkischen Schiffen so, dass sich diese von nun an nicht mehr des Nachts in den Donau-Mündungen zu bleiben getrauten. Sie stachen regelmässig Nachts in die See.

Die Russen brachten in Folge dessen von Odessa aus bald mehrere Dampffahrzeuge und Torpedo-Boote in die Donau-Mündungen, sperrten diese durch Minen gegen das Meer hin ab, und wurden schliesslich die unbelästigten Herrn der untern Donau.

In Folge der hier stattgehabten Ereignisse hatte sich der rechte Flügel der türkischen Donau-Flotille gegen Braila zu concentrirt.

Am 6. Mai waren dort 5 Panzer- und 2 Holzschiffe versammelt.

Sie sollen gerade angefangen haben, diese Stadt zu bombardiren, als Grossfürst Nikolaus, der Ober-Commandant der russischen Donau-Armee, dort anlangte.

Die Russen errichteten indessen sehr bald zum Schutze gegen ähnliche Bombardements zahlreiche Küsten-Batterien und armirten sie aus dem 350 schwere Geschütze zählenden, der Operations-Armee zugetheilten Belagerungs-Park.

Als am 10. Mai das türkische Thurmschiff Luftj-i-Dscheli recognoscirend sich in den Feuerbereich der russischen Geschütze wagte, ward es sofort beschossen und glücklich in die Luft gesprengt.

Am 26. Mai ging ein zweiter türkischer Monitor, Seifé, zu Grunde.

Das imponirte nun auch der Donau-Flotille; ihre Thätigkeit kam auf das Bedenklichste in's Stocken.

Der rechte Flügel ward durch russische Minenlegungen sogar eine Zeitlang von Silistria abgesperrt. Er durchbrach zwar dieselben und gelangt nach Silistria, aber nur, um weiters hin dort ganz ruhig zu verweilen.

Auch die in der oberen Donaustrecke verbliebenen 12 Monitors entsprachen, wie wir gleich sehen werden, nicht den von ihnen gehegten Erwartungen.

Sie scheinen allerdings nicht nach einem einheitlichen Plane, zum Beispiel zum Blockiren der Mündungen der rumänischen Nebenflüsse der Donau, sondern mehr als Wachtschiffe im Dienste der Commandanten der einzelnen Donau-Festungen verwendet worden zu sein.

Ueberrascht und eingeschüchtert durch die neue äusserst geschickte und gelungene Anwendung der Torpedos sowohl zum Angriffe auf Schiffe als zum Absperren des Flussbettes, wurde die türkische Flotte vollkommen in die Defensive geworfen. Ihre Aufgabe — die Donau frei zu halten, — war allerdings eine sehr beschränkte; sie erlagen aber dafür auch dem ersten ernsten Anfalle, wie vereinzelte und kleinliche Manöver auch am Lande zu erliegen pflegen.

Die Russen debütirten mit ihren Torpedos so überraschend und bahnbrechend, wie die Deutschen im Jahre 1870 mit der raschen Mobilisirung.

Diese Torpedo-Manöver geben wohl einen neuen Beweis, wie intensiv man sich in jeden Kriegsfall hineindenken, wie eingehend die Vorbereitung jedes Kriegsfalles im Frieden sein kann, — ja sein muss.

Ueber das Verhalten der türkischen Hauptarmee während des Vormarsches der Russen auf Bukarest ist wenig zu sagen. Sie blieb ruhig bei Schumla.

Manche vertheidigen die Ansicht, die Türken hätten bei Galatz einen Brückenkopf haben sollen, um nicht bloss die unterste Donau indirecte vertheidigen zu können, sondern auch die Vorrückung durch den schmalen Kanal von Buseo wirksam zu flankiren. Der Vormarsch auf Bukarest wäre dann nicht möglich gewesen.

An und für sich ist die Wirksamkeit eines bei Galatz angelegten Brückenkopfes nicht in Zweifel zu ziehen.

Ueber die Möglichkeit der Anlage müsste die Beschaffenheit des durch die Donau, den Sereth und den Pruth gebildeten Flusswinkels entscheiden. Der ganzen politischen Einleitung nach hätte aber der Versuch der Türken, Galatz zu besetzen, die Kriegserklärung an Russland involvirt — also aller Voraussicht nach, abgesehen von andern Complicationen, die Eröffnung des Krieges, den zu vermeiden und hinauszuschieben, sowohl die politische als militärische Lage der Türkei erheischten, um einige Monate früher provocirt.

Die Idee eines Brückenkopfes bei Galatz wäre daher erst von dem Momente der russischen Kriegserklärung an ausführbar geworden.

Aber wir wissen ja, dass schon Ende Jänner die russischen Corps bis auf 3 Märsche an Galatz herangerückt waren; — hätten die Türken sich in nicht abzusehende Kämpfe einlassen sollen, nur, um einen Brückenkopf zu bauen?

Der Brückenkopf von Galatz hätte sich übrigens mit Bezug auf den schmalen Landstrich der Dobrudscha wie ein kleiner Knopf auf einer langen dünnen Stange ausgenommen, bloss hingesetzt, um sofort herabgeschlagen zu werden.

So angenehm den Russen die fast verlustlose Erlangung eines so wichtigen Punktes wie Galatz, so ärgerlich es den Türken gewesen sein mag, gerade das thun zu müssen, was dem Gegner angenehm war, so halten wir doch das Verzichtleisten auf die Vertheidigung dieses so entfernten Punktes, insoferne es wirklich im Plane des Ober-Commandanten begründet war, für vollkommen correct.

Nicht ganz im Einklange mit dem von uns supponirten Plane Abdul Kerim's steht allerdings die Unterstützung der Insurrection der kaukasischen Provinzen durch grössere Truppentheile.

Die Entsendung der 1000 Tscherkessen, welche am 12. Mai an der abchasischen Küste landeten und bald darauf Suchumkalé nahmen, war gewiss ganz gerechtfertigt. Dass man sich aber durch diesen Erfolg hinreissen liess, am 18. Mai unter Fazlý Pascha 10.000 Mann meist regulärer Truppen dahin einzuschiffen, zeigt wohl, dass oft Erfolge gefährlicher sind, als Niederlagen.

Die 10.000 Mann mussten bei der Donau-Armee empfindlich abgehen.

XI.

Der Uebergang der Russen über die Donau.
26. Juni bis 2. Juli.

Durch die Mitte Juni eingetroffenen Verstärkungen der russischen Operations-Armee besserte sich das numerische Verhältniss entschieden zu Gunsten der Russen.

Das neuangekommene XIV. Corps remplacirte das XI., das nach Westen gegen Tuturkai und Rustschuk abrückte.

Von den übrigen 4 Corps standen 3 Corps bei Bukarest; — das IX. Corps bei Slatina, 6 Tagmärsche westlich Bukarest.

Von Mitte Mai an schon, hatte sich ein starker Cavallerie-Cordon an der Donau etablirt.

Dem Gros, — im Durchschnitte auf 4—5 Tagmärsche — vorgeschoben, standen von Westen nach Osten gezählt:

Die 8. Cavallerie-Division bei Turnu gegenüber Nikopolis,

das Detachement Skobelew, 4. Schützenbrigade und die kaukasische Kosaken-Brigade bei Gyurgewo gegenüber Rustschuk,

die 12. Cavallerie-Division bei Tuturkai gegenüber Oltenitza,

die 11. Cavallerie-Division bei Slobodzia gegenüber Silistra, jede mit durchschnittlich 70 Kilometer oder 3 Tagmärschen Frontbreite.

Sollte die Concentrirung der Armee bei Bukarest vor Allem dem Gegner keine Anhaltspunkte über die Beurtheilung der eigenen Absichten geben, so entsprach sie diesem Zwecke vollkommen.

Ueber die Bestimmung des linken Flügels, früher des XI., jetzt des XIV. Corps — bei Galatz — konnte zwar kein Zweifel obwalten.

Die Aufstellung des Centrums, der Corps VIII, XII, XIII, dafür hatte alle Wege vor sich frei; es konnte sich östlich und westlich von Silistria oder östlich und westlich von Rustschuk für den Donau-Uebergang concentriren.

Ebenso bot die Aufstellung des am weitesten gegen Westen vorgeschobenen rechten Flügels, des IX. Corps, bei Slatina dem Gegner keine besonderen Anhaltspunkte zur Beurtheilung der feindlichen Absichten.

Machte es als Avantgarde Front gegen das bloss 5 Tagmärsche entfernte Widdin? — War es bloss Rückhalt für die gegenüber Widdin cantonirenden rumänischen 2 Corps? — Oder machte es als rechter Flügel der bei Bukarest stehenden Hauptarmee Front gegen Nikopolis?

Der Ort für den beabsichtigten Donau-Uebergang musste nicht bloss mit Rücksicht auf die späteren Operationen und die örtliche Beschaffenheit gewählt werden, sondern auch so, dass man dabei nur auf möglichst geringe Kräfte des Gegners stosse. Trotz aller Täuschungs- und Vorbereitungs-Massregeln musste man indessen gefasst sein, jenseits der Donau unmittelbar nach dem Uebergange auf ganz bedeutenden Widerstand, — schliesslich auf die ganze Schumlaer Gruppe, d. i. auf etwa 6—7 Divisionen zu stossen.

Ueber die türkische Kräfte-Vertheilung dürfte das russische Hauptquartier nicht im Detail orientirt gewesen sein. Bei der Natur der bevorstehenden Operationen war es indessen ziemlich gleichgiltig, ob die türkische Hauptarmee 2—3 Märsche östlich oder westlich Schumla war, — wenn sie nur nicht nahe der Donau stand.

An der Donau selbst entwickelten die Türken allenthalben bei der Verstärkung ihrer befestigten Punkte grosse Thätigkeit.

Schon zu Anfang Juni wusste man, dass, abgesehen von den grossen Arbeiten bei Rustschuk und Silistria, bei Nikopolis etwa 13, bei Tuturkai vis-à-vis Olteniza 14 grössere Erdwerke beendet und schwer armirt waren.

Die Wachsamkeit der Donau-Monitors und der Strom-Bewachungen war anfangs weiters eine unermüdliche.

Erst als Woche über Woche verstrich, ohne dass die Russen einen ernstlichen Uebergang versuchten, erlahmte sie.

Vielleicht hat gerade die Verzögerung des Ueberganges die Abspannung des Gegners verursacht, die den Russen später so sehr zu Gute kam.

Der Donau-Uebergang der russischen Hauptarmee war, wie erwähnt, zuerst für den 6. Juni bestimmt.

Er sollte nach den neuerlichen Bestimmungen am 25. bei Turnu-Magurelli, gegenüber von Nikopolis — genau genommen ein wenig unterhalb — bei Flamunda Statt haben.

Er bestand, wie bekannt, in einem mehr demonstrativen Zwecken dienenden Uebergang des XIV. Corps bei Galatz — Braila und dem Haupt-Uebergange des VIII., IX., XII. und XIII. Corps westlich Rustschuk.

Die beiden Uebergangspunkte lagen 12 Tagmärsche auseinander.

Das XI. Corps sollte gegenüber von Rustschuk, das IV. bei Slobodzia bleiben.

Drei russische Corps demonstrirten und sicherten, — vier Corps gingen in der Hauptrichtung über.

Der **Uebergang des** XIV. **Corps**, zur Ablenkung der Aufmerksamkeit und Festhalten der türkischen Kräfte in der Dobrudscha bestimmt, sollte 3 Tage früher, am 22. stattfinden.

Generallieutenant Zimmermann begann seinen Uebergang am 19. mit dem Uebersetzen einer starken Recognoscirungs-Abtheilung bei Braila; er liess als diese gelungen war, nach der Wegnahme von Ghecet, einem elenden Orte, 1000 Schritte von der Donau, mit dem Bau einer Brücke bei Braila beginnen.

Er selbst mit dem Gros vollführte indessen den Uebergang über die Donau und das weithin überschwemmte Anterrain am Morgen des 22. Juni bei Galatz mittelst Ueberschiffens auf Flössen und Kähnen.

Er traf, wie bekannt, auf keinen besonderen Widerstand.

Noch am selben Tage ward die Brücke bei Braila vollendet.

Das türkische Corps in der Dobrudscha zog sich langsam zurück.

Dem **Hauptübergange** sollte behufs Sicherung desselben gegen etwaige Unternehmungen der bei Rustschuk und Nikopolis stationirten Donau-Monitors, die Absperrung der Donaustrecke bei Parapan, westlich Rustschuk, und bei Korabia, westlich Nikopolis, vorangehen.

Für den Bau der Brücke waren Zimmer-Arbeiten und sonstige Vorbereitungen in Slatina an der Aluta ausgeführt worden; in Galatz gebaute Pontons waren mit der Bahn ebenfalls nach Slatina, in die Alt geschafft worden.

Die Ponton-Parks für die Ueberschiffung, und die Dampfkutter, theils zur Legung der Torpedos, theils zur Bekämpfung der eingeschlossenen Monitors bestimmt, waren auf der Bahn bis Fratesti, dann auf den Landwegen gegen die Alt hin in Marsch gesetzt worden.

Die Kutter-Flotille war am 20. wirklich zur Stelle.

Man führte sie bei Parapan in die Donau ein; die Absperrung derselben mit Torpedos gelang; trotz fortwährender Angriffe der türkischen Monitors, und obwohl schliesslich mehrere türkische, reitende Batterien erschienen, welche den russischen Schiffen arg zusetzten.

Der gefährlichste und grösste Theil der Monitors ward nach Rustschuk zurückgedrängt.

Am 24., einen Tag vor dem beabsichtigten Donau-Uebergange, sollte in gleicher Weise die Donau bei Korabia, oberhalb Nikopolis, gesperrt werden.

Auch dies gelang. — In der 90 Kilometer langen Strecke Korabia—Parapan befanden sich nur mehr zwei Monitors.

Diese Monitors brachen zwar wirklich aus Nikopolis hervor, konnten aber durch das überlegene Feuer der Küsten-Batterien im Rückzuge behindert, nicht mehr dahin zurückkehren; sie flüchteten in die Osma.

Durch die Wiederholung der bisher mit so viel Geschick, als Erfolg ausgeführten Manöver mit den Torpedo-Booten, hoffte man auch diese noch im letzten Momente unschädlich zu machen.

Die für den Haupt-Uebergang gewählte Stelle liegt 6 Kilometer unterhalb Nikopolis, eigentlich vollständig im Feuer der Geschütze dieses Platzes, 9 Kilometer unterhalb der Einmündung der Alt in die Donau.

Das bei Slatina an der Alt, circa 70 Kilometer nördlich von Nikopolis, vorbereitete Brückengeräthe etc., musste demnach unmittelbar im Feuer der Befestigungen von Nikopolis in die Donau heruntergeschafft werden.

Innerhalb der abgesperrten Strecke, oberhalb Rustschuk, konnte man für die Vorbereitung und Zusammenstellung des Brücken-Materials überhaupt nur auf die drei Flüsse — die Alt, den Kalmatzui und den Ruse de Vede — und damit im Zusammenhange in Hinsicht der Wahl der Brückenstelle nur auf Punkte an der Einmündung dieser Flüsse in die Donau, also entweder auf Turnu—Nikopolis, oder auf Zimnica—Sistowa, oder auf Skaesti—Krivna, gegenüber der Jantra-Mündung, reflectiren; von den drei Flüssen war nur die Alt jederzeit flössbar.

Das russische Hauptquartier hatte gewiss die ihm so freundliche Gesinnung der bulgarischen Donaustädte zur Gewinnung genauer Daten über die unmittelbar gegenüberstehenden Kräfte benützt.

Sicher wusste man, dass Nikopolis von einem starken Truppentheile — es waren 10 Bataillone, 2 Escadronen und 3 Batterien dort; — Sistowa ebenfalls mit 2—3 Bataillonen, — und auch Vardin von türkischen Truppen besetzt sei.

In Rustschuk wusste man weiters eine starke Besatzung von 15—16.000 Mann.

Man musste gefasst sein, bei jedem dieser Punkte in den ersten Stunden mit starken Postirungs-Truppen, wenigstens 4—5 Bataillonen, später gewiss mit 14—15 Bataillonen zu thun zu haben.

An Kühnheit liess also die Wahl dieser Uebergangs-Stelle gewiss nichts zu wünschen übrig.

Ihre Berechtigung fand sie in der Thatsache, dass keine andere Wahl möglich war.

Es war nur natürlich, dass man innerhalb der grossen gewählten Strecke, den Uebergangspunkt möglichst weit von Rustschuk, wenigstens über zwei Märsche weit, feststellte; und dies mag der Grund gewesen sein, dass man von den überhaupt brauchbaren drei Uebergangsorten zuerst jenen in Aussicht nahm, welcher, wie Turnu—Nikopolis, 100 Kilometer — 4 Tagmärsche — von Rustschuk entfernt war.

Während man nun wegen der starken Rustschuker Besatzung möglichst weit weg von Rustschuk sein wollte, hätte man sich in Hinsicht der Fortsetzung der Operationen hingegen gewiss am liebsten für Krivna, das am rechten Ufer der Jantra lag, also für den letztgenannten der drei Orte entscheiden müssen.

Durch die Festsetzung bei Krivna, jenseits Skaesti, hätte man die ganze Jantra-Linie und speciell Bjela schon umgangen gehabt, sich gewissermassen zwischen Bjela und Rustschuk eingekeilt, und die Chaussée Bjela—Rustschuk, nur 20 Kilometer von Krivna entfernt, auf das ernstlichste bedroht; der durch die Donau und die Jantra gebildete Flusswinkel wäre andrerseits sehr leicht zu vertheidigen und festzuhalten gewesen.

Die Mitte zwischen einem Uebergange an der Alt- und an der Ruse de Vede-Mündung, hielt der Uebergang an der Kalmatzui-Mündung, welche der Karte nach, durch einen grossen See gebildet, Zimnica von Sistowa scheidet, 60 Kilometer von Rustschuk, 40 Kilometer von Nikopolis entfernt.

Gewiss war die Wahl eines dieser drei Punkte nicht leicht; aber gewiss ist auch, dass jeder derselben einzelne, mehr der Vorsicht oder der Kühnheit zusagende Eigenthümlichkeiten hatte; es ist auch als sicher anzunehmen, dass alle ihre Vor- und Nachtheile schon lange vorher besprochen und erörtert worden waren, bevor man den Abmarsch nach Turnu, dem erstgenannten der drei Uebergangspunkte, einleitete.

Auf dem Wege dahin, etwa auf 3—4 Stunden Weges von der Donau entfernt, gelangte man an das einstige Strom-Ufer der Donau, und über dieses steile Rideau hinab, in ihr gegenwärtiges Inundations-Gebiet.

Unmittelbar bis an die grosse Donau gelangt man innerhalb des abgesperrten Raumes nur an einzelnen Stellen ohne Schwierigkeiten.

Flache, sanft geneigte, trostlos öde Lehm- oder Wiesenflächen, zur Zeit der Hochwässer meterhoch von den gelben Fluthen des Stromes überdeckt, und ein Gewirr von Inseln bildend, sind das An-Terrain des eigentlichen Strombettes.

Korabia, Islač, Turnu, Zimnica, Skaesti, sind die bedeutendsten der Orte, welche die wenigen plateauartigen, erhöhteren Terrainstrecken krönen, die aus festem Ufergrunde bestehend, gleich Inseln das weitgedehnte Inundations-Gebiet der Donau überragen.

Diesen Punkten streben, meist in dichten Auen führend, die zahlreichen, aber des lehmigen Bodens halber, schlechten, stellenweise auf Dämmen geführten Communicationen zu.

Der Strom selbst, durchschnittlich 1000—1200 Schritte breit, 4—7 Meter tief, wälzt seine Fluthen mit einer Geschwindigkeit von 1 Meter in der Secunde dahin. Wo immer man auch eine Brücke schlagen will, überall muss man gefasst sein, zuerst eine Reihe von Fluss-Armen und versumpften, aber die Ansammlung von Truppen verdeckenden Auen, und endlich den Hauptstrom in einer Breite von circa 1000—1200 Schritten zu überbrücken.

An österreichischem Kriegsbrücken-Materiale brauchte man hiefür allein 125—150 Brückenfelder, oder 20 Brücken-Equipagen, also die Brücken-Equipagen von fünf Pionnier-Compagnien.

Jenseits, auf bulgarischer Seite erhebt sich gleich einer Wand, unmittelbar aus dem Strombette aufsteigend, als steiler, oft 20 bis 30 Meter hoher Uferrand, der schroffe Absturz des Kalk-Plateau's von Bulgarien.

Von Bukarest nach Turnu—Magurelli sind vier, von Slatina drei Märsche.

Im Zusammenhange mit dem für den 25. geplanten Haupt-Uebergang mussten die bei Silistria, Rustschuk, Widdin echellonirten Truppen, vom 22. oder 23. an, Alles aufbieten, den Gegner glauben zu machen, der Uebergang geschähe bei ihnen.

Sollten die Truppen des Gros genau am 24. Abends bei der Uebergangsstelle eintreffen, so mussten die Têten von Bukarest am 21., spätestens am 22., von Slatina am 22., spätestens am 23. dahin in Marsch gesetzt werden.

Im Ganzen und Grossen stellt sich die Concentrirung der russischen Armee an der Uebergangsstelle seit Beginn der Mobilisirung als die dritte und engste Concentrirung dar.

Nach dem hiefür entworfenen Marschplane sollten von den, für den Haupt-Uebergang bestimmten 4 Corps, drei Corps (IX., XII. und XIII.) nebeneinander auf circa 30 Kilometer oder einen starken Marsch Entfernung von Turnu, und im Ganzen auf etwa 40—50 Kilometer Breite, zwischen der Alt und dem Ruse de Vede concentrirt werden.

(Siehe Skizze 1.)

Bei Segarcia an der Alt, sollte das IX., — in der Mitte bei Salcia am Kalmatzui, das XII. — bei Alexandria am Ruse de Vede, das XIII. — an der Uebergangsstelle selbst, zwischen Turnu und Piatra, das VIII. Corps, die 4. Schützen- und die Sappeur-Brigade stehen.

Diesem Concentrirungsplane zufolge wäre die gesammte Armee am 24. zum Abrücken an die Uebergangsstelle selbst bereit gewesen.

Am 23. indessen muss die Hauptarmee plötzlich den Marsch zur Uebergangsstelle einstellen; jenen Marsch, den man nicht rasch genug hinterlegen konnte, um das Geheimniss der Operationsrichtung zu wahren, und um ein überraschendes Auftreten zu ermöglichen.

Es stellte sich heraus, dass die für den Uebergang nothwendigen Pontons am 24. Abends noch nicht zur Stelle sein und erst am 26. eintreffen konnten.

Nachdem man schon den Uebergang vom 6. auf den 25. verschoben, nachdem ein Theil der in directestem Anschlusse an den

Haupt-Uebergang geplanten Demonstrationen, wie der Uebergang des XIV. Corps bereits im Gange, ein Theil derselben, wie die für den 24. festgestellte Minenlegung bei Korabia und die ebenfalls für den 24. angeordneten Bombardements von Rustschuk, Nikopolis und Widdin nicht mehr abzusagen waren, — musste man zwei Märsche vom Uebergangspunkte entfernt, — fast angesichts des Feindes — halten.

Wenn die Demonstrationen ihren Zweck verfehlten? Wenn der Abmarsch und der Aufenthalt des Gros dem Gegner bekannt würde? —

Das Verschieben des Ueberganges vom 25. auf den 27. mag nicht wenig peinliche Aufregung verursacht haben; die zwei Tage, die man

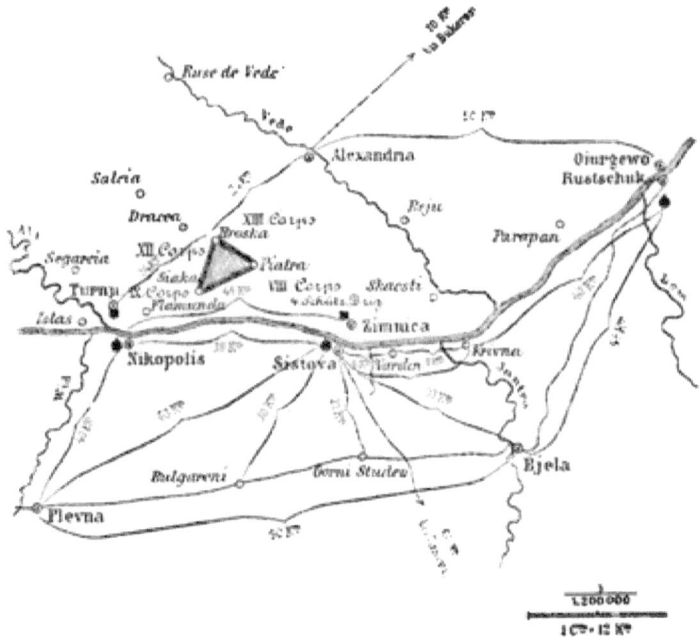

Skizze 1.

Zur beiläufigen Orientirung über die Kräfte-Vertheilung der Russen vor ihrem Uebergange über die Donau.
26. Juni.

unmittelbar vor der Entscheidung unthätig zubringen musste, mögen nicht gerade schnell und angenehm vergangen sein.

Und Alles wegen eines Rechenfehlers, oder eines Regentags! — Als ob die Pontons nicht schon lange zuvor in Slatina oder in Alexandria hätten sein können!

Der Grossfürst benützte die Zeit vom 20. bis 24., um, wie er seinem kaiserlichen Bruder meldete, die Gegend zwischen Turnu und Zimnica selbst zu recognosciren.

Als Resultat derselben ward die Absicht, bei Turnu den Hauptübergang zu machen, aufgegeben, und für diesen Zimnica — 40 Kilometer, 2 kleine Märsche unterhalb — bestimmt.

Der nothwendig gewordene Halt am Ruse de Vede und die geänderten Wasserstands-Verhältnisse sollen den Grossfürsten in der Ueberzeugung von dem besten der 3 Uebergangspunkte erneuert schwankend gemacht haben.

Seine Truppen standen in Folge des concentrischen Anmarsches von Slatina und Bukarest her so, dass das IX. Corps für den Beginn des Ueberganges bei Turnu, das VIII. Corps für jenen bei Zimnica sofort zur Verfügung standen.

Die verspäteten Pontons, von Bukarest her kommend, waren jedenfalls bei Zimnica früher ihrem eigentlichen Zwecke zuzuführen, als bei dem 45 Kilometer entfernten Turnu; — dies allein würde schon bei den vielfachen Verspätungen, die man bisher erlitt, ein genügender Grund gewesen sein, sich für die Operation bei Zimnica als die rascher auszuführende zu entscheiden.

Dass man, wie dies Manche aus den Berichten des Grossfürsten gefolgert haben, im letzten Momente noch eine Recognoszirung nöthig gehabt, und durch diese erst aus lokalen und taktischen Gründen für Zimnica umgestimmt worden sei, dass glauben wir nicht; ein Donau-Uebergang ist keine Cavallerie-Attake, deren Richtung man im letzten Moment mittelst einer kleinen Schwenkung ändert.

Dass man aber im letzten Augenklicke noch eine solche Aenderung ausführen konnte, ist ein Beweis für die geschickte Gruppirung der Corps und Divisionen während des Anmarsches und während des Halts.

Der Beginn des Uebergangs wurde endgiltig für die Nacht auf den 27. festgesetzt.

Der Uebergang.

In dem Berichte des Grossfürsten und speciell in den das VIII. Corps betreffenden Dispositionen ist auf das Bestreben besonderer Nachdruck gelegt, die eigene Truppe über den gewählten Uebergangspunkt zu täuschen.

Es ging sogar so weit, dass man die Truppen nicht auf dem kürzesten Wege zu dem wirklichen Uebergangspunkte marschiren, sondern wie der Bericht des Grossfürsten sagt, auch die Corps-Commandanten im Unklaren über den eigentlichen Uebergangspunkt liess.

Nachdem die Truppe aber weder für Flamunda, noch für Zimnica eine besondere Vorliebe haben und nicht wissen konnte, wo der Schein- oder der Ernst-Uebergang ausgeführt werden würde, so waren vielleicht besondere Umwege gerade nicht unbedingt nothwendig.

Dagegen muss man in dem Vormarsche des IX. Corps auf Turnu und in der Concentrirung der Schaluppen und der Anlage von zahlreichen Batterien an diesem Punkte, sehr gute Mittel erkennen, des Gegners Aufmerksamkeit von dem wahren Uebergangspunkte abzulenken.

Die dem Punkte am nächsten bis auf 25 Kilometer nahe angeschobene 14. Division vom VIII. Corps und die 4. Schützen-Brigade wurden am 26. von Beju (am Ruse de Vede) nach Zimnica dirigirt, mit dem Befehl: in der Nacht auf den 27. Juni die Donau auf den Ponton-Booten und auf Flössen zu übersetzen.

Die andere 9. Division des VIII. Corps in Alexandria folgte nicht, wie es natürlicher gewesen wäre, auf dem kürzesten Wege der 14. Division nach, sondern wurde mit der früheren Marschroute nach Piatra (20 Kilometer westlich von Alexandria und ebenso weit westlich über Zimnica hinaus) dirigirt.

Das IX. Corps sollte über Segarcia nach Turnu und von dort längs der Donau — auf 7—8 Kilometer Entfernung von Nikopolis, also von dort wohl sichtbar — nach Siaka — bis auf 30 Kilometer Entfernung von Zimnica marschiren, in Turnu jedoch eine kleine Infanterie-Abtheilung zurücklassen.

Das XII. Corps sollte statt nach Salcia (am Kalmatzui) nach Broska (30 Kilometer nordwestlich Zimnica) marschiren.

Das XIII. Corps sollte von Alexandria ebenfalls nach Piatra folgen.

Nach Vollendung dieser Concentrirung standen hinter dem Cordon der vorgeschobenen 9. und der von früher noch hier stehenden 8. Cavallerie-Division in dem Dreieck Siaka—Broska—Piatra das IX., XII.,

XIII. und das ⅛ VIII. Corps, zusammen 7 Divisionen; westlich vorgeschoben in dem 15 Kilometer entfernten Turnu eine Infanterie-Abtheilung des IX. und östlich davon vorgeschoben in dem fast 30 Kilometer entfernten Zimnica circa 1½ Divisionen.

Das Gros war mit den Têten einen kleinen Marsch von Turnu, einen starken von Zimnica entfernt.

Turnu ist von Zimnica nur 45 Kilometer entfernt; das IX. Corps konnte sich daher mit allen seinen Theilen dem jedenfalls mehr als einen Tag dauernden Uebergange über die Donau noch immer zeitgerecht anschliessen.

Die bei Turnu bewirkten Uebergangs-Anstalten bildeten den Schein-Uebergang; unter dessen Unterstützung vollführte man bei Zimnica den ernstlichen Uebergang.

Die Dampfschaluppen des Capitäns Novikow standen bei Flamunda, um beim Uebergange selbst zu helfen, und um die 2 bei Nikopolis befindlichen Monitors an jeder Unternehmung gegen die Ueberschiffung zu verhindern.

Es standen für diese vier Halb-Bataillone Pontonniere mit 408 Ponton-Theilen zur Verfügung.

Abends wurde noch ein kleiner Arm (zur Fisetek-Insel) 150 Schritte lang, überbrückt. Sechs Batterien placirten sich als Ufer-Batterien. Sie sollten eine jenseits bei Sistowa wahrgenommene, in Erde erbaute Batterie, bekämpfen.

Um 12 Uhr Nachts des 27. Juni „bei theilweise bedecktem Himmel und schwachem Mondschein" wurden 12 Compagnien Infanterie, ½ Escadron Kosaken und 6 Geschütze auf dem ersten Ponton-Staffel eingeladen.

Schon um 1 Uhr soll dieser Echelon vom Ufer abgestossen haben.

Ein heftiger Sturm verschlug denselben; aber die Mehrzahl der Pontons landete doch am bulgarischen Ufer, an der Mündung des Tekir-Baches; sie waren kaum 3 Kilometer östlich von Sistowa, um etwa die doppelte Strombreite abgetrieben worden.

Das an der Mündung des Tekir-Baches postirte türkische Piquet hatte trotz des Sturmes die Einschiffung bemerkt; bei der nach Angabe Dragomirow's um 2 Uhr erfolgten Landung der ersten russischen Truppen, waren bereits die türkischen Truppen alarmirt.

Gegen 3 Uhr soll ein zweiter Staffel mit 6 Compagnien von Zimnica abgelassen worden sein, und obwohl die Einladestelle damals schon von dem Feuer der schwer armirten Sistowaer Batterie gefährdet war, gegen 4 Uhr das bulgarische Ufer erreicht haben.

Um 6 Uhr, als General-Lieutenant Dragomirow wahrscheinlich mit dem dritten Staffel das bulgarische Ufer betrat, war bereits die Landungsstelle gesichert. Ein Theil der Division war schon gegen Sistowa hin vorgedrungen, im Gefechte mit schwachen türkischen Abtheilungen.

Um 10 Uhr Vormittags, also nach 10 Stunden, soll, unterstützt durch einen von Turnu herabgelangten Dampfer des Capitäns Novikow die ganze 14. Infanterie-Division und die 4. Schützen-Brigade die Donau übersetzt haben.

Um 3 Uhr Nachmittags wurde das 3 Kilometer weit entfernte Sistowa genommen.

Um 9 Uhr Abends, 20 Stunden nach Beginn des Uebergangs, stand dem Berichte des General-Lieutenants Radetzki zufolge, auch die 9. Infanterie-Division seines Corps am rechten Donau-Ufer.

Die Uebersetzung der Donau Seitens zweier Infanterie-Divisionen binnen 20 Stunden — verdient jedenfalls bemerkt zu werden.

Der Donau-Uebergang der Russen war geglückt.

Ueber die Massregeln der unmittelbar engagirten **türkischen Abtheilungen** ist wenig zu sagen.

Das Verdienstlichste an denselben ist, dass die Ueberschiffung sehr bald entdeckt wurde.

Die Allarmirung soll schon um $1/_2 2$ Uhr geschehen sein; die 3 Bataillone aus dem 4 Kilometer entfernten Sistowa konnten allerdings in einer Stunde also um $1/_2 3$ Uhr, das eine Bataillon aus Vardin — 5 Kilometer in $1^1/_4$ Stunden — also um $3/_4 3$ Uhr an der Landungsstelle eingetroffen sein. Die gelandeten 12 Compagnien hätten also von $1/_2 3$ Uhr an leicht eine Ueberlegenheit an Truppen vor sich finden können.

Die Bataillone in Sistowa wurden jedoch durch das Feuer der zur Deckung der Ueberschiffung von Zimnica her in's Feuer gesetzten Batterien und durch das Geplänkel mehrerer nach der Insel Adda überschifften Compagnien aufgehalten.

Die Insel liegt auf 1000 Schritte Entfernung dem Ostausgang von Sistowa vor.

In Folge dessen trafen Nachts nur ein Bataillon aus Vardin und gegen Morgen einige schwache Abtheilungen aus Sistowa an der Tekir-Mündung ein.

Interessant scheint uns besonders das Eine.

Wussten die Türken um den am 21. begonnenen Abmarsch der russischen Haupt-Armee gegen Westen oder nicht?

Man hat seinerzeit allgemein vermuthet, dass sie ihn eben so rasch und eben so gut erfahren haben müssen, als man ihn in Wien und London erfuhr. Alle Journale sprachen davon.

Ob sie die Nachrichten hierüber für genau hielten oder nicht, für glaubwürdig oder nicht?

Das aber konnte man in Constantinopel und in Schumla gewiss folgern, dass erstens der Uebergang der Russen bei Galatz am 22. nicht den Haupt-Uebergang darstellte, dass zweitens dieser nicht bei Silistria und **östlich** davon geplant sei; doch selbst wenn man auch diese Möglichkeit noch im Auge behalten musste, so wird man doch nicht leugnen können, dass die Aufmerksamkeit der Türken, zum Mindesten eben so sehr wie jene der Welt, nach Westen, gerade nach jenem Raume hin gelenkt wurde, in welchem die russische Armee wirklich stand.

Die Torpedo-Manöver bei Parapan am 20., bei Korabia am 24., der Beginn des Bombardements von Rustschuk am Nachmittage des 24., die Beschiessung von Nikopolis am 25. waren weitere Anzeichen nahender Gefahr.

Klärten alle diese Anzeichen zusammen das türkische Ober-Commando auch nicht über die specielle Richtung auf, so unterrichteten sie es doch über die allgemeine Absicht der russischen Heeresleitung.

Wenn es ihm daher überhaupt darum zu thun gewesen wäre, so konnten die Divisionen von Schumla wenigstens am Morgen des 25. gegen die Donau hin in Marsch gesetzt, und die erwiesenermassen bei Plevna—Samovid—Bjela stehenden isolirten Abtheilungen gegen Nikopolis und Sistowa vorgeschoben werden.

Dass dies Alles nicht geschah, macht vielleicht die besprochene Annahme plausibel, dass es dem türkischen Ober-Commando überhaupt gar nicht darum zu thun war, die Russen während des Ueberganges anzufallen. Die Wahrscheinlichkeit eines zeitgerechten Eintreffens mochte ihm so gering erscheinen, dass er diese Möglichkeit im Vorhinein ausschloss.

Um gegenüber den am 27. faktisch stattgefundenen Ueberschiffungs-Zeiten und den wirklich überschifften Kräften einen erfolgreichen Widerstand zu erzielen, hätten auch wirklich längstens am Abende des 27. wenigstens 3 Divisionen zur Stelle, also schon am 26. nur bis auf etwa 25 oder 30 Kilometer von Sistowa herangeschoben sein müssen.

Da Flamunda am 26. eben so gut als wahrer Uebergangspunkt erscheinen konnte als Zimnica, so hätte dies für die circa 5 Märsche grosse Distanz von Korabia bis Rustschuk allein 3 Divisionen, je eine in Bulgareni, Gorni Studen und Bjela dislocirt, erfordert.

Diese 3 Divisionen hätten dann am 27. nacheinander an der Uebergangsstelle eingreifen, und wenn sie nicht selbst den Uebergang vereiteln konnten, als Vorhut des Gros ein bis zwei Tage lang die Ausbreitung der feindlichen Armee verhindern müssen, bis die eigene Armee herangerückt war.

Wie die Türken wirklich standen, so hätten, — wenn auf die bezügliche Meldung von Sistowa die Commandanten von Nikopolis und Rustschuk sofort ihre Abtheilungen nach Sistowa in Marsch gesetzt hätten, — die von Nikopolis nicht vor dem Nachmittage des 27., die von Rustschuk nicht vor dem Abende des 28., die Schumlaer Armee nicht vor 5 Tagen (120 Kilometer Entfernung) dort eintreffen können.

Es hätten demnach im besten Falle dem übersetzten VIII. Corps am Abende des 27. die 4 Bataillone der Sistowaer und Vardiner Besatzung und 10 Bataillone und 3 Batterien aus Nikopolis entgegengestellt werden können; bis 28. Abends: diese Truppen, mehr einer Division aus Rustschuk, im Ganzen also etwa 2 Divisionen; die ganze türkische Armee konnte erst am 1. oder 2. Juli eingetroffen sein.

Wie die Sachen wirklich standen, war also vielleicht weder das Bombardement von Nikopolis, — noch, das einer gleichen Idee entspringende, und im Anschlusse an den Haupt-Uebergang angeordnete ostensible Auftreten des XI. Corps zwischen Olteniza und Gyurgewo, — noch das schon vom 24. Juni an, aus 8 grossen bei Gyurgewo erbauten Batterien begonnene Bombardement von Rustschuk, — noch die Demonstrationen der rumänischen Corps vor Widdin nothwendig.

Aber es war nur richtig, dass alle diese von der Theorie nahegelegten und aus der Natur der Verhältnisse zu folgernden Momente nicht vernachlässigt wurden.

Ob sie wirklich ihren Zweck erreichen, die Aufmerksamkeit des Gegners nach jenen Richtungen abzuziehen, in welchen keine Gefahr drohte oder ob die verhältnissmässig geringen Schwierigkeiten, welche man bei Sistowa fand, — ganz oder theilweise in anderen Momenten gesucht werden müssen, ist eine müssige Frage.

Im Ganzen betrachtet, könnte man nur sagen, dass der endlich in Angriff genommene Donau-Uebergang, wenn die mangelhafte Instradirung der Pontons nicht eine Verzögerung von zwei Tagen verursacht und damit die Wirksamkeit der schon am 24. begonnenen demonstrativen Einleitungen und die Bewahrung des Geheimnisses über den Aufenthalt der russischen Hauptarmee nicht sehr in Frage gestellt hätte, nach allen Richtungen hin umfassend angelegt und vorbereitet war.

Die Einsicht in diese dem Uebergange vorangegangenen Verhältnisse ist uns übrigens Anlass genug, um nicht den Beweis erbringen zu wollen, dass der Uebergang des Generallieutenant Zimmermann gerade am 22. richtig gewählt, oder dass der Haupt-Uebergang gerade am 25. oder 26. mit dem meisten Vortheile und nur gerade bei Zimnica-Sistowa ausführbar war.

Wenn die im letzten Momente verschobene, plötzlich an einem andern Punkte ausgeführte Operation nicht misslang, — wie viele Chancen des Erfolges musste jene haben, für welche Alles vorbereitet und Alles vorgedacht war.

Uns dünkt besonders in der Vorgeschichte des Donau-Uebergangs, und in den im letzten Momente eingetretenen Verzögerungen und Aenderungen der Beweis zu liegen, dass im Kriege Alles im Grossen, — in Pausch und Bogen geht. — Wie viel k ö n n t e man oft riskiren! Wie wenig d a r f man riskiren!

Der Bau der Brücke wurde am 28. begonnen. Das hiefür nothwendige Material — 150 Holzpontons und 60 Flösse wurde in drei Partien, in drei aufeinanderfolgenden Nächten — am 27., 28. und 29. aus dem Altflusse an Nikopolis vorbei, in die Donau und nach Zimnica gebracht.

Die Brücke sollte am 1. Juni fertig sein. — Sie wurde de facto nach fünf Tagen, am 2. fertig.

Um zu beurtheilen, was die Türken hätten thun können, nachdem sich einmal die russische Armee auf bulgarischem Ufer festgesetzt hatte, muss man unterscheiden zwischen dem, was die Russen wirklich thaten, und dem, was sie hätten thun können.

Die fünf Tage — vom 27. Juni bis 2. Juli — wurden russischerseits, so viel bekannt, weniger für die Sicherung der Uebergangsstelle durch Anlage von Befestigungen, als zu organisatorischer Thätigkeit benützt.

Man liess das VIII. Corps factisch mehrere Tage lang allein am rechten Ufer, und beeilte sich mit dem Uebergange der andern Corps gar nicht. Vielleicht eben desshalb, weil keine Gefahr drohte.

Erst am 1. Juli wird die 30 Kilometer von Sistowa entfernte Jantra-Brücke bei Bjela angegriffen. Sie fällt nach kurzem Widerstande einer schwachen türkischen Abtheilung in russische Hände.

Die Voraussetzung, die Russen wären in gleicher Weise verfahren, auch wenn sie den Gegner in der Nähe gewusst hätten, scheint uns gewagt.

Nach der Ueberschiffungszeit des VIII. Corps zu schliessen, hätte bei fortgesetzter Anstrengung vermittelst der 400 Pontons und der 10 Schaluppen mittelst Ueberschiffens allein, am 28. das XIII. und XII., am 29. das IX. am rechten Donau-Ufer versammelt, der Donauübergang des Gros binnen drei Tagen ausgeführt sein können.

Dass die Vertreter der türkischen Offensive gegen Sistowa ganz Recht haben, auch dann noch die Suche nach einer Entscheidungs-Schlacht für räthlich zu halten, ist nur correct, denn wer nichts wagt, gewinnt nichts.

Es konnten sich ja besondere Schwierigkeiten dieser Ueberschiffung entgegenstellen u. dgl.

Wir wollen neben dieser energischen Ansicht auch nur der bedächtigeren etwas zu Gute halten.

XII.

Die Operationen nach bewirktem Donau-Uebergange.

2. bis 20. Juli.

(Hiezu Beilage II.)

Nach der allgemeinen geognostischen Anordnung könnte — im militärischen Sinne betrachtet — die 4—5 Tagmärsche breite und terrassenförmige Vorstufe des Balkans, — das eigentliche Bulgarien, — ein ganz ausgezeichnetes Manövrir-Terrain sein.

Die rechtsseitigen Zuflüsse der Donau — der Isker, Wid, die Jantra, Lom — strömen alle parallel zu einander, vom Walle des Balkans fast senkrecht ab, der grossen Pulsader Donau zu. Im Ganzen ohne bedeutenden Wasserreichthum, sind selbst die grössten derselben — die Jantra und der Lom — auch in ihren Unterläufen oft durchfurtbar, nie tiefer als 2 Meter, meist 100, und nie mehr als 200 Schritte breit, an und für sich keine besonderen Hindernisse.

Die von ihnen eingeschlossenen Hochflächen zeigen breite, flache Wölbungen, schütteren Hochwald, niederes Eichengestrüpp, nach deutscher Art bewirthschaftete Weingarten, Getreide- und reiterhohe Maisfelder.

Zahlreiche kleine Ortschaften, — die bulgarischen meist aus einfachen, niederen Lehmhütten, mit wenigen einstöckigen Gebäuden bestehend, die türkischen mit meterhohen Lehmwänden umschlossen, selten geräumig, — markiren die Punkte für die Lagerung kleinerer Körper und für die Unterbringung der Stäbe.

Die Flüsse haben andrerseits nicht blos die dünne Erdschichte durchbrochen, die den Kalkstock überdeckt; — sie sind tief in diesen eingerissen; die Thalwände zeigen nackte und bloss oft kaum zu erklimmende Kalkschroffen; der Quere nach, nur auf den wenigen gebahnten, oder den zwar zahlreichen, aber sehr schmal ausgetretenen und ausgefahrenen, entlang von Abgründen führenden Feldwegen zu passiren, sind sie im taktischen Sinne höchst bedeutende Hindernisse.

Die Hochflächen, bei trockenem Wetter allenthalben gangbar und von vielfachen Communicationen kreuz und quer durchzogen, werden, des Lehmbodens wegen, bei nassem Wetter ein kaum passirbares Meer von schwerflüssigen, klebrigen Koth.

Die den Kalk bedeckende Humuslage wird, je weiter nach Osten, um so schwächer.

Im westlichen Theile tritt das Grundgestein nur hie und da, z. B. zwischen Isker und Wid, nach der Art des Karstes, in der Dobrudscha dagegen, schon in grossen, kahlen Strecken nackt zu Tage.

An diesen Stellen saugt der Kalk die zahlreichen Niederschläge rasch ein. Die Quellenarmuth auf den Plateau's zwischen Wid und Jantra wächst aber zwischen dieser und dem Lom, bis schliesslich in der Dobrudscha die weit auseinander liegenden Dörfer ihren Trinkwasser-Bedarf nur in äusserst wenigen, oft 20—30 Meter tiefen Brunnen finden.

Die Wasser- und theilweise auch die Holz-Armuth des offenen Landes erhöht den allgemeinen militärischen Werth der bewohnten Orte, die ihre Entstehung eben zumeist dem Vorkommen günstigerer Existenz-Bedingungen verdanken; sie bieten ausser diesen, der Dürftigkeit der Bewohner und der armseligen Bauart der Häuser wegen, keine Gelegenheit zu Cantonirungen. Die grosse Masse muss bivouakiren.

Alle diese Momente können natürlich nur den Wunsch erzeugen, aus dieser, an Bequemlichkeit äusserst armen Zone, rasch über die 2—3 Tagmärsche breite Gebirgszone des Balkans, in die reichen, üppigen Längenthäler der Tundza und der Maritza hinabzusteigen.

In der Gegend von Sofia etwa 2000, bei Schipka 1500, bei Schumla 1200 Meter hoch, in den höchsten Punkten das Kalk-Plateau von Bulgarien um etwa 1000 Meter überragend, scheidet der Wall des Balkans, im westlichen Theile ganz kahl, im östlichen fast durchgehends mit dichtem Laubwald bedeckt, gegen Osten hin, an Höhe ab, an Breite und Zerklüftung zunehmend, als ein Durchzugs-Terrain schwierigster Sorte das Vilajet Donau—Bulgarien oder Rustschuk, von dem Vilajete Rumelien oder Adrianopel.

Diese, etwa 400 Kilometer ausgedehnte Gebirgs- und Wald-Zone, zwischen Sofia und dem schwarzen Meer, in der Ausdehnung etwa den Karpathen zwischen Krakau und Lemberg, oder den See-Alpen zwischen dem Genfer See und Nizza zu vergleichen, wies anno 1877 drei, also mehr gebahnte, chausséemässige Uebergänge auf, als jede der eben genannten Gebirgsstrecken.

Zwischen diesen stets practicablen Strassen
   a) von Sistowa nach Sofia,
   b) von Tirnowa über Schipka nach Kazanlik, und
   c) der Strasse Rustschuk—Schumla—Jamboli, vermittelten westlich hauptsächlich vier, östlich davon fünf Saum- und Karrenwege von allerdings theilweise ganz elender, bei Regenwetter kaum passirbarer Beschaffenheit, den Verkehr.

Einheimische Fuhrleute reisen mit beladenem Fuhrwerk in der Regel von Sistowa nach Tirnowa (90 Kilometer) 4—5 Tage, und ebensoviel von Tirnowa nach Kazanlik.

Auf die 300 Kilometer oder 12 Tagmärsche breite Balkan-Zone, zwischen Sofia und Schumla, entfallen somit zwei Chausséen und neun Saum- oder Karrenwege, d. h., auf durchschnittlich je 30 Kilometer Breite, eine, allerdings meist schwierige Passage.

Von einer absoluten oder besonderen Ungangbarkeit der ganzen Gebirgs-Zone könnte demnach auch dann nicht die Rede sein, wenn das Terrain ausserhalb dieser Pfade ganz unpassirbar wäre.

Es genügen aber wohl auch die angeführten Daten, um bei Verwendung grösserer, aus allen drei Waffen bestehenden Colonnen stets ganz bedeutende Anstrengungen voraussehen zu lassen.

Jedenfalls machten die allgemeine Beschaffenheit der Communicationen, und die Schwierigkeit: die Ressourcen des Landes rasch und ausgiebig für die Verpflegung der Armee zu verwerthen, sowie die geringe Aushilfe, welche hiebei das landesübliche Fuhrwesen einer Armee bieten konnte, auf Momente aufmerksam, welche die Führung eines frischen fröhlichen Krieges in Bulgarien und im Balkan, wie überall im Norden der Balkan-Halbinsel, mitunter als recht schwierig erscheinen lassen mussten.

Am 3. Juli überschritten die ersten russischen Abtheilungen die Schiffbrücke von Sistowa.

Zu allererst die „Avantgarde Gurko"; etwa 1 Infanterie- und 1 Cavallerie-Division stark; genau 10½ Bataillone, 30 Escadronen, 5 Batterien zählend.

An diesem Tage stehen die vorgeschobensten Theile des seit 5 Tagen auf bulgarischem Boden operirenden VIII. Corps nur auf etwa zwei kleine Märsche von der Schiffbrücke entfernt: in Bjela, Gorni Studen und vor Nikopolis.

Man hatte bisher nur ganz geringen Widerstand gefunden.

Man war allseitig in Fühlung mit nur ganz schwachen türkischen Abtheilungen.

Das Haupt-Quartier des Grossfürsten war in Zarewitza, knapp südlich Sistowa.

Die drei Corps IX., XI., XII. befanden sich noch am linken Donau-Ufer.

Im Ganzen standen, — die 4. Schützen-Brigade und die neu errichtete bulgarische Legion als Division gerechnet, — dem Grossfürsten 9 Infanterie- und 5 Cavallerie-Divisionen zur Verfügung; sie waren in eine „Avantgarde" (Gurko) und die 4 Corps — VIII., IX., XII., XIII. — formirt.

Die Corps XI und IV standen zwischen Bukarest, Gyurgewo und Slobodzia gegenüber Rustschuk und Silistria.

Das Corps XIV war — in Fühlung mit dem türkischen Dobrudscha-Corps — bis an den Trajans-Wall, Rassova—Küstendsche vorgerückt.

Die Einleitung des Feldzuges und die Hauptoperations-Richtung war mit dieser Gruppirung deutlich gekennzeichnet. Der Plan der Russen für den 2. Theil des Feldzugs war jedoch noch nicht zu erkennen.

Was konnten sie thun und was thaten sie wirklich?

Natürlich lenkt sich unsere Aufmerksamkeit zunächst auf die feindliche Armee.

Wo sie steht, dahin zieht es meist jeden Feldherrn. Eine Feldschlacht ist stets die Parole. Ein Sieg im offenen Felde und dann eine unaufhaltsame Verfolgung! Wer wollte nicht am allerliebsten gleich diese Art von Entscheidung suchen? Lang in Vergessenheit gerathen, brachte Napoleon diese Art Kriegführung wieder zu Ehren. Und seitdem ist sie so ziemlich in Ehren geblieben.

Die Gruppe in Silistria durch das XI. und IV. Corps, die Widdiner-Gruppe durch die Rumänen paralysirt angenommen, blieben zunächst in Betracht zu ziehen: die Rustschuker und Schumlaer Gruppe mit zusammen 6—8, zum Theile unfertigen Divisionen.

Zwischen 3 Operationen hatte man zu wählen: **Gegen Rustschuk, — gegen Schumla — oder gegen Tirnova.**

Die erste führte schon nach drei kleinen Märschen zum Zusammenstosse mit einem wichtigen, aber nicht dem wichtigsten Heerestheile des Gegners. Hiebei konnte es sich nur darum handeln, die Besatzung Rustschuks in die innern Werke zu dem Zwecke hineinzuwerfen, die Cernirung und später die Belagerung der Festung vorzunehmen und damit einen bedeutenden Bruchtheil der feindlichen Armee lahmzulegen.

Die Terrain-Verhältnisse bei Rustschuk erschwerten diese Operation; die eigenthümliche Lage Rustschuks an der hier nach Norden abbiegenden Donau, nöthigte den einschliessenden Truppen eine Ausdehnung von über 40 Kilometern auf. Der rechte Flügel der Cernirungs-Armee wäre gewissermassen ganz in der Luft gestanden. Die Verbindung mit Bjela Seitens des linken Flügels bei Pyrgos wäre bloss 30 Kilometer, dafür jene des rechten Flügels über Purasarli fast 70 Kilometer lang gewesen.

Sie war weiters gegen Unternehmungen von Silistria her nur durch das Vorschieben eines Corps auf etwa 3—4 Märsche östlich von Rustschuk zu sichern.

Zur Verhinderung etwaiger Unternehmungen von Schumla her musste man wieder bei Rasgrad, halben Wegs nach Schumla, Stellung nehmen.

Die Unternehmung liess sich also nicht schön an; — selbst dann nicht, wenn man die Deckung der Belagerung etwa durch offensive Vorstösse auf Silistria, Einschliessung auch dieser Festung, und durch einen Offensivstoss auf Schumla versucht hätte.

Sie forderte zu viel Truppen für Rustschuk selbst; — was übrig blieb, war zu nachhaltigen Operationen zu schwach.

Auf die 40 Kilometer lange Cernirung von 2—3 türkischen Divisionen musste man anfänglich wenigstens 4—5 Divisionen rechnen. So verblieben für Silistria und Schumla nur mehr 4—5 Infanterie- und 3 Cavallerie-Divisionen.

Diese Operation hätte also wohl den Anschein der grössten

Sicherheit gehabt, aber sie war andrerseits doch sehr schwerfällig und sehr bedächtig.

Man musste dabei fürchten, schliesslich die ganze Action in einen Festungskrieg, in die Belagerung Rustschuk's zusammenschrumpfen zu sehen.

Um die Russen von dieser Wahl abzuhalten, brauchte man bloss das Andenken an die langwierigen Belagerungen früherer Türkenkriege zu beschwören, — an die Rolle Silistria's und Varna's und Schumla's in den Jahren 1828 und 1829 erinnern.

Besser liess sich schon die 2. Operation an:

„Sich gegen Rustschuk nur in soweit decken, als es sich um die Lähmung jeder Offensivwirkung Seitens der Besatzung handelte und mit dem Haupttheile der Armee directe auf Schumla losgehen."

In diesem Falle hätten wohl 2 Infanterie- und 2 Cavallerie-Divisionen genügt, um jede weitergehende Offensive der Rustschuker-Besatzung zu unterbinden.

Derart in der linken Flanke gedeckt, hätte die Hauptarmee etwa 6 Divisionen stark, von Bjela über Popkiöj directe auf Eski Djuma und Schumla vorstossen können.

Luftlinie Bjela—Schumla : 90 Kilometer.

Vielfach ward in Hinsicht dieser Operation behauptet, es gäbe in der Richtung Bjela-Schumla keine durchlaufenden Strassenzüge.

Die österreichische General-Karte von Mittel-Europa $^1/_{300000}$, die verbreitetste aller Karten des Kriegsschauplatzes zeigt in der Luftlinie wirklich nur eine einzige, als „jederzeit fahrbar" bezeichnete Verbindung, welche von Bjela ab in einem Seitenthale der Jantra über Čerkovna bis auf die Höhe des Rückens nach Vodica, von dort in ein Seitenthal des Lom nach Popkiöj und von da schon in reicherer, gut bevölkerter Gegend über Jaslar 30 Kilometer lang nach Eski Djuma führt.*)

So schlecht aber diese Marschlinie auch sein mochte, sie war schliesslich nur 3 Märsche lang; Truppen, die den 40 Kilometer breiten Balkan-Rücken zwischen Tirnova und Hainkiöj mit 30 Eskadronen und

---

*) Der bedeutende Umfang dieser ganz vorzüglich zum Studium des Feldzuges geeigneten Karte machte es leider unmöglich auch nur die Blätter Schumla, Plevna, Sofia und Adrianopel anzuschliessen. Eine allgemeine Uebersicht gewähren aber wohl die als Beilagen I und II angeschlossenen Skizzen.

30 Geschützen in 3 Tagen überschritten, konnte diese fast in der Ebene führende Marschlinie keine Schrecknisse bieten.

Am schwierigsten schien der allgemeinen Bodencharakteristik nach jedenfalls der 5o Kilometer oder 2 starke Märsche breite Höhenrücken zu passiren, welcher die Jantra von dem Lom, Bjela von Popkiöj scheidet.

Südlich von ihr, — im Grossen und Ganzen längs des Nordfusses des Balkans ziehend, und ebenfalls von der grossen Strasse Rustschuk—Bjela—Tirnova abzweigend, — zeigt sich eine zweite auf Schumla oder, wie wir uns begnügen wollen, auf Eski Djuma abzielende Communication: von Draganovo am Lom, — wo leicht an die Chaussée anzuknüpfen — nach Cairkiöj und weiter nach Dzamalkiöj, Osmanbazar und von da mit scharfer Wendung nach Nordost in kaum 18 Kilometer langem Marsche nach Eski Djuma.

Diese Route im Ganzen ebenfalls 9o Kilometer messend, ist nach der Karte zu schliessen, von Tjeserevo (westlich Dzamalkiöj) an bis Eski Djuma — 6o Kilometer lang — chaussirt.

Sie ist an den entferntesten Stellen von der eben geschilderten nördlichen Marschlinie über Popkiöj nur 3o Kilometer, im Durchschnitte nur 2o Kilometer entfernt.

Beide werden durch Transversalwege: im Jantra-Thale durch die Chaussée Bjela—Tirnova; auf dem Rücken zwischen Jantra und Lom durch den Weg Pizanca—Kaceljevo—Cerkovna—Cairkioj—Tjeserevo; weiters im Lom-Thale durch einen Weg von Popkiöj nach Osmanbazar, 3 Male, also faktisch von Marsch zu Marsch gekreuzt und verbunden.

Beide Marschlinien zusammen erscheinen somit für die Bewegung von 5—6 Divisionen vollständig ausreichend und hätten der russischen Heeresleitung zweifellos gestattet, ihre Hauptarmee binnen 6—8 Tagen von Bjela nach Eski Djuma und Osmanbazar zu versetzen.

Bei Eski Djuma beginnt schon die taktische Bedeutung Schumla's.

In rein westlicher Richtung 3o Kilometer entfernt, ist Eski Djuma von Schumla durch einen selbst in der Karte mächtig hervortretenden Bergcomplex getrennt; dieser strebt ganz isolirt, — inselartig, — auf.

Die von Eski Djuma nach Schumla führenden zahlreichen Verbindungen umziehen diese Berginsel beiderseits mit weit nach Norden und Süden ausgebogener Curve.

Die meisten der südlich ziehenden Communicationen münden aber noch, bevor sie Schumla erreichen, in die grosse Militärstrasse, welche chausséemässig angelegt, von Schumla über Verbica den 70 Kilometer breiten Balkan-Rücken überschreitet, und nach Jamboli und Adrianopel weiterzieht.

Von Eski Djuma ist diese Haupt-Verbindung Bulgariens und Rumeliens nach einem kaum 30 Kilometer langen Marsche bequem zu erreichen; an ihr angelangt, steht man bereits 15 Kilometer südlich, im Rücken Schumla's.

Bei allen von Westen her auf Schumla gerichteten Operationen spielt Eski Djuma somit die wichtigste Rolle; es ist um einen beliebten Ausdruck zu gebrauchen, der Schlüsselpunkt aller auf die Isolirung oder Bezwingung Schumla's gerichteten Operationen.

Bei einem derartigen Vormarsche gegen Schumla wäre die nördliche, linke Colonne der Haupt-Armee von Rustschuk in der Höhe von Bjela 45, bei Popkiöj 60, bei Eski Djuma 70 Kilometer entfernt gewesen; eine Aufstellung des Rustschuker Beobachtungs-Corps, etwa von Einer Division bei Jovan—Ciftlik westlich des Lom und anderseits bei Pizanca—Busin—Kadiköj östlich des Lom hätte sie ausreichend gedeckt.

Gegen Süden, zur Deckung der rechten Flanke, mussten Detachements von Tirnova und Osmanbazar aus in und über den Balkan vordringen.

Bei dieser Vorrückung hätte nun zweierlei geschehen können: Die Türken nehmen zur Verhinderung der Einschliessung Schumla's eine Schlacht an, oder nicht. — — Im ersten Falle werden sie nach russischer Voraussetzung nach Schumla hineingeworfen und diese Festung cernirt; — oder die Russen dringen mit ihrer Offensive nicht durch, — dann sind sie wenigstens ausreichend auf Bjela und Draganova basirt.

Nehmen die Türken aber — zweiter Fall — keinen Schlag vor Schumla an, so setzen sich die Russen in Eski Djuma fest und operiren Schritt für Schritt von Süden her gegen Schumla, zuerst die Verbindung nach Jamboli unterbrechend und schliesslich auf die vollständige Cernirung Schumla's übergehend.

Dieser letzte Fall war der für die Russen ungünstigste; er nöthigte sie zu zwei Cernirungen: — Rustschuk's und Schumla's — eventuell zu zwei Belagerungen, also vielleicht zu langwierigen Operationen.

Nichts destoweniger scheint uns der Vorstoss auf Schumla sehr beachtenswerth zu sein, weil er dem Gegner directe die Entscheidung antrug, weil dieses Verfahren, auch wenn der Gegner der Entscheidung auswich, alle moralischen Vortheile für sich hatte; er trug Sieges-Zuversicht und Energie zur Schau und was vielleicht das Wichtigste ist, er schloss andere Unternehmungen jenseits des Balkans nicht aus.

Diese Operation gegen Schumla hätte jedenfalls einer gewissen Vorbereitungszeit bedurft; man musste sich vor ihrem Beginn wenigstens bei Rustschuk in dem Flusswinkel Lom und Donau gesichert, etwa bei Jovan—Čiftlik verschanzt, in der rechten Flanke des gewählten Operationsraumes Tirnova gewonnen und Detachements in den Schipka-Pass etc. vorgeschoben, — man musste sich endlich gegen Osten, nach Orhanie—Berkovac und Widdin den Rücken vor überraschenden Angriffen gesichert haben.

Zur grösseren Sicherung hätte auch Bjela in ein widerstandsfähiges place du moment verwandelt werden müssen.

Nehmen wir an, dass hiezu 14 Tage nothwendig gewesen wären und dass erst am 17. oder 18. Juli die 3 Corps IX, XII, XIII an den nur 30 und 60 Kilometer entfernten Jantra-Punkten Bjela und Draganova zum Vormarsche auf Schumla bereit standen, so konnte man rechnen, binnen weiteren 6—8 Tagen, also zwischen dem 23. und 26. eine Heeresmacht von mindestens 6 Divisionen bei Eski Djuma vereinigt zu haben.

Zu den Detachirungen in die rechte Flanke eigneten sich die Schützen-Brigaden vorzüglich; man hätte sowohl beim Anlangen in Tirnova, als auch von Osmanbazar, nicht bloss zur eigenen Sicherung, sondern auch zur Insurgirung Süd-Bulgariens und zu Demonstrationen, je Eine Schützen-Brigade — verstärkt durch bulgarische Freiwillige, und je eine Cavallerie-Division — à la Gurko in das Tundscha-Thal gegen Adrianopel vorschicken können.

Unterstützt durch die Local-Kenntniss und die Führer-Dienste der Bulgaren, wäre den Russen gewiss so wie beim Schipka-Passe, auch an anderen Balkanpässen das Umgehen der im Balkan angelegten Befestigungen und der Angriff auf deren Besatzungen gelungen.

Etwa 4 Wochen nach dem Donau-Uebergange, wären dann gestanden: 1 oder 2 Cavallerie-Divisionen zur Rückendeckung und Behauptung eines grossen Requisitions-Gebietes gegen Widdin, Berkovac, Orhanie; — das VIII. Corps mit 2 Infanterie-Divisionen und 1—2 Cavallerie-Divisionen vor Rustschuk; — die Haupt-Armee: 1—2 Cavallerie- und 6 Infanterie-Divisionen vor Schumla; — je 1 Schützen-Brigade und 1 Cavallerie-Division im Balkan oder schon im Tundscha-Thale mit der Richtung nach Philippopel und Adrianopel.

Bleibt noch die dritte Operations-Richtung zu erörtern: „über Tirnova in's Tundscha-Thal mit Umgehung der Festungen nach Adrianopel!"

Adrianopel, die letzte Etape vor Constantinopel, zu erreichen, ohne Opfer, ohne das Risiko einer entscheidenden Schlacht, ohne ermüdenden Belagerungs-Krieg, ohne langweilige Entsatzkämpfe!

Mit dem Uebergange bei Sistova umging man schon Rustschuk und die bulgarischen Festungen. Man brauchte die Umgehung nur weiter zu führen, Rustschuk und Schumla ruhig bei Seite liegen zu lassen, in's Tundscha-Thal hinunter, nach Rumelien zu rücken. Die bulgarische Bevölkerung würde die Russen mit offenen Armen empfangen; dessen konnte man sicher sein.

Ohne Schwertstreich, nur im Fluge ganz West-Bulgarien und Rumelien zu erobern, und die unbeweglichen Türken in ihren Festungen stehen zu lassen! Das war ein verführerischer Gedanke.

Und war man erst vor Adrianopel, — wer konnte wissen, was der Aufstand der Bulgaren und dieses überraschende Erscheinen vor der zweiten Hauptstadt des Reiches, für eine Wirkung auf Constantinopel hervorbringen würden.

Die Sache hatte nur zwei böse Seiten.

Der Schipka-Pass war mit 4—5 türkischen Bataillonen und Artillerie besetzt.

Die zweite böse Seite war: Konnte man die Flanke gegen Schumla hin bloss stellen?

Und unter diesem Gesichtspunkte wollen wir wie früher in Hinsicht der Schumlaer-Operation auch für die dritte auf Tirnova und Adrianopel eine Kräfte-Vertheilung entwerfen und die Formen prüfen, welche sie dem russischen Calcül nach im ungünstigsten Falle annehmen konnte.

Von den 9 Infanterie- und 5 Cavallerie-Divisionen musste man wie früher 1 Cavallerie- und 2 Infanterie-Divisionen zur Deckung gegen Rustschuk, 1—2 Cavallerie-Divisionen zur Sicherung gegen Westen veranschlagen; — blieben noch 6 Infanterie- und 3 Cavallerie-Divisionen für die Haupt-Operation.

Davon durfte man nicht mehr viel abgeben; — der natürliche Schwund bei einer langen Operations-Linie ist ja ein enormer.

Man musste also die zur Deckung gegen Schumla nothwendigen Truppen auf ein Minimum beschränken und sich ernstlich fragen, ob nicht etwa 1 Infanterie- und 1 Cavallerie-Division im Vereine mit den noch disponibel zu machenden neuen bulgarischen Formationen, auf das herzurichtende Tirnowa gestützt, eventuell gegen Osmanbazar vorgeschoben, nicht genügen würden, um die Flanke der Armee in dieser Richtung zu sichern.

Gewiss konnten sie an und für sich nicht als stark genug erachtet werden, um die Schumlaer Armee dauernd aufzuhalten, aber man suchte ja eben die Entscheidung wo anders; — durch diese musste man mittelbar auf die Schumlaer Armee wirken.

Es wäre also nur logisch gewesen, sich bei der Flankendeckung gegen Schumla auf das Geringste zu beschränken, dafür aber das möglichst stark gehaltene Gros der Hauptaction zuzuwenden.

5 Infanterie- und 2 Cavallerie-Divisionen, also 50—60.000 Combattanten wären nicht zu viel, aber gewiss genügend gewesen, um sich à la Diebitsch den Weg nach Constantionpel zu bahnen.

So ungefähr mögen die drei Alternativen im russischen Hauptquartier besprochen worden sein.

Jede hatte etwas für sich; — die Rustschuker vielleicht das wenigste, die Schumlaer schon mehr, die Tirnovaer am meisten.

Jede hatte ein Hauptziel: Die erste die Belagerung von Rustschuk zum Zwecke einer tüchtigen Basirung als Grundlage für weitere Operationen. — Die zweite strebte directe die End-Entscheidung an mit offener Gewalt. — Die dritte wich ihr aus und suchte sie auf demonstrativem Wege herbeizuführen.

Das Eine aber war ebenso klar, dass jede der drei geschilderten Haupt-Operationen selbst theoretisch nur dann fundirt und berechtigt war, wenn die Haupt-Entscheidung von der Hauptkraft gesucht wurde; sie verlangte, dass diese entweder gegen Rustschuk rücke oder nach Schumla oder nach Adrianopel!

Aber die Hauptkraft musste es sein!

Die russische Heeresleitung verzichtete — gewiss in Uebereinstimmung mit allen Verehrern einer energischen Kriegführung — auf die Operation auf Rustschuk; von den zwei andern Alternativen: —

der brutalen Gewalt und mehr demonstrativer Erfolge — wählte sie die letzte.

Statt sich jedoch für diese Eine voll und ganz zu erklären, ward die Idee des Siegeszuges nach Adrianopel von des Gedankens Blässe: Rustschuk — Schumla angekränkelt, und selbst Gurko'sche Unternehmungen voll Kraft und Nachdruck, durch diese Rücksicht aus der Bahn gelenkt, verloren bald der Handlung Namen.

Wir finden Mitte Juli, als Gurko von Tirnova aus zum Uebergange über den Balkan ansetzt:

1 Corps in der Krim (das X.),
1 ,, bei Odessa und an der Donau-Mündung (das VII.),
1 ,, in der Dobrudscha (das XIV.),
1 ,, vor Silistria und bei Bukarest (das IV.),
1 ,, vor Rustschuk am linken Donau-Ufer (das XI.),
1 ,, vor Rustschuk am rechten Donau-Ufer (das XII.),
1 ,, gegen Schumla vorgeschoben (das XIII.),
1 ,, im Marsche auf Tirnova (das VIII.),
1 ,, bei Nikopolis (das IX.).

Nach mehr Richtungen und gleichmässiger konnte man sich nicht leicht vertheilen.

Die Idee zu Gurko's Zug war gewiss schön; aber die Erfolge dieser 10.000 Mann allein, konnten nicht die Thätigkeit einer Armee vorstellen, die 7 Corps stark ausgezogen war, das Reich der Osmanen zu erobern.

Wäre der Gurko'sche Zug kraftvoll concipirt gewesen, so hätten wenigstens 3 Corps bei Tirnova dicht aufgeschlossen und bereit sein müssen, sofort nach dem gelungenen Balkan-Uebergange in's Tundscha-Thal zu folgen.

Am 19. Juli war der Schipka-Pass offen; — hätte man wirklich darauf gewartet, um die grossen Operationen zu beginnen, so konnten binnen 6—7 Tagen 5—6 Divisionen Russen mit Gurko vereinigt bei Jenizara und Jamboli, 5 Märsche vor Adrianopel stehen; — einmal in Adrianopel, hätte man jedem Echec zwischen Balkan und Donau getrotzt.

Wenn aber schon das XII. und XIII. Corps gegen Rustschuk und Osmanbazar vorgeschoben bleiben sollten, so musste spätestens am 9. und 10., als Gurko sich schon zum Balkan-Uebergange vorbereitete — und da das IX. Corps noch bei Nikopolis festgehalten war —

die Heranziehung des XI. und IV. Corps von dem linken Donau-Ufer auf das rechte verfügt werden.

Von Gyurgevo sind über Sistova nur 150 Kilometer oder 6 Märsche nach Tirnova. Die Tête dieser Corps hätte daher, selbst wenn sie erst am 10. den Marsch angetreten hätte, leicht am 16. in Tirnova stehen können.

Vielleicht dachte sich die russische Heeresleitung, es handle sich bei dem Nachschieben des Gros nicht gerade um 2 oder 3 Tage.

Vielleicht getraute man sich nicht, das XI. und das IV. Corps schon damals vom linken Donau-Ufer herüberzuziehen.

Thatsache ist, dass von der Krim bis nach Sistova auf einer allerdings 700 Kilometer langen Strecke, 10 Divisionen standen, die eigentlich gar keinen Feind vor sich hatten, und dass in der Hauptrichtung des Angriffes nur 9 verfügbar, aber ebenfalls vereinzelt waren, so dass schliesslich am 19. und 20. kaum die 2 Divisionen Radetzki's dem Corps Gurko's hätten folgen können.

Wir sind überzeugt, dass man auch im Hauptquartiere mit diesem Kräftezerstreuungs-System nicht einverstanden war, dass man wiederholt die Aufgaben der einzelnen Corps revidirte und in mancher Detachirung eigentlich keinen rechten Zweck erkannte.

Die Ansicht war gewiss berechtigt, dass denselben Zweck, den die 2 Divisionen des XIV. Corps in der Dobrudscha erfüllen sollten, auch Eine ganz leicht besorgen konnte.

Was sollte denn überhaupt dort geschehen? — Eine Offensive der Türken verhindert werden? Wie leicht konnte diese an der Donau zum Stehen gebracht werden. — Oder sollte das XIV. Corps Abdul Kerim in den Rücken fallen? Im Sinne einer doppelten Umgehung wirken? Eine doppelte Umgehung, wobei für die Hauptrichtung so wenig übrig blieb, dass man kaum eine Entscheidung mehr wagen konnte?

Das XI. Corps vor Rustschuk, das IV. vor Silistra wären ebenso von allem Anfange an besser bei der Hauptarmee gewesen. Eine Cavallerie-Division und je 1 Brigade Infanterie vor diesen beiden Festungen hätten denselben Zweck erfüllt, den diese Corps erfüllen konnten: die Deckung Bukarest's und die Ueberwachung der Donau wie der Uferbatterien.

Eine türkische Offensive aus Rustschuk oder Silistra gegen Bukarest war am kräftigsten durch russische Erfolge an der Jantra und am Lom oder im Tundscha-Thal zu unterbinden.

Und wäre selbst ein Handstreich auf Bukarest gelungen, wie wäre der aufgewogen worden, durch die Anwesenheit von 3 weiteren Divisionen in der entscheidenden Operations-Richtung.

Aber der Weg von der theoretischen Erkenntniss und dem dunkeln Drange nach Abhilfe bis zu dem gewaltigen, lichtvollen Entschlusse, eine Situation gründlich zu verändern, um sich zum Herrn derselben zu machen, der ist gar weit.

War schon die erste Aufstellung von 12 Divisionen nur ein Schatten des mächtigen Heeres, das Russland in die Wagschale eines Krieges werfen konnte, — so waren die 9 Divisionen, die nach dem Donau-Uebergange zu der Haupt-Operation erübrigten, wieder nur ein Schatten der 19, welche überhaupt bis dahin mobilisirt worden waren und verfügbar gewesen wären.

Wie er wirklich geschah, löst sich der Gurko'sche Zug aus dem Rahmen der grossen Operationen vollständig los. — Er war ein Brillantfeuerwerk, abgebrannt unter jubelnder Begeisterung der eigenen Armee, zum Schrecken der osmanischen Bevölkerung und des Kriegsrathes in Constantinopel. Mehr war er nicht.

Gurko's erster Balkan-Uebergang.

Am 6. Juli langt Gurko vor Tirnova an.

Am 7. Juli dringt er nach kurzem Kampfe mit schwachen türkischen Abtheilungen in die alte Hauptstadt der bulgarischen Könige ein.

Er steht am Ausgangspunkte von 4 Balkanpässen.

Er kann sich westlich nach Drenova wenden; und von hier über Gabrova und den Schipka-Pass nach Kazanlik oder östlich davon über Travna nach Maglis marschiren.

Er kann Front nach Süden über Kilifar nach Hainkiöj die bisher eingehaltene Marschrichtung beibehalten.

Er kann sich südöstlich nach Elena wenden und über den Tvardica-Pass nach Tvardica in's Tundscha-Thal heruntersteigen. —

Fahrbar ist nur die Schipka-Pass-Strasse; Travna, Hainkiöj, Elena sind eigentlich nur Fussteige.

Travna ist vom Schipka, Hainkiöj von Travna, Elena von Hainkiöj je 15 Kilometer entfernt.

Der Weg nach Hainkiöj ist die kürzeste und directeste Verbindung in's Tundscha-Thal.

Von Tirnova nach Hainkiöj sind der Luftlinie nach starke 45 Kilometer; nach Kazanlik über Gabrova 60 Kilometer, über Elena nach Tvardica 50 Kilometer, also 3—4 Märsche zu rechnen.

Gurko, durch die Bulgaren zweifellos vorzüglich bedient, weiss nur den Schipka-Pass besetzt; die anderen unbesetzt.

Eine Umgehung der Schipka-Befestigungen durch den Travna-Pass ist zu leicht zu entdecken; Gurko wählt hiezu die nächste Strasse, die nach Hainkiöj.

Am 12. marschirt er nach fünftägigem, zu Recognoscirungen verwendeten Aufenthalte von Tirnova ab.

Am 14. April betritt er den „Hainboghaz", den „Weg des Verräthers".

Dieser war von den Türken nicht ein Mal bewacht.

Bis 15. Abends langt Gurko mit allem Geschütze und aller Infanterie bei Hainkiöj am Defilé-Ausgang im Tundscha-Thale an.

Am 16. wendet er sich westlich nach Kazanlik dem Südausgange des Schipka-Passes zu.

Der Verabredung gemäss soll er die Schipka-Befestigungen am 17. von Süden her angreifen.

Ein Detachement des VIII. Corps, General Deroschinski, soll an demselben Tage von Gabrova aus gegen den Pass von Norden her vorgehen.

So genau auch der russische Generalstab den Tag dieses Doppel-Angriffes bestimmt hatte, so bewährte sich wie gewöhnlich diese allzu genaue Voraussicht auch hier nicht.

Deroschinski geht am 17. gegen die Schipka-Befestigungen vor, wird aber, ohne dass sich von Gurko etwas zeigte, abgewiesen.

Gurko, am 16. beim Marsche auf Kazanlik durch türkische Abtheilungen aufgehalten, gelangt nur bis Maglis, am Ausgange des Travna-Passes und erreicht mit der Infanterie erst am 17. Abends Kazanlik.

Er greift nun am 18. — allein — die Pass-Befestigungen von Süden her, aber nichts destoweniger erfolgreich an.

Die türkische Besatzung, 4—5 Bataillone stark, beginnt am Abend des 18. zu verhandeln, zerstreut sich aber noch Nachts auf den 19. unter Zurücklassung von mehreren schweren Krupp'schen Geschützen und vieler dazu gehöriger Munition.

Der Schipka-Pass ist offen; — General Deroschinski besetzt ihn; Gurko macht wieder Front nach Kazanlik.

Ueber die türkischen Gegen-Massregeln ist abermals wenig zu sagen.

Die Haupt-Armee bleibt unbeweglich bei Schumla.

Wie schon früher erwähnt, wurde am 1. Juli Bjela von den Russen angegriffen.

Die 3 bis 4 schwachen türkischen Bataillone ziehen sich nach kurzem Kampfe auf Rustschuk zurück. Die ganze „Jantra-Linie" geht verloren.

Die 14 Bataillone, die man von Rustschuk aus am 28. gegen Bjela dirigirt haben soll, die aber am 1. noch nicht in Bjela eingetroffen waren, gingen ebenfalls auf Rustschuk zurück.

Tirnova, mit circa 5 Bataillonen besetzt, wird bei dem Andringen des doppelt überlegenen Gurko geräumt; die Truppen ziehen sich nach Osmanbazar zurück.

Die Bataillone im Schipka-Passe entgehen zur Noth der feindlichen Gefangenschaft.

Alle diese Actionen sind seitens der Türken nur als ganz isolirte Posten- und Arrièregarde-Gefechte geführt. Sie hätten ebenso gut Bjela, Tirnova und Schipka ohne jeden Kampf räumen können.

Alles in Allem genommen, kennzeichnen sie aber erneuert den Entschluss Abdul Kerim's, keine grösseren Engagements einzugehen, sondern mit der Entscheidung zuzuwarten.

Die Welt warf Abdul Kerim mit einem Scheine des Rechts vor, er sei zu unthätig gewesen. Wir würden uns diesem Vorwurfe nur dann anschliessen, wenn diese Unthätigkeit systemlos war.

Er vertheidigte die Donau allerdings nicht, weder indirecte, noch directe.

Aber wir haben Momente angedeutet, die dieses Entsagen vom Standpunkte der Theorie aus, nicht gerade als Fehler erscheinen lassen müssen.

Man müsste nicht blos die Stärke, sondern auch die Offensiv-Fähigkeit der Schumlaer Armee kennen, um zu beurtheilen, in wie weit sie nach dem Uebergange der Russen Chancen hatte, die jedenfalls binnen 3—4 Tagen concentrirten russischen Corps anzugreifen.

Ein grosser Theil seiner Armee war damals erst 5—6 Monate unter den Waffen. Mit einer solchen Armee entscheidet man sich bei gleichwerthigen Alternativen gewiss lieber für die des Zuwartens.

Abdul Kerim hat keine Siege erfochten, aber er war dabei wenigstens so vorsichtig gewesen, nirgends grössere Abtheilungen dem Feinde entgegen zu stellen, keine irgendwie grösseren Entscheidungen zu provociren; er war wenigstens consequent geblieben in der Idee, dass sich durch die natürlichen Ziele der Russen, durch die Vertheilung auf einem grösseren Raume, die langen Operationslinien, später hin günstigere Chancen ergeben würden; er schmeichelte sich jedenfalls mit dem nicht ganz unberechtigten Gedanken, dass noch nichts verloren sei, so lange die Haupt-Armee nicht mitgesprochen habe.

Er hatte nichts verdorben.

Eine aufgegebene Chance ist nicht immer ein aufgegebenes Spiel.

Was seiner Commandoführung in unseren Augen den Stempel eines Fehlers aufdrückt, ist: dass er es nicht verstanden hat, den Kriegsrath in Constantinopel von der Nothwendigkeit zu überzeugen, Osman und Suleiman Pascha im Laufe des Monates Juni zur Haupt-Armee heranzuziehen.

In dieser Beziehung gibt die erste Hälfte des Monates Juli allerdings die schönste Gelegenheit, um sich über die allgemeine Anlage der damaligen türkischen Operationen ein richtiges Bild zu entwerfen.

Man braucht nur zu berücksichtigen, welche Ziele sich die türkische Haupt-Armee hätte setzen dürfen, wenn sie durch den grössten Theil der Truppen Osman's und Suleiman's Pascha verstärkt gewesen wären.

Solche 4—5 Divisionen erprobter Truppen hätten der jungen Schumlaer Armee den nothwendigen Kern gegeben. Gewiss hätte dann kein Pascha gezögert, den Russen entgegen zu gehen.

Man hätte dann calculiren können, dass etwa 10—12 Divisionen Türken auf 8—9 Divisionen Russen stossen würden.

Ohne Osman und Suleiman existirte auch diese Chance nicht.

Ende Juli — bevor sich noch die Berechtigung oder Nichtberechtigung seines Verfahrens erweisen konnte, rief die türkische Regierung den greisen Marschall von seinem Commando ab.

XIII.

Die erste Schlacht bei Plevna.

19. und 20. Juli.

Das IX. russische Corps, das sich erst am 10., also vierzehn Tage nach dem Beginne des Ueberganges — gegen Nikopolis gewendet hatte, stand am 15. gerade im Begriffe, die türkischen Werke von Nikopolis zu stürmen.

An diesem Tage Abends wurde die zur Deckung der Belagerung von Nikopolis bei Samlükiöj am Wid postirte kaukasische Kosaken-Brigade (Tutolmin) durch das Erscheinen türkischer Eclaireurs überrascht.

Die erste Nachricht über das Eintreffen türkischer Abtheilungen in der rechten Flanke der Russen bei Lovča und Plevna soll indessen erst durch die dem VIII. Corps zugetheilte und zur Deckung der rechten Flanke nach Lovča hinausgeschobene donische Kosaken-Brigade (Tschernosubow) am 17. in's Hauptquartier nach Tirnova gelangt sein.

Fast gleichzeitig erschien in den öffentlichen Blättern die Nachricht, dass Osman Pascha von Widdin über Nisch nach Sofia abgerückt sei.

Diese Version hatte so viel Wahrscheinlichkeit für sich, dass man sie eigentlich ohneweiters glauben konnte.

Man legte sowohl beim IX. Corps, als auch im Armee-Hauptquartier, vielleicht eben desswegen, auf die Ereignisse bei Nikopolis und Lovča kein Gewicht.

In Wirklichkeit waren aber die am 15. bei Nikopolis erschienenen türkischen Abtheilungen die Vortruppen des von Widdin gegen Osten, gegen den Wid abgerückten Osman Pascha; die bei Lovča bemerkten Abtheilungen waren, aller Vermuthung nach, die Aussentruppen eines von Sofia zur Vereinigung mit Osman Pascha abgerückten Heerestheiles.

So kam es, dass Osman Pascha aus dem 170 Kilometer oder 7 Tagmärsche entfernten Widdin noch beinahe zurecht gekommen wäre, um das nur 40 Kilometer von Sistova entfernte Nikopolis zu entsetzen.

Die Annahme, dass Osman Pascha zum Entsatze von Nikopolis herbeigeeilt wäre, konnte sich jedoch keinesfalls auf die Idee, welche seinen Abmarsch hervorrief, beziehen.

Stand Osman Pascha bei Widdin selbst, so musste er den Abmarsch spätestens am 7. begonnen, den Befehl oder den Entschluss dazu, spätestens am 6. bekannt gegeben haben, also zu einer Zeit, wo Nikopolis noch gar nicht angegriffen war.

Dem sei indessen wie immer.

Ein grosser Theil der Truppen Osman Pascha's, gewiss 2—3 Divisionen, und wahrscheinlich auch Abtheilungen der in Sofia gebildeten Reserven, trafen zwischen 15. und 17. bei Plevna ein.

Welche Strasse Osman für den Anmarsch benützte, ob er knapp längs der Donau über Arcer—Lom—Cibar—Palanka—Rahova und Gyulenci am Wid, also in Sicht der rumänischen Stromwachen, kaum 4000 Schritte vom andern Ufer entfernt, gegen Nikopolis, — oder auf dem südlichen Parallelweg, 10 Kilometer von der Donau entfernt, über Bélibrod am Ogost, Altimir am Skit, Mahaleta am Isker nach Plevna, oder auf beiden Wegen anmarschirte, ist noch unbekannt.

Wieso der Abmarsch Osman's von Widdin den Serben und Rumänen entgehen, und wieso die Annäherung bis auf wenige Kilometer von Sistova dem vor Nikopolis stehenden IX. Corps und dem Armee-Commando in Tirnova erst im letzten Momente bekannt werden konnte, ist mit Rücksicht auf die zahlreiche und im Nachrichtendienste so renommirte russische Cavallerie jedenfalls kaum verständlich.

Wir berühren dieses Moment aber nicht, um es als Fehler oder als grobe Nachlässigkeit zu erörtern, sondern um es als einen Beweis dafür zu benützen, dass im Kriege Dinge vorkommen, welche fern von Madrid so gerne für unmöglich gehalten werden.

Und doch liegt die Vermuthung nahe, dass auch die Leute, denen ein solches Malheur geschieht, im Allgemeinen die Theorie gerade so gut wissen, wie diejenigen, die zu Hause die Ursachen für solche Erscheinungen meist in ganz etwas Anderem suchen, als worin sie wirklich zu suchen sind.

Wir glauben, solche Verstösse können selbst bei der tüchtigsten Armee vorkommen; — aber sie gestalten sich nur bei einer nicht genügend entschiedenen oder langsamen Führung zu verhängnissvollen Fehlern.

Im Rahmen einer mächtigen Offensive, einer grossen Conception, einer umfassend geplanten Unternehmung werden die kleinen Steine am Wege einfach zermalmt.

Sie können den Wagen gar nicht in's Schwanken bringen, geschweige denn aufhalten.

So würden wir auch die Ursache der verspäteten Meldung über das Vorrücken bedeutender Kräfte nur in der Organisation des Nachrichten-Dienstes im Grossen suchen; wir würden hierin nur insoferne einen gerechtfertigten Vorwurf für die russische Heeresleitung erblicken, wenn diese dem IX. Corps keine Directiven für den Sicherheits- und Aufklärungs-Dienst gegen Sofia und Widdin hin gegeben hätte.

Das IX. Corps, dem in der Bewältigung von Nikopolis eine möglicherweise sehr schwierige Aufgabe gestellt war, konnte naturgemäss seine Haupt-Aufmerksamkeit ausschliesslich nur dieser zuwenden. Es wäre unbillig gewesen, ihr auch noch einen besonders weitreichenden Aufklärungs-Dienst als selbstverständlich zuzumuthen.

Die Sicherung nach Westen kam nach unserer Ansicht dem Armee-Commando zu.

Hätte man sie in ebenso energischer Weise in Angriff genommen, wie die nach Süden, so wären zwar die russischen Abtheilungen sehr bald zum Stehen gekommen; aber es hätte einen grossen Unterschied gemacht, ob es gelungen wäre, Osman Pascha schon am Ogost oder am Skit südlich von Rahova, 4 Märsche weiter westlich aufzuhalten.

Zum Mindesten aber hätten ihn die dahin entsendeten Cavallerie-Commanden spätestens am 12. oder 13. signalisiren und seinen Anmarsch von Tag zu Tag verfolgen können.

Am 16. ergab sich Nikopolis.

Die eine, 30., Division ward zur Uebernahme und Eskortirung der Gefangenen, zur Besetzung von Nikopolis und Sistova bestimmt.

Die 5. Division des IX. Corps war frei.

Auf die am 17. in Tirnova eingelaufenen Nachrichten über das Auftreten grösserer türkischer Abtheilungen bei Plevna, wurde das IX. Corps angewiesen, diesen bedeutenden, 17.000 Einwohner zählenden Ort zu nehmen und zu besetzen.

General-Lieutenant Krüdener bestimmte hiezu den General-Lieutenant Schilder-Schuldner, Commandanten der 5. Division.

Es wurde ihm hiefür nebst dem grössten Theile der 5. Division, noch die kaukasische Kosaken-Brigade unterstellt.

Die 5. Division stand am 18. Abends

a) mit 2 Regimentern, 1 Cavallerie-Regiment und 4 Batterien noch bei Nikopolis, an der Osma-Mündung, 35 Kilometer weit von Plevna,

b) 1 Regiment das (19.) und die kaukasische Kosaken-Brigade standen bei Bulgareni und Poradim, 40 und 20 Kilometer östlich Plevna, an der Chaussée nach Sistova; Front gegen Süden.

Schilder's Angriff auf Plevna.

(Siehe Skizze 2.)

General-Lieutenant Schilder beschliesst am 19.:

Die directe Vorrückung des Gros bis nach Plevna, den Rechts-Abmarsch des 19. Regiments nach Poradim, und die Vorrückung der kaukasischen Kosaken-Brigade auf Tučenica.

Das Gros in 2 Colonnen: — rechts am Wid, das 9. Kosaken-Regiment, in der Hauptrichtung die Infanterie und Divisions-Artillerie ohne jede Cavallerie marschirend, trifft am 19. Nachmittags, etwa 2 Stunden von Plevna entfernt, an einer Schlucht östlich Bukova, auf vom Feinde besetzte Schützengräben und auf eine türkische Batterie.

Die russische Avantgarde wird angeschossen.

Sie hält; die Artillerie fährt aus der Colonne heraus und beginnt die feindliche Stellung bis Abends zu kanoniren.

Das Gros marschirt auf.

Man nächtigt nördlich der Schlucht angesichts des Feindes; das 9. Kosaken-Regiment bleibt wie bisher isolirt am Wid.

Das 19. Regiment hat Poradim, die kaukasische Kosaken-Brigade hat Tučenica, ohne auf den Feind zu stossen, erreicht.

Es sind bis Abends des 19. über den Feind keine anderen Daten als die selbst gewonnenen, beim Divisionär eingetroffen.

Aus dieser 28 Kilometer ausgedehnten Aufstellung, dringen nun am 20. Früh die 2 Regimenter des Gros directe von Norden, Bukova westlich lassend, das 19. Regiment und die kaukasische Kosaken-Brigade von Osten her über Grivica gegen Plevna vor.

Eine durchschnittlich 8 Kilometer breite, schwierig zu durchschreitende Wald- und Gebüschzone trennt die beiden Colonnen.

Sie erfahren anfangs von einander gar nichts.

Zwischen 8 und 9 Uhr, erreicht das Gros nach nur zum Theile hartnäckigem Gefechte mit den in Schützengräben liegenden vorgeschobenen türkischen Abtheilungen, Plevna.

Skizze 2.

Zur beiläufigen Orientirung über die Kräfte-Gruppirung Schilder's beim Angriffe auf Plevna.
19. und 20. Juli.

Das 19. Regiment ist damals bereits zurückgeworfen, und ausser Gefechtsbereich.

Die Umfassung der Stadt ist stark besetzt; der Ansturm der 6 Bataillone scheitert.

Eine türkische Brigade bricht östlich von Plevna in der Richtung der russischen Batterien vor. Der linke Flügel der russischen Gefechts-Linie des Gros wird umfasst, u. zw. in der ihm ungünstigsten Richtung.

Die russischen Truppen fluthen — nur anfänglich verfolgt — nach den Orten Bryslan, Mečka, Trstenik bis auf 15 Kilometer Entfernung vom Schlachtfelde zurück.

Die Division Schilder-Schuldner — arg beschädigt — und auf's Aergste gefasst, erwartet hier am 21. den türkischen Angriff.

Mais à la guerre on voit toujours ses maux et l'on ne voit pas ceux de l'ennemi.

Das scheint bei den Türken der Fall gewesen zu sein. Sie mochten vielleicht überhaupt keine Offensiv-Gedanken gehabt haben; vielleicht auch von dem Kampfe sehr erschöpft gewesen sein. Es fand keine Verfolgung statt.

Wir wollen nicht untersuchen, ob es möglich gewesen wäre, schon am 19. Nachrichten über die Verhältnisse bei Plevna zu haben; ob die Cavallerie des rechten Flügels nicht bloss längs des Wid, sondern auch vor der Haupt-Colonne hätte vorgehen sollen; endlich wie der Angriff der numerisch so schwachen, und so weit getrennt von einander vorgehenden Colonnen zu einem übereinstimmenden hätte gestaltet werden können.

Wir wollen nur die allgemeine Charakteristik des stattgehabten Gefechtes hervorheben.

Es ward den meisten Berichten zufolge Seitens der Russen ganz in dem auch sonst üblichen „Rencontre-Style" geführt.

Die Avantgarde trifft auf feindliche Infanterie; sie marschirt auf, löst sich auf, engagirt ein stehendes Gefecht, d. h. sie schiesst sich mit dem Feinde herum.

Die Batterien fahren aus der Colonne heraus, neben und seitwärts der Infanterie-Linie auf; die Cavallerie, wenn sie nicht ohnehin selbständig agirt, biegt weit nach einer Seite hin aus, damit sie ja nicht mehr zu finden ist.

Das Gros marschirt auf die Tête auf.

Die Stäbe recognosciren. Man verschafft sich die Ueberzeugung, dass die Avantgarde allein zu schwach ist, vorwärts zu kommen; schickt ihr in Folge dessen ein Bataillon als Verstärkung zu. Bald ist auch das verbraucht, und dem 2. Bataillone folgt, während die Artillerie und Cavallerie auf gut Glück weiter für sich agiren, das 3. und das 4., ohne eigentlichen anderen Zweck, als eben nur das Gefecht fortzuführen und mit der stillen Hoffnung, es werde ihnen vielleicht doch gelingen, Terrain und damit die Schlacht zu gewinnen.

Aber auch die Gefechtsführung eines Rencontre's beruht auf denselben Grundsätzen, wie jene der bataille rangée.

Eben so wenig wie in einer geschlossenen Feldschlacht, eben so wenig genügt bei einem Rencontre das einfache frontale Vorstürmen gegen besetzte Stellungen; heute eben so wenig, — noch weniger — wie früher. Ein frontaler Angriff muss, wenn er nicht als Ueberfall im Sinne einer Ueberraschung ausgeführt werden kann, immer planmässig in Scene gesetzt sein, unter strikte vorgezeichneter Mitwirkung der Artillerie, der Cavallerie und der Reserven.

Wenn man, wie Schilder, am Nachmittage des 19. oder am Morgen des 20. durch die Cavallerie über den Feind nichts erfahren hat, wenn man nicht weiss, wie seine Stellung besetzt ist, so muss allerdings die in der Natur der Dinge begründete Regel gelten: nun mit Infanterie-Abtheilungen so rasch wie möglich nach Art eines Ueberfalles in den verdecktesten Richtungen gegen die feindliche Aufstellung vorzugehen. — Wie diese Versuche, einzudringen oder zu umgehen, misslingen, muss aber sofort von allen weiteren Improvisationen abgesehen und an Stelle vereinzelter Vorstösse zu einer planmässigen Gefechtsführung übergegangen, mit einem Worte schon die Einleitung des Angriffes organisirt werden; und gingen selbst Stunden darüber verloren.

Die Kunst der Gefechtsführung besteht unter allen Verhältnissen, beim Angreifer wie beim Vertheidiger, in dem Herausfinden einer Stelle, wo man mit möglichst entscheidender Ueberlegenheit aufzutreten, mit 10.000 auf 1000 oder mit 50.000 auf 10.000 Mann einzubrechen vermag; — darauf hin muss auch jeder Angriffsplan abzielen.

Sie setzt demzufolge auch bei numerischer Ueberlegenheit sehr oft ein ganz bedeutendes „taktisches Organisations-Talent" voraus.

Sie bedingt bei mangelhafter Einsicht in die gegnerischen Verhältnisse oft ein Herausfühlen des entscheidenden Punktes.

Sie beruht auf jenem seltenen Muthe, der sich getraut, Punkte zu entblössen, deren Wichtigkeit jeden Anderen zur Verzettelung der Kraft verleiten würde; der, ohne Rücksicht auf die daraus erwachsenden Gefahren, in dem Zusammenballen aller nur disponibeln Kräfte gegen den als entscheidend erkannten Punkt, das Remedium für die an andern Punkten eingegangenen Risicos sucht.

Es ist eine harte Aufgabe, sich aus dem Marsch-Verhältnisse in jenes des planmässigen Angriffes zu versetzen: Zuzusehen, wie sich der Gegner vielleicht verstärkt; stundenlang bloss ein hinhaltendes Gefecht zu führen, nur um zu recognosciren; warten, bis die langen Colonnen aufmarschiren und gefechtsbereit sind; vielleicht dann erst stundenlang auszubiegen und zu umgehen! — — Das Alles verlangt eine sehr seltene militärische Tugend: Geduld.

Die meisten Angriffe, die unter ähnlichen Verhältnissen, wie jene Schilder's, Statt hatten, missglückten zunächst aus Mangel an Geduld.

XIV.

Die zweite Schlacht bei Plevna.

30. Juli.

Galt von jeher der Grundsatz, man müsse bei den Massregeln zum Angriffe eines unbekannt starken Gegners von der Voraussetzung einer möglichst hohen Ziffer ausgehen, um wie viel mehr müssen wir uns heute, — nach Allem, was wir über Plevna wissen, dafür interessiren, ob und inwieferne dieser Grundsatz von den Russen im Auge behalten wurde.

Geschickte Aerzte behandeln leicht Erkrankte sehr oft so, als wenn sie sehr gefährlich erkrankt wären; ein typhöses Fieber wie einen Typhus. Sie wollen sicher gehen. Lassen die ersten Krankheits-Erscheinungen noch nicht den Grad der Erkrankung erkennen; — sie wissen, dass aus den leichten Anfällen das ärgste Uebel entstehen kann. Sie wenden daher lieber gleich in allem Anfange energische Mittel an.

Nach solchen Grundsätzen gingen auch stets geschickte Feldherrn vor; sie beobachteten stets die weise Vorsicht, auch die kleinste Gefahr so aufzufassen, als bärge sie die grösste.

Nirgends vielleicht tritt dieses Streben, das Emporwachsen kleiner Gefahren zu verhüten, so hervor, wie in den napoleonischen Feldzügen.

Er ist stets auf jede Eventualität gefasst; fortwährend hält er seine Marschälle im Laufenden und beschwört sie, keine entscheidenden

Gefechte einzugehen, bis sich nicht die Sachlage geklärt hat oder ihm die Gelegenheit geboten wird, mit den Hauptkräften einzugreifen.

Wie eingehend instruirt er vor der Schlacht bei Eylau Bernadotte über sein Verhalten? — Dieser soll nur langsam zurückweichen, aber ja keine Entscheidung versuchen; er soll die Russen sich nur nachziehen, bis diese ihre linke Flanke blossgelegt haben würden und er selbst mit der Hauptkraft in sie hineinstossen könnte.

Wie beschwört er später im Juni vor Heilsberg Ney — der vor dem rechten Flügel exponirt, gewissermassen als Vorhut steht, — sich nur ja keinem Echec auszusetzen, dem Vormarsch der Russen langsam nachzugeben, bei Ankendorf, bei Deppen Stellung zu nehmen!

Wie rasch concentrirt er sich aber, um dem nachfolgenden Gros nun mit gesammter Macht in die Flanke zu fallen.

Als die Russen damals Ney angriffen, konnte sich Napoleon die Angriffsrichtung nicht erklären; er hielt sie durch Ney nur hin, und concentrirte sich, noch ohne zu wissen, wohin er den Schlag führen würde.

Als er sich aber überzeugt hatte, es wirklich mit der Hauptmacht der Russen zu thun zu haben, stand er auch schon bereit, sich nach jeder Richtung hin mit der Hauptkraft zu werfen.

Dieses Streben, den exponirten Corps nie eine Entscheidung zuzumuthen; dieses Hinhalten und langsame Nachgeben, nachdem sich die Gefährlichkeit des Gegners erwiesen hatte, — Alles nur zu dem Zwecke, den Gegner in das eigene Echiquier hereinzuziehen, und ihn dann mit der versammelten Hauptkraft übermächtig anzufallen, ist ein Charakteristikon der napoleonischen defensiven Kriegführung.

So wusste Napoleon unter allen Verhältnissen jedem Vorkommniss, jedem feindlichen Schachzug die ihm vortheilhaftesten Seiten abzugewinnen, aus jeder noch so kleinen Unternehmung eine grosse Entscheidung zu machen; aber das war nur möglich, indem er die exponirten Heerestheile selbst dirigirte, deren Verhalten so einrichtete, dass er die Zeit gewann, die Donnerkeile zu bilden, die schliesslich den Gegner zerschmetterten.

Vor einer jener kleinen Gefahren, stand auch am 21. Früh das russische Armee-Commando.

Welche Bedeutung musste es ihr beimessen? Welche Auffassung musste die Gegen-Massregeln beherrschen?

Was war eigentlich in Plevna? was konnte dort sein?

Sollte Osman Pascha statt nach Sofia nach Plevna abmarschirt sein?

War die Schätzung Schilder's richtig? Und wenn sie richtig war, sollten diese 20—30.000 Mann wirkliche Soldaten sein? Nicht wie die bisherigen türkischen Abtheilungen zur Offensive und zum Siegen unfähig?

Die Niederlage Schilder's liess sich leicht erklären.

Er griff erstens nur frontal an; er war zweitens wirklich sehr schwach gewesen.

Er ward abgewiesen; aber er ward weder am 20. noch am 21. weiter verfolgt.

Alles stimmte, um das russische Hauptquartier in der Annahme zu bestärken: an der ganzen unglücklichen Affaire sei nicht viel daran. Man findet ja so leicht tausend Gründe für das, was man wünscht.

Die dem Schlachtfelde nächsten frischen russischen Truppen, waren die 30. Division vom IX. Corps in Nikopolis; 42 Kilometer oder einen Gewaltmarsch entfernt.

Die sonstigen Truppen standen:

Das XI. und IV. Corps am linken Donau-Ufer.

Das IV. Corps, bei Bukarest und bei Kalarasch vis-à-vis von Silistria stehend, hatte von Bukarest 200 Kilometer oder circa 8 Märsche, von Silistria her 270 Kilometer oder circa 11 Märsche,

das XI. Corps von Gyurgevo 130 Kilometer oder 5—6 Märsche nach Plevna zu hinterlegen.

Die Abtheilungen konnten, selbst telegrafische Verbindungen vorausgesetzt, nicht vor dem 22. gegen Plevna hin in Marsch gesetzt werden. Selbst im besten Falle — Gewaltmärsche vorausgesetzt — konnten die Abtheilungen aus Gyurgevo nicht vor dem 26., die aus Bukarest nicht vor dem 28., die von Silistria her nicht vor dem 31. Juli vor Plevna eintreffen.

Das XII. Corps, schon vor Rustschuk engagirt, war 120 Kilometer,

das XIII. Corps zwischen Jantra und Lom, Richtung gegen Osmanbazar, ebenfalls circa 120 Kilometer,

das VIII. Corps in Tirnova, über Gorni-Studen gerechnet, etwa 100 Kilometer oder 4 Märsche entfernt.

Die 5. Division Schilder, konnte daher binnen 2 Tagen, d. i. vom 22. Früh an gerechnet bis 23. Abends, nur durch die 30. Division des IX. Corps, bis 28. durch die bis Bukarest stehenden Theile des XI. und IV. Corps, durch die weiter entfernten Abtheilungen, den grössten Theil des IV. und XI. Corps nicht vor dem 31. Juli verstärkt werden.

Das russische Hauptquartier konnte also am 21. schwanken: Zunächst, ob ausser dem IX. Corps überhaupt noch etwas gegen Plevna zu dirigiren sei; und wenn ja, ob bloss die jenseits der Donau befindlichen Corps IV. und XI., oder auch Theile der an den Lom und nach Tirnova vorgeschobenen Corps.

Wenn es sich dafür entschied, bloss das IV. und XI. Corps zum IX. stossen zu lassen, musste es sich weiters entscheiden, ob es die vollständige Versammlung dieser 3 Corps abwarten wollte oder nicht.

Diese 3 Corps vereinigt, hätten eine Armee von wenigstens 60.000 Mann repräsentirt, aber sie konnten, wie oben auseinandergesetzt, im besten Falle am 1. August angriffsbereit vor Plevna sein.

Wenn es sich dafür entschied, auch Theile der bereits über die Donau gegangenen Corps gegen Plevna zu entsenden, so konnte es wohl nur auf die $1^{1}/_{2}$ Divisionen des VIII. Corps in Tirnova reflectiren.

Das XII. und XIII. Corps waren an der Ost-Front unentbehrlich.

Bei allen diesen Erörterungen musste sich stets der Gedanke aufdrängen, dass die wirksamste Gegen-Operation gegen einen türkischen Vorstoss auf Sistova in einer Offensive von Süden her gegen die rechte Flanke der Türken bestünde.

Die zahlreichen Communicationen zwischen Wid und Jantra erlaubten eine solche Bewegung, sowohl in der Richtung über Selvi und Lovča directe auf Plevna (120 Kilometer, 5—6 Märsche) als auch in der Richtung auf Poradim oder Bulgareni weiter östlich von Plevna (60 Kilometer oder 3 Märsche).

Diese Erwägung wies gewissermassen directe auf eine Mitwirkung des VIII. Corps hin.

Konnte man aber das VIII. Corps auf 10—12 Tage von Tirnova wegziehen?

Man wusste damals am 21., dass Gurko — bereits durch eine Brigade des VIII. Corps auf circa 15.000 Mann (16 Bataillone, 30 Escadronen und 32 Geschütze) verstärkt — bei Kazanlik stand, dass seine Cavallerie-Patrullen, ohne irgend bedeutenden Widerstand Kalofer, Eskizara und Jenizara erreicht hatten.

Man wusste, dass die nächsten grösseren Abtheilungen des Feindes erst jenseits des kleinen Balkans, 5—6 Märsche weit, stehen konnten.

Man durfte rechnen, dass gewiss 10—12 Tage vergehen würden, ehe der energische Gurko geworfen, der kleine wie der grosse Balkan passirt sein würden.

Nichts schien von dieser Seite zu drohen.

Die Frage, ob man Gurko 10—12 Tage sich allein überlassen konnte oder nicht, war demnach keine der schwierigsten.

Wenn ja, so war jedenfalls die momentan bei Tirnova entbehrliche Kraft bei Plevna sehr gut zu verwenden.

Das Calcül konnte demnach in folgende Alternativen zusammengefasst werden:

a) Sofortiger Angriff auf Plevna seitens des IX. Corps oder

b) Verschieben des Angriffes auf etwa den 28., bis zu welchem Zeitpunkte verfügbar sein konnten:

Das IX. Corps, die bis dahin angekommenen Theile des IV. und XI. Corps, und die von Tirnova her disponibel gemachten Theile des VIII. Corps; im Ganzen 5—5$^{1}/_{2}$ Divisionen;

c) Verschieben des Angriffes auf etwa den 1. oder 2. August, bis zu welchem Zeitpunkte das IV. und XI. Corps vollzählig eingetroffen sein, also mit dem IX. Corps allein schon eine Armee von 6 Divisionen, und im Vereine mit Theilen des VIII. Corps eine Armee von 7—7$^{1}/_{2}$ Divisionen bilden konnten.

Für welche der Alternativen sollte man sich entscheiden?

Die massgebendsten Momente waren dabei natürlich die Stärke und Offensivfähigkeit der feindlichen Armee.

Und gerade über diese Momente wusste man, nicht ohne eigenes Verschulden, so viel wie gar nichts.

Das russische Hauptquartier entschied sich, — wie es scheint noch am 21., — in Folge der mangelnden genauen Einsicht in die Verhältnisse, wohl mehr einem allgemeinen, unbestimmten Gefühle, als klarem Ueberblicke folgend:

1. Die Corps XIII. und XII., zwischen dem Lom und der Jantra, das VIII. Corps bei Tirnova, Gurko jenseits des Balkans zu belassen; kurz in den Operationen gegen Osten und Süden auch nicht einen Moment einzuhalten;

2. die Erledigung des Plevnaer Zwischenfalls dem IX. Corps, dem General-Lieutenant Krüdener zu überlassen; die kaukasische Kosaken-Brigade sollte, wie bisher, bei ihm bleiben; Theile des XI. und IV. Corps sollten ihn verstärken.

Vom IX. Corps war aber ein Theil noch in Nikopolis beschäftigt.

Um diesen für die Operationen frei zu machen, ward die rumänische Regierung ersucht, an Stelle des IX. Corps, Nikopolis durch die 4. rumänische Division zu besetzen.

Bis zum Eintreffen aller dieser Verstärkungen blieb das IX. Corps allein.

Seine Aufgabe konnte bis dahin nur die sein, die Richtung auf Sistova directe zu decken; es musste trachten, sich anfangs mit der 5. Division und der kaukasischen Kosaken-Brigade à cheval der Chaussée, etwa bei Karagac bulgarski, 20 Kilometer östlich von Plevna, zu halten.

Es musste in Aussicht genommen werden, dass, gedeckt durch diese Aufstellung, die anlangenden Verstärkungen zunächst directe von Sistova gegen diese Position vorrücken würden, um dem IX. Corps, für den Fall es zurückgedrängt würde, sofort beistehen zu können.

Konnte sich das IX. Corps bei Karagač bis zum Eintreffen der Verstärkungen behaupten, — um so besser; — dann konnte man die neu ankommenden Divisionen beim Uebergange in die Offensive gleich rechts oder links herausschieben, wie es die momentane Sachlage erforderte.

Das russische Hauptquartier scheint trotz der anerkennenswerthen Energie in der Festhaltung seiner ursprünglichen Idee, das Gefühl einer gewissen Unzulänglichkeit seiner Massregeln gehabt zu haben.

Es berief schon damals die bereits mobilisirten, aber noch im Moskauer Militär-Districte befindlichen Infanterie-Divisionen 2 und 3. die 3. Schützen-Brigade und einige Kosaken-Regimenter nach Bulgarien.

Die Wirksamkeit dieser Massregel reflectirte allerdings erst auf entlegenere Operationen und auf einen etwa 6—8 Wochen späteren Zeitraum.

Während die russische Heeresleitung in den ersten Tagen nach dem missglückten Angriffe Schilder's auf Plevna noch unverwandt gegen Süden und Osten sah, und die Beschwörung der bei Plevna aufgetauchten Gefahr, wie es scheint, um so beruhigter dem General-Lieutenant Krüdener überliess, als die Türken auch am 22. und 23. gar keine Offensiv-Versuche gegen das IX. Corps unternahmen, ward am 25. gemeldet, dass von Plevna her eine starke türkische Colonne gegen

Südosten auf Lovča — 32 Kilometer von Plevna entfernt — im Anmarsche sei.

Am 26. wurde Lovča nach kurzem Kampfe von der Division Adil Pascha wirklich genommen.

An und für sich ein unerfreulicher Beweis für die Operationstüchtigkeit und die Energie des feindlichen Ober-Commandanten konnte diese offensive Aeusserung Osman Pascha's der russsischen Heeresleitung wohl nicht ganz unerwartet kommen.

Die Offensive nach Selvi, statt der dem russischen Haupquartiere viel unangenehmeren — gegen Sistowa — enthob sie überdies viel peinlicheren Sorgen.

Der Vorstoss auf Lovča konnte zwar auch so aufgefasst werden, dass Osman Pascha momentan die Vorrückung gegen Sistova aufgegeben habe, um gegen Tirnova hin vorzudringen.

Lovča ist von Tirnova nur 3—4 Märsche, von Gabrova, dem nördlichen Ausgange des Schipka-Defilé's, nur 60 Kilometer oder kaum 3 Märsche entfernt.

Die Gefahr war also nicht ausgeschlossen, dass der Gegner binnen 3—4 Tagen auch die Schipka-Passage, die Haupt-Rückzugslinie Gurko's beunruhige.

Vom 26. an stellte sich infolge dessen der Heerestheil Osman Pascha's, als bedeutend gefährlicher und zahlreicher, wenn auch in 2 Gruppen getheilt dar; die eine in Plevna, Front gegen Sistova, die andere in Lovča, Front gegen Tirnova.

Gegen beide musste man sich wenden, um sich zunächst zu sichern; aber Plevna blieb doch das Haupt-Object, wegen seiner Lage zu Sistova. Die Operationen mussten auf die vollständige Beschwörung dieser Gefahr abzielen.

Die russischen Absichten in Bezug auf Plevna waren allerdings durch die Wegnahme Lovča's sehr erschwert worden.

Im Ganzen genommen, war der Vorstoss auf Lovča gegen Plevna aber seiner Natur nach durchaus nicht geeignet, die schon am 21. getroffenen russischen Angriffs-Anstalten, die ja wie erwähnt, der Hauptsache nach zunächst in der Concentrirung bedeutender Kräfte an der Strasse Plevna—Sistova bestanden, und erst binnen einigen Tagen greifbare Formen annehmen konnten, zu beeinflussen.

Indessen scheint er doch auf das Hauptquartier von einigem moralischen Einflusse gewesen zu sein.

Obwohl von Seite des XI. und IV. Corps thatsächlich erst eine Cavallerie- und 3 Infanterie-Brigaden eingetroffen waren, — obwohl Krüdener auf Grund seiner persönlichen Eindrücke die ihm bisher zugekommenen Verstärkungen nicht für ausreichend hielt, und um das Verschieben des Haupt-Angriffes bat, befahl das russische Hauptquartier doch in entschiedenster Weise und zuletzt am 29. Juli den Angriff auf Plevna.

Vielleicht glaubte man Osman Pascha eben durch die Detachirung nach Lovča so geschwächt, dass man nicht rasch genug davon profitiren konnte; oder hielt man Krüdener mit $3\frac{1}{2}$ Divisionen für stark genug.

Der Angriff ward für den 30. befohlen, und er hatte auch wirklich am 30. statt.

Krüdener's Angriff auf Plevna.

(Siehe Skizze 3.)

Die russischen Recognoscirungen hatten constatirt, dass etwa halben Wegs zwischen Grivica und Plevna — 2000 Schritte nördlich der Chaussée, dort, wo beim Gefechte am 20. die russischen Batterien standen, — 3 grössere, dann ebenso südlich der Chaussée in der etwa 5000 Schritte breiten Oeffnung des durch den Grivica- und Tučenica-Bach gebildeten Winkels 3—4 Werke erbaut worden waren.

Die russischen zum Angriffe bestimmten Truppen, lagerten auf 20 Kilometer Entfernung von Plevna, in einem grossen Halbkreise in den Ortschaften: Kojulovce—Trstenik—Karagač bulgarski und Poradim, à cheval der Chaussée.

Vor den Truppen breiteten sich zunächst circa 2 Stunden weit, breite mit Feldern und niedrigem Gebüsche, hie und da auch mit einzeln stehenden Bäumen bedeckte, sanft ansteigende Terrain-Wellen aus.

In der Höhe von Zgalevice gelangte man auf den Obertheil des Schlussrückens, welcher den Wid und die Osma wasserscheidend trennt.

Dieser Schlussrücken, an der Chaussée etwa 5000 Schritte breit, und beiderseits derselben theils mit vielen niedrigen, aber leicht passirbaren Waldungen, theils übersichtlichen aber schwerer zu passirenden Gebüschen, hie und da auch mit Gruppen einzeln stehender Bäume bedeckt, neigt sich alsbald in sanfter Wölbung gegen Westen dem Wid-Fluss zu.

Die Chaussée selbst zieht sich in eine der Ursprungs-Mulden des Grivica-Baches, und tritt beim Orte Grivica in den Geschützertrag der nordwestlich und südwestlich davon erbauten Werke, der Grivica- und Radisevo-Redouten.

Zwischen Grivica und diesen Werken ist der Boden wellig und übersichtlich, zum Theile ganz unbedeckt, zum Theile mit gestrüpp-artigen Jungholze bedeckt.

Der Ausschuss der Grivica-Werke gegen Osten, parallel und nördlich der Chaussée und endlich auf circa 2—3000 Schritte gegen

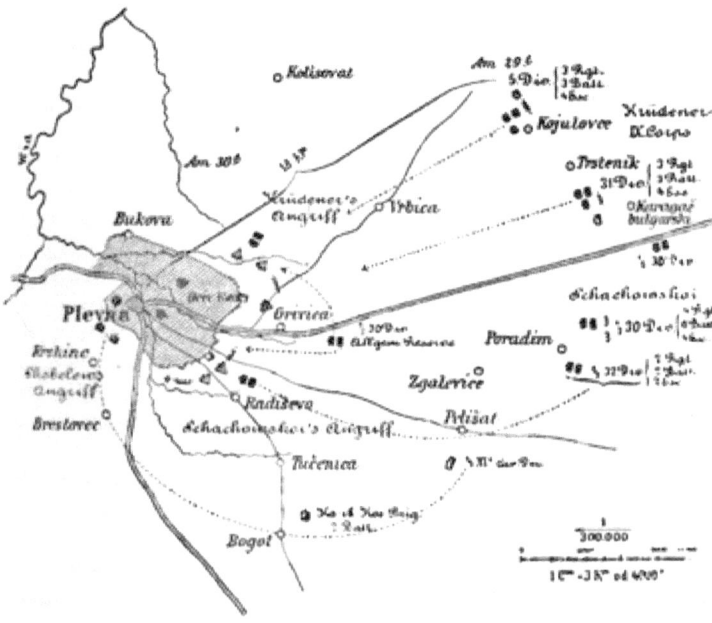

Skizze 3.

Zur beiläufigen Orientirung über die Kräfte-Gruppirung Krüdener's beim Angriffe auf Plevna.
30. Juli.

Norden gegen die Verschneidung des Bukova-Baches war ganz unbehindert.

Die Grivica-Werke erschienen daher als ein Abschnitt für sich; als eine Vertheidigungs-Aufstellung zwischen dem Grivica-Bache und dem etwa 5000 Schritte nördlich davon parallel vom Schlussrücken abrinnenden Bukova-Bache.

Eine Umgehung dieser 5000 Schritte breiten „Grivica-Front", war nur nördlich und etwa so zu bewirken, dass man schon vom Schlussrücken aus, etwa zwischen dem Orte Vrbica 10.000 Schritte nördlich der Chaussée und dem Bukova-Bache durch waldbedecktes, unübersichtliches, schwer gangbares Terrain in der Direction Bukova vordrang.

Südlich der Hauptanmarsch-Linie der Russen, zeigte sich in ähnlicher Weise, wie nördlich zwischen dem Grivica- und dem Bukova-Bache eine ebenfalls 5000 Schritte breite, starke Vertheidigungs-Front, zwischen dem Grivica- und dem Tučenica-Bache.

An der Verschneidung dieser beiden Wasserrisse, nur 3000 Schritte hinter den Werken, lag Plevna selbst.

Bei einer Vorrückung gegen diese Front zeigten sich südlich der Chaussée zunächst als die natürlichsten Vorrückungs-Linien, zwei für Fuhrwerke ganz praktikable Wege, welche beide von Pelisat directe auf Plevna ziehen.

Der nördliche führt in der Mitte der plateauartigen Abdachung, zwischen dem Grivica- und Tučenica-Bache directe gegen die Front; der südliche zieht zuerst im Tučenica-Bache, dann von Tučenica an über einen kleinen Rücken nach Radisevo in die Radisevo-Schlucht; und aus dieser heraus über ein freies eingesehenes Vorfeld gegen den rechten Flügel der südlich der Chaussée angelegten türkischen „Radisevo-Front".

Auf diesen 2 Wegen vorrückend, gelangt der Angreifer in der Höhe des Ortes Radisevo in den Geschützbereich der feindlichen Werke.

Man steht dann allerdings nur mehr 6—7000 Schritte von Plevna: der Ausschuss auch dieser Werke ist aber fast ganz unbehindert; gedeckte Annäherung kaum weiter als bis auf 1500 Schritte möglich.

Eine Umgehung dieses Abschnittes war nur durch ein Ausholen jenseits der Tučenica-Schlucht, etwa in der Art möglich, dass man von Pelisat über Bogot bis an die Chaussée Lovča—Plevna ausgriff, welche parallel mit dem Tučenica-Bach directe nach Plevna und in den Rücken der bisher geschilderten 2 Vertheidigungs-Abschnitte führte.

Der Angriff auf diese im Ganzen 10.000 Schritte breite und starke Front musste, je genauer man die Karte studirte, um desto misslichere Chancen zeigen.

Für einen Frontal-Angriff zeigten sich der Ort Grivica an der Chaussée, und Radisevo mit dem Rücken nördlich davon als die natürlichen und einzigen Stützpunkte; sie waren 6—7000 Schritte von einander, 3000 Schritte von der feindlichen Front entfernt; also ganz geeignet, um auf sie basirt, die eigentlichen Angriffs-Anstalten zu treffen.

Der allgemeinen Verhältnisse wegen, zeigte der Angriff auf den zurückgebogenen rechten türkischen Flügel, auf die Radisevo-Front mehr Chancen als der gegen den linken Flügel, auf die Grivica-Redouten.

In Hinsicht einer Umgehung musste man daran festhalten, dass man unter allen Verhältnissen die Chaussée nicht aufgeben, also den Ort Grivica selbst in die eigene Front einbeziehen musste.

Man konnte dann nur zwischen zwei Entschlüssen schwanken.

a) Grivica als Stützpunkt des linken Flügels halten und mit der Hauptkraft zwischen dem Bukova-Bach und Vrbica, also in etwa derselben Richtung vorgehen, wie am 20. August. Die Ausdehnung hätte dann etwa 10.000 Schritte betragen; die Action hätte in einem Haupt-Angriffe auf Bukova und die dortigen Verschanzungen gegipfelt; der Flügel bei Grivica hätte, etwa 10.000 Schritte entfernt, sich selbst überlassen werden müssen.

b) Grivica als Stützpunkt des rechten Flügels halten, und um dieses Pivot herum, beiderseits des Tučenica-Baches, in Staffeln vom linken Flügel vorwärts, über Brestovec auf Plevna vorgehen.

Dieser Angriff hätte die Bildung dreier Colonnen — auf Grivica, auf Radisevo und der Haupt-Colonne auf Brestovec — und die Ansammlung des linken Flügels und der Reserven etwa bei Bogot, bedingt.

Von Grivica nach Radisevo sind 6000, weiter nach Brestovec wieder 6000 Schritte; die Front-Ausdehnung hätte daher etwa 12.000 Schritte betragen.

Die beiden Colonnen vor der Grivica- und Radisevo-Front hätten nur den Gegner festhalten, und durch ihr Auftreten die Vorrückung der Haupt-Colonne unterstützen müssen.

Nach der organisatorischen Gliederung der Truppen Krüdener's, hätte man im ersten Fall etwa die 30. Infanterie-Division als linken Flügel nach Grivica disponiren, mit etwa $2^1/_2$ Divisionen, dem IX. Corps und der halben 11. Division den Hauptstoss machen können.

Im zweiten Falle hätte man ähnlich etwa eine Brigade zur Festhaltung von Grivica, eine Brigade zur Festhaltung von Radisevo und dem Rücken nördlich davon, und $2^1/_2$ Divisionen zum Vorstosse über Brestovec verwenden können.

Von diesen beiden Umgehungs-Varianten bot ebenfalls die südliche mehr Chancen, als die Wiederholung des am 20. gescheiterten Angriffes.

So trennend auch der Tučenica-Bach wirken, so isolirt und verlassen sich auch die beiden Commandanten in Grivica und bei Radisevo vorkommen konnten, so hätte der Hauptstoss dafür auf die Hauptpulsader der Türken getroffen, auf die Chaussée, die von Plevna zur Wid-Brücke und von da nach Sofia oder Widdin führt, und die 7—8 Kilometer lang gewissermassen bloss lag.

Dass die Türken die 10.000 Schritte breite Front bei Grivica und Radisevo halten und auch noch Kräfte genug haben würden, um bei Brestovec dem Andringen von 5 Brigaden zu widerstehen, war möglich, aber nicht wahrscheinlich.

Von diesen drei Varianten entschied sich General-Lieutenant Krüdener für die erste, den Frontal-Angriff. Dieser erforderte keine langen Vorbereitungen. Die Zeit drängte; er sagte der Gefechtsweise der Russen am meisten zu; der Corps-Commandant mochte auch ein Ausgreifen über die Lovčaer Strasse in Hinsicht auf seine Kräfte für zu riskirt halten.

Krüdener selbst, mit 2 Divisionen des IX. Corps, ging von Trstenik gegen Grivica, nördlich der Chaussée, Schachowskoi mit 1 Division, der halben 30. und halben 32. südlich derselben über Pelisat auf Radisevo los.

Eine Brigade, die halbe 30. folgte an der Chaussée als allgemeine Reserve.

Eine Cavallerie-Brigade cotoyirte rechts; die kaukasische Kosaken-Brigade mit etwas Infanterie, unter dem General Skobelew, hatte die linke Flanke namentlich gegen Lovča hin zu sichern.

Die Colonnen brachen um 3 Uhr Früh auf; die nördliche von Trstenik, die südliche von Poradim.

Von Trstenik nach Grivica, und von Poradim nach Radisevo sind je 15 Kilometer oder 4—5 Stunden Gefechts-Marsch.

Die Colonnen trafen gegen 9 Uhr vor der Front der türkischen Aufstellung ein.

Dichter Nebel verhinderte die feindliche Aufstellung genauer zu beurtheilen; er ward weder zu einer überfallsartigen Annäherung, noch zu eingehenderen Recognoscirungen benützt.

Die Artillerien setzten sich, Distanz 3—4000 Schritte vom Feinde, in's Feuer; sie hatten aber nur hie und da wirklich ausnehmbare Ziele. Die Türken erwiderten dieses Feuer nur ab und zu.

Die Kanonade dauerte bis Nachmittags.

Das Gros war einstweilen vollkommen aufmarschirt und stand Gewehr bei Fuss.

Zwischen halb 3 und 3 Uhr gehen nun beide Colonnen zum Angriffe auf die türkischen Stellungen vor.

Das türkische Gewehrfeuer macht sich schon auf 2000 Schritte Entfernung vom Feinde bemerkbar. Die Verluste wachsen rapid.

Das frontale Anstürmen der Truppen Krüdeners von Norden und Osten her, gegen die Grivica-Redouten, erweist sich sehr bald als vollkommen aussichtslos; auch ein Theil der allgemeinen Reserve geht in diesen fruchtlosen Versuchen auf.

Bei der Colonne Schachowskoi gelingt es dem energischen Ansetzen der sehr tief formirten Angriffs-Colonnen, unterstützt durch eine rationellere Artillerie-Verwendung, wenigstens in die feindlichen Verschanzungen einzudringen.

Der Versuch, sie zu behaupten, wird jedoch angesichts der zweifellosen Ueberlegenheit des Gegners und dessen günstiger Aufstellung alsbald aufgegeben.

Skobelew schliesst sich, als er erfährt, dass von Lovča her keine Gefahr droht, jenseits des Tučenica-Baches vorgehend, der allgemeinen Vorrückungs-Richtung Schachowskoi's an; er dringt mit einzelnen Abtheilungen sogar in Plevna selbst ein.

Die türkischen Reserven hatten ihre Aufstellung an dem Ost-Ausgange von Plevna; dort, wo sich der Grivica- und Tučenica-Bach vereinigen und die beiden Abschnitte endigen; sie waren ebenso leicht östlich, als westlich der Tučenica-Schlucht in's Gefecht zu bringen.

Es war ihnen ein Leichtes, die durch die bisherigen Verluste erschütterten und durch keine Reserven unterstützten Abtheilungen Schachowskoi's und Skobelew's zurückzuwerfen.

Am Abende des 30. lagerten Krüdener's Truppen wieder in Trstenik und Poradim, 15 Kilometer rückwärts des Schlachtfeldes, von einzelnen Tscherkessen-Haufen umschwärmt, in ihrem taktischen Verbande theilweise gelockert und tief erschöpft.

Am 31. fand keine Verfolgung statt; trotzdem brachte ein Zufall eine volle Panik an der Brücke von Sistova hervor.

Ueber Osman Pascha's Verfahren haben wir nur wenig nachzutragen.

Er blieb am 21. und auch die nächstfolgenden Tage ruhig in Plevna.

Es ist constatirt, dass er den Befehl gab, die Jägergräben und kleinen Batterien, welche vom 17. oder 18. Juli an, wie dies die Türken von Alters her zu thun pflegten, zum Schutze des Lagerraumes bei Plevna, in unmittelbarer Nähe der Stadt, erbaut worden waren, und welche am 20. so gute Dienste leisteten, planmässig zu vergrössern, und Plevna zu einem place du moment herzurichten.

Dieser Aufgabe unterzog sich Riza Bey, indem er dem bestandenen engeren Gürtel bis zum 30. im Osten drei und im Südosten vier geschlossene Werke und eine Anzahl von Logements und offener Batterien schachbrettförmig auf etwa 2—3000 Schritte als weiteren Gürtel vorlegte, mit nicht zu läugnendem seltenen Geschick.

Zur Sicherung der Verbindung Osman's mit Sofia und zur Deckung der auf dem Bergrücken zwischen Isker und Wid ziehenden grossen Strasse, war die Besetzung von Lovča, das 45 Kilometer dem Wid vorgeschoben liegt, jedenfalls die zweckmässigste Massregel.

Lovča ist selbst, nach der allgemeinen Operations-Karte, mit der Chaussée nach Sofia durch 2 Wege, — der eine über Ugurceni, der andere über Turski-Ivor ziehend, — verbunden.

Am 25. bricht Adil Pascha nach Lovča vor.

Diese Unternehmung diente also nach unserer Ansicht hauptsächlich defensiven Basirungs-Zwecken. Osman Pascha — bisher nur auf Widdin basirt, führte nunmehr auch die Basirung auf Sofia durch.

Durch die Besetzung Lovča's veränderte Osman Pascha seine bisher rein östlich blickende Front in eine nordöstlich sehende; er war jetzt besser basirt, konnte ebenso gut auf Maḥaleta in der Richtung auf Widdin als unter dem Schutze Lovča's zwischen Isker und Wid zurückgehen.

Welche Gründe ihn von einer Offensive auf Sistova abgehalten haben mögen, glauben wir zum Theile schon in der Besprechung der Verwendung des VIII. russischen Corps angedeutet zu haben; theils werden wir noch später darauf zu sprechen kommen.

Wir wissen ganz gut, was geschehen wäre, wenn Osman am 21. und 22. gegen Sistova rücksichtslos vorgestossen hätte, — und wenn das VIII. Corps in Tirnova und das XII. und XIII. jenseits der Jantra geblieben wären.

Was aber Osman Pascha bei einem solchen Vorstosse riskirte, welche Gefahr er lief, wenn er das IX. Corps nicht rasch cülbütirte und nun das VIII. Corps auf seine Rückzugslinie drückte, ist leicht abzusehen.

Wir wollen damit nicht sagen, dass es nicht ganz richtig gewesen wäre, wenn er wirklich angegriffen hätte.

Ein Napoleon hätte gewiss losgestossen; aber theoretisch genommen handelte Osman Pascha, nicht so genau orientirt über den Gegner wie wir, bescheiden aber nicht unrichtig, dass er sich nach der Abweisung Schilder's auf die Behauptung des Besitzes beschränkte; sich wohnlich einrichtete, breit basirte etc.; er war ja nur ein Theil, ein kleiner Theil des Ganzen.

Für die schwache Ausbeute der Schlacht vom 30. hingegen wüssten wir kaum einen andern Grund anzuführen als den, dass sich Osman eben zu einer Offensive überhaupt zu schwach fühlte; damals gab ihm der Besitz von Lovča schon eine ganz bedeutend grössere Actionsfreiheit; Adil Pascha und die Entfernung — 32 Kilometer — garantirten ihm zum mindesten 2 Tagmärsche, sie sicherten vollkommen seine rechte Flanke und die Wid-Brücke.

Dieses Mal ist es auch vom theoretischen Standpunkte kaum zu erklären, warum Osman am 31. nicht versuchte, etwa bis Bulgareni — halben Wegs nach Sistova — zu gelangen. Er konnte ja immer wieder nach Plevna zurückkehren.

Die moralischen Wirkungen des 30. Juli blieben aber auch so ganz bedeutende.

Das Hauptquartier des Grossfürsten brach noch in der Nacht auf den 31. von Tirnova auf und etablirte sich in Bjela.

Die neu eingesetzte Regierung und der bereits in Tirnova in Thätigkeit gesetzte Administrations-Apparat beeilten sich, ihm zu folgen.

Der russischen Armee war derart in Osman Pascha ein ganz mächtiger und gefährlicher Feind erstanden.

Mächtig, denn er war stärker als die $3^{1}/_{4}$ Divisionen, die ihn angegriffen und den dritten Theil aller über die Donau gezogenen Streitkräfte bildeten. — Gefährlich, denn er stand zum zweiten Male siegreich 60 Kilometer von Sistova und momentan war ihm nichts gegenüber, als das stark angegriffene Corps Krüdener's.

Noch am 1. Juli ward im kaiserlichen Hauptquartier zu Bjela der Befehl zur Mobilisirung und Heranziehung weiterer 7 Infanterie- und 2 Cavallerie-Divisionen, des Garde- und des Grenadier-Corps, sowie der 24. und 26. Division unterzeichnet.

Ob trotz der geringen Kräfte, die dem russischen Ober-Commando im Juli zur Verfügung standen, dieses Plevna abzuwenden war?

Manche sagen, die Russen seien durch das glückliche und fast unblutige Gelingen des Donau-Ueberganges verwöhnt gewesen.

Sie wollten nicht glauben, der bei Plevna angelangte türkische Heerestheil könnte wirklich eine ernste Gefahr sein.

Die erste Schlacht bei Plevna — ihre Bedeutung und ihre Folgen — wurden in den Tagen des 21. und 22. im russischen Hauptquartier gewiss auf das verschiedenartigste commentirt; bald übertrieben, bald unterschätzt, — nach Augenblick und Einwurf wechselnd. Sicher stritten sich offen oder im Geheimen der kühnere Gedanke mit dem vorsichtigen, — der Optimismus mit dem Pessimismus. Vielleicht übersprangen auch, wie dies ja oft zu gehen pflegt, die Vertheidiger der einen Anschauung nach und nach oder plötzlich zu der andern.

Das Resultat dieser Controversen, in soweit sich dieses überhaupt in den Entschlüssen des Armee-Commando's wiederspiegeln konnte, — war im Ganzen ein die Bedeutung Plevna's unterschätzendes. — Theoretisch genommen, ist daran nichts zu mäkeln. Wer wird sich gleich durch jeden Zwischenfall von der einmal gefassten Idee abbringen lassen? — Man könnte höchstens sagen: Es fehlte die momentane Eingebung, — die Divination!

In diesem Sinne möchten wir glauben, das Plevna vom 30. Juli sei nur dadurch zu erklären, dass die Russen zu methodisch, zu consequent waren. —

Als ob man je zu methodisch, zu consequent sein könnte? — Im Organisiren nicht. — Im Kriegführen ja.

Am 27. Juni überschifften die Russen ein ganzes Corps, aber erst am 2. beginnen sie den Uebergang des Gros. Am 1. nehmen sie Bjela, aber erst am 10. wenden sie sich nach Nikopolis.

Am 15. Juli erfährt das IX. Corps, — am 17. das Hauptquartier, dass in seiner rechten Flanke ein bedeutender türkischer Heerestheil erschienen sei.

Die Schlacht am 20. und die Einnahme von Lovča erweisen eine gewisse Gefährlichkeit dieses Gegners; — aber statt dem damit gegebenen Impulse nachzugeben, gewinnt der Gedanke an eine combinirte Offensive des IX. und des momentan disponiblen VIII. Corps in starrem Festhalten an dem allgemeinen Operationsplane offenbar keinen rechten Boden.

Uns scheint, dass diese gewiss auch im Hauptquartier zu Tirnova vertretene Ansicht eines Vorstosses des VIII. Corps gegen Plevna von Süden, in Verbindung mit einer Action des IX. Corps und der etwa bis dahin schon herangerückten Verstärkungen von Poradim her, die meiste Berechtigung gehabt hätte.

Aber wir können uns allerdings jetzt viel leichter entschliessen, das VIII. Corps von Tirnova wegzuziehen, als dies damals dem russischen Hauptquartier gefallen wäre.

Sich sofort von der Idee eines Balkan-Ueberganges zu emancipiren und sich zu entschliessen, in der Geschwindigkeit noch früher bei Plevna aufzuräumen: das wäre ein ganz selten gewaltiger Entschluss gewesen.

Wir gestehen desshalb gerne ein, dass wir uns den Ideengang ganz gut vorstellen können, der Ursache war, dass man das VIII. Corps n i c h t nach Plevna dirigirte.

Unmittelbar nach dem Donau-Uebergange griff man vielleicht zu wenig energisch zu; nach dem 20. als man sich entschied, keinen Mann von Tirnova und vom Lom wegzuziehen, und doch par force zum Angriffe auf Plevna drängte, war man vielleicht zu sehr energisch und zu sehr von dem ein Mal acceptirten Modus eingenommen. Wenigstens heute scheint das so.

Es fehlte die Biegsamkeit; man hielt am 21. und 22., ja selbst am 27. noch an der ursprünglichen Kräfte-Verwendung fest.

In diesem Gedankenkreise festgebannt, nahm man bezüglich Osman's die für ihn ungünstigsten Verhältnisse an. Man unterschätzte ihn.

Trotzdem wagte man nicht mehr, dass VIII. Corps dem General-Lieutenant Gurko nachzusenden; ja man nahm nach der Wegnahme Lovča's sogar eine Operation des VIII. Corps gegen Lovča in Aussicht.

Wenn man sich sofort am 21. oder 22. zu einer solchen entschlossen hätte, so konnte das VIII. Corps schon am 25. in Lovča stehen und den Vorstoss Adil Pascha's noch gerade zu rechter Zeit auffangen.

Da man nicht den Muth hatte, es vor Erledigung der Plevnaer Frage über den Balkan zu schicken, aber auch nicht den Schwung, es sofort gegen Plevna hin zu verwenden, so kam es schliesslich richtig dazu, dass das VIII. Corps unthätig bei Tirnova stehen blieb, während Krüdener bei Plevna, und Gurko bei Jenizara der feindlichen Uebermacht erlagen.

Nach diesen Erfahrungen, — analog wie aus dem Beharren Benedek's im Jahre 1866 auf der ein Mal gefassten Idee: nach Jičin zu marschiren, wo er doch so bequem bei Skalitz eine Entscheidung führen konnte, — müsste man fixe, starre Programme überhaupt total verwerfen.

Vielleicht zeigt sich in dem beweglichen, rasch von einem Durchführungs-Modus zum andern überspringenden Geiste die Gefährlichkeit und Bedeutung eines Feldherrn am allerbesten.

Grosse feste Ideen, aber ja kein starres Programm! Bei aller Consequenz doch eine gewisse feinfühlige Weichheit und Biegsamkeit.

Als Napoleon sich 1806 gegen Leipzig vorbewegte und noch nicht genau wusste, ob die Preussen und die Sachsen westlich der Saale standen, — es also auch möglich war, dass die Sachsen noch bei Dresden zu finden waren — schreibt er an Soult:

„Halten Sie nur ihre Truppen gut beisammen; meine Corps stehen so, dass sie ebenso nach Weimar links einschwenken können, als nach Dresden rechts."

„Das wäre ein Vergnügen, vor Dresden anzukommen, in einem Bataillons-Carré von 400.000 Mann."

Solche Manöver erfordern ausser vollständiger Beherrschung der Technik grosser Armee-Bewegungen gewiss auch eine ganz seltene Elastizität des Geistes.

Dieses Gefasstsein auf verschiedene Alternativen; diese hinterhältige Bereitschaft, aus jeder Alles zu machen; dieses sofortige Auffassen neuer Situationen, das Herausfinden ihrer Pointe; das divinatorische Aufblitzen eines neuen Planes innerhalb der grossen Idee; das rasche Aufraffen zu einem neuen Entschlusse, dieses unverfrorene Zugreifen zu jeder Chance, die sich bietet und dieses Bereitsein zu einem rücksichtslosen Einsetzen aller Kräfte — bald links, bald rechts — bald gegen Jena, bald gegen Dresden — bald gegen Landshut, bald gegen Regensburg: — das Alles erst verräth die Meisterhand.

Man kann dies Alles dafür auch nur bewundern; die Berechtigung theoretisch nachweisen zu wollen, ist einfach unmöglich.

Das Festhalten an einer Idee kann ein Mal so gut sein, als es ein anderes Mal unrichtig wäre. Es gibt im Kriege nur e i n e Consequenz, die Consequenz der Zweckmässigkeit.

So viel über die allgemeinen Verhältnisse, welchen die Idee und die allgemeine Anlage der zweiten Schlacht von Plevna entsprangen.

Aber auch die Durchführung dieser Idee bietet ein interessantes Moment.

Der Hauptangriff auf Plevna ward angeordnet, als vom XI. und IV. Corps erst $1^{1}/_{2}$ Divisionen eingetroffen waren.

Wir wissen nicht, ob es wahr ist, dass die 2. Division des IV. Corps am 30. noch über die Brücke defilirte, wir wissen auch nicht, ob die 11. Division des XI. Corps wirklich erst in diesen Tagen gegen Osmanbazar abgesendet wurde. Sicher ist, dass am 29. am Vorabende der Schlacht weder gegenüber Plevna, noch gegenüber Lovča die Vorbereitungen genügend weit gediehen waren.

Die vom VIII. Corps gegen Lovča ergriffenen Anstalten waren nicht über die ersten Anfänge hinaus; — eine Brigade stand in Gabrova, ein Detachement in Selvi.

Von einem Zusammenwirken der gegen Plevna Seitens Krüdener's und der gegen Lovča Seitens des Fürsten Mirski, Commandanten der 16. Division des VIII. Corps, eingeleiteten Operationen konnte keine Rede sein.

Das russische Hauptquartier hätte demnach zweifellos gut gethan, dem Verlangen Krüdener's nachzugeben, den Angriff um einige, 2—3 Tage zu verschieben.

Als Revanche dafür konnte man dann denselben, verstärkt durch je eine Division des IV. und XI. Corps, ausführen; mit etwa 6 Divisionen bei Plevna, — mit $1^{1}/_{2}$ Divisionen des VIII. Corps bei Lovča auftreten.

Dieses Drängen des Hauptquartiers war schon an und für sich ganz geeignet, eine weit aussehende Vorbereitung und Einleitung der Operation Krüdener's zu unterbinden; — die Ungeduld des Hauptquartiers theilte sich wohl auch dem Corps-Commando mit. — Wie schon so oft, ging auch hier aus allen möglichen grossen Plänen zum Schlusse ein ganz kleiner, primitiv angelegter, rein frontaler Angriff, eine Art Verzweiflungs-Sturm hervor.

Der Angriff am 30. geschah „auf Commando." Vielleicht ist dies die Hauptursache, dass auch die taktische Anlage und die Durchführung keine besonderen Lichtseiten zeigte.

Die Ansicht, dass die Trennung in 2 Colonnen und die gleichzeitige Aufbruchstunde derselben an der Niederlage besonders Schuld waren, vermögen wir jedoch nicht zu theilen.

Die Trennung in 2 Colonnen war durch das Terrain und die breite Angriffsfront geboten; die gleiche Aufbruchstunde war durch die sehr bedeutende Entfernung von den Angriffs-Objecten ohne jeden Einfluss auf die spätere Gruppirung zum Angriffe.

Eher könnte man aussetzen, dass die für den Hauptangriff auf die Grivica-Redouten gewählte Richtung nicht so viel Chancen bieten konnte, wie die über Radisevo.

Die russischen Truppen — unter Schachowskoi — setzten übrigens so energisch an, dass in Folge dessen allein der Angriff auch trotz der mangelhaften Einleitung hätte gelingen können, wie so Vieles durch Energie allein gelingt, was sonst nicht genügend fundirt ist.

Er misslang; — nicht weil sich Krüdener und Schachowskoi trennten und eine Lücke zwischen ihnen entstand; er misslang, weil er mit zu schwachen Kräften rein frontal gegen eine befestigte und besetzte Aufstellung geführt ward.

Er misslang mit grossen Verlusten, weil man die Angriffs-Colonnen zum Theile ohne Rücksicht auf die Artillerie-Vorbereitung vorführte und weil man dem Weitfeuer der Türken machtlos gegenüber stand.

Er zerschellte schliesslich wie der erste, abgesehen von der numerischen Ueberlegenheit, an der ernsten Ruhe des gegnerischen Commandanten, an dessen einfachen Dispositionen.

Wie die Sachen lagen, hätte es wahrscheinlich auch nichts genützt, wenn man mit der Hauptkraft links angegriffen und sich an und nördlich der Chaussée mehr defensiv gehalten hätte.

Es hätte vielleicht auch nichts genützt, wenn man den linken Flügel von Bogot her, über Brestovec und Krshine auf Plevna dirigirt und es riskirt hätte, sich bei Radisevo und Grivica nur mit schwachen Kräften, gegenüber der so starken Front zu halten; vielleicht hätte auch die Theilnahme der noch jenseits der Donau befindlichen Divisionen des IV. und XI. Corps an dem Endresultate nichts geändert.

Aber die Kritik hätte dann vielleicht gefunden, die Russen seien nach allen Regeln der Kunst geschlagen worden.

So blieb ihnen nicht einmal dieser Trost.

XV.

Die Operationen Gurko's und Suleiman's südlich des Balkans.

20. bis 31. Juli.

Während nördlich des Balkans plötzlich Osman Pascha die Aufmerksamkeit auf sich zog, glänzte südlich desselben die russische Cavallerie und ihr berühmter Führer.

Die türkische Kriegs-Verwaltung soll schon Anfang Juli, ziemlich unabhängig von dem Serdar Ekrem der bulgarischen Armee aus den südlich des Balkans isolirt stehenden Bataillonen zur Vertheidigung der westlich Schumla gelegenen Balkan-Uebergänge die Bildung eines eigenen Heerestheils von 14—16 Bataillonen Infanterie und einem Bataillon Artillerie verfügt haben. Reuf Pascha ward zum Commandanten dieses Corps ernannt.

Zur Zeit, als Gurko zwischen den 7. und 12. Juli zur Balkan-Ueberschreitung ansetzte, war die Besetzung der einzelnen Balkan-Uebergänge, wie schon angedeutet, nur im Schipka-Passe mit 4 bis 5 Bataillonen und starker Artillerie bewirkt.

Der Rest, 10—12 Bataillone, stand noch vereinzelt im Tundža-Thale; 4—5 Bataillone standen in Kazanlik und Maglis, 2—3 Bataillone in Tvardica, 4—5 Bataillone in Jenizara.

Mit diesen hatte Gurko aufzuräumen, als er am 14. und 15. aus dem Hainkiöj-Passe debouchirte.

Am 16. Morgens stand er am Defilé-Ausgange mit 10 Bataillonen, 30 Escadronen und 4 Batterien zu weiteren Operationen bereit.

Hätte man russischerseits den erst durch General Rauch's Pionniere zur Noth für Geschütze praktikabel gemachten Hainkiöj-Pass als Verbindungs-Strasse über den Balkan gelten lassen können, so hätte der Uebergang Gurko's gewissermassen die unmittelbare Einleitung für einen Vorstoss auf Adrianopel gebildet.

Hiefür mochte aber dieser Weg doch zu prekär erscheinen und wohl desshalb ward dem GLt. Gurko als nächstes Ziel die Eröffnung der Schipka-Passage bezeichnet.

Die am 15. ausgesendeten Recognoscirungs-Patroullen meldeten, dass in Uflani westlich, in Tvardica östlich, in Jenizara südlich, vereinzelte Abtheilungen — je 3—5 Bataillone Türken — stünden. Man hatte also die im Tundža-Thale stehenden Abtheilungen während ihrer Concentrirung überrascht und vollkommen getrennt, ihre Aufstellung durchbrochen; man konnte daher auch im Sinne eines Durchbruches sich nach rechts o d e r nach links wenden, um mit den überraschten Theilen rasch aufzuräumen.

Während sich die Hauptkraft Gurko's auf einen der getrennten Theile warf, musste durch gleichzeitiges Hinausschieben der Flankensicherungen der Raum vor dem Hainkiöj-Passe erweitert, das Debouchiren der nachrückenden Brigaden gesichert werden.

Nach dem Eintreffen derselben, oder wenn die Verfassung des Gegners das Abwarten derselben unnöthig machte, auch früher, konnte man schliesslich den Vorstoss auf das bloss 6 Tagmärsche entfernte Adrianopel wagen.

Gurko wandte sich zuerst gegen Westen; er verwendete, wie schon erwähnt, den 16., 17., 18. und 19. zur Offensive gegen Kazanlik und gegen den Schipka-Pass.

Nach der Einnahme desselben, eigentlich nachdem man sich derart in der rechten Flanke Luft gemacht hatte, konnte man abermals zwischen zwei Entschlüssen schwanken:

a) entweder sich gleich dem Hauptziele Adrianopel zuzuwenden, unbekümmert um die gegen Jenizara hin abgetrennten Theile des Gegners, oder

b) in Vervollständigung des mit dem Angriffe auf Kazanlik und Schipka begonnenen Durchbruches, sich sofort nach Jenizara wenden und mit den nach Osten hin abgetrennten Theilen des durchbrochenen Reuf'schen Corps aufräumen.

Im ersten Falle musste man sich gegen Jenizara durch die Postirung einer Abtheilung, etwa zwischen Eskizara und Jenizara;

im zweiten Falle durch Vorschieben von Flankensicherungs-Abtheilungen gegen Karabunar und Haskiöj sichern.

Durch das Eintreffen einer Brigade des VIII. Corps zählte Gurko schon am 21. 3 Infanterie-Brigaden (16 Bataillone) und 3 Cavallerie-Brigaden (à 10 Escadronen) und 8 Batterien.

Man konnte also 1 Infanterie- und 1 Cavallerie-Brigade zur Sicherung, sei es gegen die eine, sei es gegen die andere Seite, verwenden, und mit 2 Infanterie- und 2 Cavallerie-Brigaden den Hauptstoss auf Karabunar oder Jenizara führen.

Rechnete man den 20. und 21. als vollständigen Ruhetag, so konnten am 22. die Gros der weitgehenden Streif-Commanden abreiten und am 23. das Gros von Kazanlik aus folgen.

Nach den Distanzen zu urtheilen, konnte dieses dann bequem am 25. Abends vor Karabunar oder vor Jenizara eingetroffen sein.

Gurko begann die Offensive gegen Adrianopel wirklich am 22. mit der Entsendung grösserer Streif- und Recognoscirungs-Commanden:

a) in südlicher Richtung über Eskizara nach Karabunar und Tirnova an der Eisenbahn nach Jamboli gelegen, (80 Kilometer von Kazanlik, halber Weg nach Adrianopel);

b) in rein östlicher Richtung auf Jenizara;

c) in rein südlicher Richtung auf Haskiöj.

Diesen Commanden folgte, aber erst am 25., Prinz Leuchtenberg nach Eskizara; Gurko selbst blieb auch dann noch in Kazanlik, angeblich, um das Eintreffen der Bagagen zu erwarten.

Die Streif-Commanden fanden schon am 24. bedeutenderen Widerstand bei Karabunar und Tirnova, — bei dem befestigten Jenizara, — schliesslich stärkere feindlichere Abtheilungen in Haskiöj.

Verlässlichen Nachrichten zufolge, sollte Reuf Pascha mit dem Gros der in den letzten 8 Tagen gesammelten Truppen in Jenizara stehen.

Gurko wusste sich somit vom 25. an in Mitte eines Halbkreises, je circa 60 Kilometer von den ihn umgebenden feindlichen Abtheilungen entfernt.

Die kürzeste Richtung auf Adrianopel führte über Eskizara und Karabunar. Die Schwerkraft des Feindes lag allem Anschein nach östlich bei Jenizara.

Es war die höchste Zeit, sich für das eine oder das andere zu entscheiden.

Gurko brach am 27. auf, u. zw. nach Osten.

Er erreichte am 29. nach 3 kleinen Märschen die Gegend von Jenizara, während Leuchtenberg zur Sicherung der rechten Flanke bei Eskizara stehend, vom 25. an seine Patrullen vergebens über Karabunar und Haskiöj vorzutreiben suchte.

Am 29. sollte Leuchtenberg, trotzdem die Ansammlung bedeutender Streitkräfte vor Adrianopel constatirt war, von Eskizara ebenfalls gegen Jenizara (36 Kilometer) aufbrechen.

Beide zusammen — 3 Brigaden stark — wollten dann am 30. den auf 10—12.000 Mann geschätzten und in Jenizara befestigten Reuf Pascha angreifen.

Mittlerweile war aber ein viel gefährlicherer Feind erschienen.

Die Truppen, auf welche Leuchtenberg's Reiter schon am 24. im Südosten und Süden bei Karabunar und Trnova und bei Haskiöj trafen und die sich auch den später wiederholten Recognoscirungs-Vorstössen Leuchtenberg's auf Adrianopel entgegenstellten, waren nicht mehr von Reuf Pascha's Corps; sie gehörten schon der Armee Suleiman's an.

Am 16. Juli begann im Hafen von Antivari die Einschiffung der Armee Suleiman's.

Nach der Forcirung der Duga-Pässe, und nachdem er Montenegro der Länge nach durchzogen, hatte Suleiman seine 32 Bataillone mit den 28 Bataillonen Ali Saibs vereinigt.

Seine Armee bildete jetzt 8 schwache Brigaden à 3—4000 Mann. Wie natürlich war sie für den Feldzug in Montenegro mit ausserordentlich wenig Artillerie und Cavallerie dotirt.

Mit 6 Brigaden, etwa 50 Bataillonen, schiffte er sich ein.

Gegen die Montenegriner blieben von seiner Armee nur 10 Bataillone und die 35 Bataillone Mehemet Ali's im Felde. Im Ganzen 35 Bataillone oder 20—25000 Mann.

Am 19. Juli schon soll Suleiman selbst mit dem ersten Transport im Hafen von Enos an dem Endpunkte der Eisenbahn Makri—Adrianopel gelandet haben. Die Truppen wurden sofort per Bahn, die 150 Kilometer nach Adrianopel weiter befördert.

Die Ausschiffung der Truppen in Adrianopel begann noch am 20.; am 24. standen bereits Truppen Suleiman's bei Karabunar, 90

Kilometer westlich von Adrianopel; diese waren es, die zum Theile die von Gurko anbefohlenen Zerstörungen der Eisenbahn verhinderten.

Zwischen dem 20. und 23. ward das Gros der Armee Suleiman's in Adrianopel ausgeschifft.

Reuf Pascha stand damals 100 Kilometer oder 4 Märsche nördlich von Adrianopel in Jenizara; er hatte die durch Gurko nach Osten abgedrängten Bataillone dahin gezogen; einige weitere Verstärkungen von Adrianopel ebenfalls dahin beordert, war dadurch 10—12 Bataillone stark geworden, und hatte sich in Jenizara selbst verschanzt.

Gurko stand damals mit dem Gros bei Kazanlik mit einer starken Avantgarde in Eskizara, 5—6 Märsche von Adrianopel; 3 Märsche von Jenizara entfernt.

Viele Ueberlegung mochte da der türkische Operationsplan nicht kosten.

Wenn man nicht stehen bleiben wollte, so konnte man nur directe auf Eskizara und Kazanlik losgehen oder sich zuerst mit Reuf vereinigen.

Stehen bleiben war Suleiman's Sache nicht; die Stimme des Herzens zog ihn nicht nach Jenizara; — durch einen Vorstoss auf Eskizara degagirte er übrigens Reuf am allerbesten, ohne mit ihm in irgend welche Collision zu kommen; er wählte den geraden Weg auf Eskizara.

Der Vormarsch des Gros begann am 24.; nur 4 Tage später, als die Ausschiffung der ersten Truppen in Adrianopel begonnen hatte, weitere 4 Tage später, am 28., erschienen bereits die Têten des Gros bei Karabunar und Trnova; am 29. griffen sie schon Arabadzikiöj, südlich Eskizara, am 30. Eskizara selbst, 120 Kilometer weit von Adrianopel entfernt an.

In Eskizara waren am 29. von dem nach Jenizara abgerückten Prinzen Leuchtenberg, nur einige Bataillone der bulgarischen Legion als Rückendeckung zurückgeblieben.

Die Türken nehmen am 31. Eskizara, werfen die Bulgaren gegen Schipka zurück, und stehen damit auf der Rückzugslinie des Prinzen Leuchtenberg und Gurko's.

Gurko hatte dagegen am 30. wirklich Jenizara angegriffen und genommen.

Auf die Nachricht, von dem Einrücken bedeutender Kräfte in Eskizara, muss er aber Jenizara wieder aufgeben; er geht noch am 31. über den kleinen Balkan in's Tundža-Thal zurück.

Einige Tage später räumt er auch dieses. Er lässt ein Detachement zur Besetzung und Vertheidigung des Travna-Passes nördlich von Maglis; die 1. Brigade der 9. Division des VIII. Corps im Hainkiöj und östlich davon im Tvardica-Passe zurück; die 6 Bataillone der bulgarischen Legion blieben im Schipka-Passe als Besatzung der ehemals türkischen, nun gegen Süden hergerichteten Befestigungen, auf der Passhöhe nördlich des Dorfes Schipka; ein Infanterie-Regiment des VIII. Corps verstärkte sie.

Die Türken waren von Eskizara an nur langsam gefolgt; einzelne Abtheilungen erreichten vom 3. August an das Tundža-Thal. Das Gros blieb südlich des kleinen Balkans.

Dass sich Gurko nach der Durchführung der auf Kazanlik und Schipka gerichteten Aufgabe nicht sofort mit dem Gros gegen Jenizara und die Reste des Reuf'schen Corps wendet, dürfte am belehrendsten dadurch erklärt werden, dass er sich nicht recht als Commandant einer selbständigen Armee fühlen durfte, dass ihm in der Eroberung des Schipka-Passes ein zu beschränktes Ziel gestellt war.

In Verfolgung dieses mehr localen, taktischen Zweckes konnte er gar nicht dazu gelangen, die Situation des Gegners nach Art eines Durchbruches aufzufassen.

Er nahm den Schipka-Pass, hielt damit seine Haupt-Aufgabe für erledigt, und begann dann, nachdem er wahrscheinlich bis zum 24. vergeblich auf das Eintreffen des aus andern Gründen zurückgehaltenen VIII. Corps gewartet hatte, eine neue Operation.

Heute kann man mit Rücksicht auf die grossen Operationsziele und die gesammte Kriegslage, die Wegnahme des Schipka-Passes wohl nur als Operation zur Sicherung der eigenen rechten Flanke in Absicht eines Vorstosses auf Adrianopel, oder als den ersten Theil einer Durchbruchs-Operation ansehen, welchem nicht rasch genug der 2. Theil, der Stoss auf Jenizara, und nach diesem der Stoss auf Adrianopel folgen konnte.

Mit diesen Bemerkungen verfolgen wir nur den Zweck, auf den Werth des „bruter sur les cartes" aufmerksam zu machen, und auf die Zweckmässigkeit, sich so oft als nur möglich die eigene Aufstellung und die vermuthliche Aufstellung des Gegners bildlich klar zu machen.

Dann findet sich oft der Schlüssel für die Auflösung einer räthselhaft scheinenden Situation.

Man findet oft für sie einen theoretischen Ausdruck, eine anschauliche Formel; — man erkennt sie als geeignet für einen Durchbruch, für eine einfache Umgehung u. s. w.

Hand in Hand mit diesem Streben nach Versinnlichung der Situationen, erweist es sich auch manches Mal von Vortheil, die beiderseitigen Kräfte-Gruppirungen in geometrischen Figuren darzustellen, sich ihre Vertheilung zurecht zu legen; — es ist dies das natürliche und einzige Correctiv für die in den Momenten der Krisis oft kreuz und quer und nach dem augenblicklichen Bedarf — ohne einheitlichen Sinn — gewissermassen nur instinktiv angeordneten Truppen-Bewegungen.

Nur zu oft werden Brigaden und Divisionen in 5—6 und mehr Theile zerrissen; das ist manches Mal gar nicht zu vermeiden; aber Pflicht ist es, diese mehr primitive, momentan und nur in Ermanglung eines grossen Zieles zugelassene Zersplitterung und Verzettelung so rasch als möglich zu beenden, und wieder wenige, aber kräftige Gruppen mit bestimmten Zielen zu bilden.

Nicht uninteressant für die Beleuchtung der Operationen südlich des Balkans mag endlich auch die Erwägung sein, ob das VIII. Corps, wenn es, wie beabsichtigt, Gurko gefolgt wäre, im Vereine mit diesem das von Adrianopel her drohende Gewitter zu beschwören vermocht hätte.

Von Tirnova nach Kazanlik sind 3 Märsche á 20 Kilometer.

Das VIII. Corps am 20. in Marsch gesetzt, hätte demnach am 23. und 24. in Kazanlik, am 25. in Eskizara, am 27. in Karabunar eingetroffen sein können.

Es wäre gerade recht gekommen, um dem Stosse Suleiman's im ersten Stadium zu begegnen.

Die Sachlage südlich des Balkans mochte Gurko schon am 29. bedenklich verändert erschienen sein; vollkommen klärte sie sich erst am 31. durch die Wegnahme Eskizara's seitens der Suleiman'schen Armee auf.

Die Meldung Gurko's hierüber konnte, — da keine telegrafische Verbindung bestanden haben soll, — nicht vor dem 1. August, also erst 24 Stunden später, als die 2. Schlacht von Plevna den Aufbruch des russischen Hauptquartiers von Tirnova verursachte, dort eintreffen.

Die Nachricht über das plötzliche Auftauchen einer neuen Armee mochte an und für sich unangenehm berühren; indessen hätte ja auch Plevna allein den Rückzug Gurko's veranlasst.

So konnte man den Verlust der Errungenschaften südlich des Balkans leichter hinnehmen.

Die Situation hatte sich ja eben schon Plevna's halber in jeder Hinsicht gründlich geändert.

Osman's Erfolge, wie jene Suleiman's südlich des Balkans, — sie beide warfen die russische Heeresleitung mit ihren stark auseinander stehenden 12 Divisionen vollständig in die Defensive.

Sie trat zurück vor dem unerwarteten Auftreten dieser zwei neuen Macht-Factoren. Sie überliess — für den Augenblick war auch nichts anderes zu thun — die Initiative gänzlich ihren Feinden.

XVI.

Die türkische Offensive.

1. bis 31. August.

In den vorstehenden drei Kapiteln haben wir das Auftreten Osman's und Suleiman's als ganz selbständige, von einander unabhängige Actionen behandelt. Sie erschienen seinerzeit so; sie mögen auch heute noch Manchem so erscheinen.

Wir möchten glauben, sie entspringen einem und demselben Gedanken.

Erst Ende Juni, als durch die Ueberschiffung eines russischen Corps bei Sistova, durch den Beginn eines Brückenschlages und tausend andere Beweise, die Haupt-Angriffs-Richtung der Russen deutlich ausgesprochen war, erst damals ging man, wie es scheint, in Constantinopel daran, auf Mittel und Wege zu denken, der nunmehr als unausweichlich bevorstehenden Waffen-Entscheidung gerecht zu werden.

Erst damals fixirte man einen eigentlichen Operationsplan.

Die Aufgabe der Armee Abdul Kerim's konnte sich zwar nicht ändern. Sie bildete zufolge ihrer Zahl und Lage noch immer die Haupt-Armee für die Vertheidigung Bulgariens. Nur war sie nunmehr anders zu verwenden.

Total geändert stellten sich die Operations-Ziele der zweiten mächtigen Gruppe: Osman's in Widdin, und der dritten Gruppe: Suleiman's dar.

Die Widdiner Gruppe konnte wegen ihrer Lage zur feindlichen Armee, in drei Richtungen verwendet werden.

 a) Auf dem linken Donau-Ufer zu einem Vorstosse in die kleine Walachei;

 b) zu einem Vorstosse gegen die linke Flanke der Russen, entlang des rechten Donau-Ufers; allgemeine Richtung Plevna;

 c) Abmarsch von Widdin über Sofia, und mit einem grossen Umwege über Philippopel zur Haupt-Armee.

Um zu erörtern, ob der Vorstoss auf dem nördlichen Donau-Ufer, oder jener auf dem südlichen mehr Chancen für sich hatte, müsste man hauptsächlich die Thatsache in Betracht ziehen, dass bis Anfang Juli die vis-à-vis Widdin stehenden rumänischen Corps factisch nur zur Vertheidigung Rumänien's bestimmt schienen. Eine Offensive gegen sie, hätte sie natürlich schon damals vollkommen an die Seite Russland's gestellt.

Als sicher kann man annehmen, dass, wenn überhaupt früher die Idee bestand, Osman Pascha zu einem Vorstosse von Widdin aus auf dem nördlichen Donau-Ufer zu verwenden, diese Ende Juni vollständig fallen gelassen wurde.

An ihre Stelle konnte nur der Gedanke eines Vorstosses auf dem südlichen Donau-Ufer treten, u. zw. weniger zum Zwecke einer Entscheidung, als um vorläufig den Vormarsch der Russen zu verzögern, deren Kräfte von der Jantra und der Haupt-Armee ab, im Westen festzuhalten.

Eine Entscheidung zu suchen, konnte man wohl dem Corps Osman's nicht zumuthen.

Die dritte Alternative — Abmarsch zur Haupt-Armee — konnte wohl vernünftigerweise Ende Juni nicht mehr auf die Marschlinien nördlich des Balkans reflectiren.

Man konnte ihr nur durch einen weiten, etwa drei Wochen langen Umweg gerecht werden. Die Distanz Widdin — Sofia — Jamboli — Schumla misst etwa 400 Kilometer.

Die Heranziehung Suleiman's, des Haupttheiles der bisher gegen Montenegro im Felde stehenden Armeen auf den Haupt-Kriegsschauplatz dürfte ebenso Ende Juni festgesetzt worden sein.

Auch bei ihr konnte man schwanken, ob man nach bewirkter Heranziehung der Armee nach Rumelien, dieselbe selbständig auftreten lassen oder mit der Haupt-Armee bei Schumla vereinigen wollte.

Die Vorkehrungen zur Ueberschiffung der Suleiman'schen Armee und der Transport nach Adrianopel wurden, wie aus den schon gegebenen Daten wohl hervorgeht, in umfassender Weise getroffen.

Man konnte demnach hoffen, dass etwa in der dritten Woche des Monates Juli

1. das Corps Osman Pascha's sich entweder am Isker oder Wid an der West-Front der russischen Armee bemerkbar machen und alle gegen Sofia gerichteten Vorstösse aufhalten würde, oder bereits bei Sofia zum Weitermarsche an die Haupt-Armee eingetroffen sein würde; dass

2. die Armee Suleiman's etwa bei Adrianopel und Jamboli behufs Fortsetzung des Vormarsches an die Haupt-Armee angelangt sein könnte.

Ende Juli konnten dann entweder Osman Pascha am Isker oder Wid zur Deckung Sofia's, und Suleiman mit Abdul Kerim bei Schumla vereinigt stehen, oder es konnten alle drei Gruppen auf ein und dasselbe Ziel: — die Vereinigung bei Schumla reflectiren.

Allen Anzeichen zufolge entschied sich die türkische Heeresleitung schon Ende Juni, erstens: Osman Pascha als selbständige Gruppe zur Deckung Widdin's und Sofia's und zur Erleichterung der von der Haupt-Armee zu führenden, entscheidenden Operationen gegen die rechte Flanke der Russen zu dirigiren.

Ob ihm gerade Plevna als Marschziel angegeben wurde, ist zweifelhaft; — aber nicht unmöglich.

Diese Stadt, die bedeutendste ganz West-Bulgariens, liegt eben an der Vereinigung der Wege Widdin—Sistova und Sofia—Sistova.

Jedenfalls markirte Plevna die allgemeine Richtung seines Vormarsches.

Allerdings konnte es aber nur von den Massnahmen der Russen abhängen, in wie weit er sich diesem vorläufigen, natürlichen Endziele seiner Operationen würde nähern können.

Man entschied sich zweitens: Suleiman's Armee von Montenegro an die Haupt-Armee nach Schumla zu ziehen.

In diesem Sinne dürfte die türkische Heeresleitung die Weisungen an Osman und Suleiman, und im Anschlusse hieran die zur Vorbereitung des Schiff- und Bahn-Transportes nothwendigen Anordnungen in den ersten Tagen des Monats Juli erlassen haben.

Osman konnte sofort abrücken.

Wir haben gesehen, wie er, auf das Ausserordentlichste begünstigt, dem einzigen Uebergangspunkte der Russen, bis auf 3 Märsche unentdeckt nahe kam, wie er sich zwischen dem 17. und 20. Juli in Plevna festsetzte.

Wir ersehen aber auch, dass im Rahmen der allgemeinen türkischen Offensive betrachtet, seinem Vorstosse keineswegs die Rolle der entscheidenden Operation — vielmehr nur die des Festhaltens und Ansichziehens feindlicher Kräfte zukommen konnte.

Vielleicht erklärt sich durch diese Auffassung das Verbleiben Osman's in Plevna nach dem 20. und 30. Juli am besten.

Es war ihm eine Offensive nicht zugedacht, nur desshalb versäumte er die Gelegenheit, die errungenen Vortheile auszunützen. Er beurtheilte diese eben anders; im Sinne seiner Aufgabe, nicht der allgemeinen Lage.

Wir haben gesehen, wie Suleiman sich am 15. einschiffte, in einem mit grossen Geschicke vorbereiteten Schiff- und Bahn-Transporte zwischen dem 20. und 24., höchst wahrscheinlich mit dem Marschziele Schumla, in Adrianopel eintraf.

Mittlerweile — seit 15. — ist aber Gurko jenseits des Balkans erschienen. Am 19. hat er Schipka genommen. Am 20. ist die Nachricht hievon in Constantinopel.

Die übertriebensten Gerüchte von dessen Streifzügen im Tundža-Thale, und von dem bewaffneten Aufstande der Bulgaren haben Constantinopel auf das Höchste allarmirt.

Der Marsch Suleiman's gegen Schumla wird eingestellt.

Seine Armee erhält Befehl in Adrianopel auszuwaggoniren.

Sie biegt von ihrer Hauptmarschlinie nach links ab. Sie wendet sich gegen Karabunar und Kazanlik, um Gurko zurückzuwerfen.

Sie rückt schon am 31. in Eskizara ein.

Zwar wurde durch das Abbiegen Suleiman's von der ihm im grossen Operationsplane zugedachten Marschroute die Vereinigung der beiden Armeen bei Schumla hinausgeschoben; — aber nichts hinderte, dass Suleiman sich nunmehr nach erfüllter Nebenaufgabe wieder dem Hauptziele zuwandte.

Zu dieser Vereinigung mit der Hauptarmee sollte es nun überhaupt nicht mehr kommen.

Durch die Erfolge Osman's bei Plevna und Suleiman's gegenüber von Gurko, hielt man offenbar die gesammte Kriegslage für so geändert, dass man von der Anfangs Juli gefassten Operations-Idee — allerdings, wie es scheint erst nach langem Kampfe, — abging.

Für die Situation, wie sie durch die Schlacht von Plevna und das Vordringen Suleiman's Ende Juli geschaffen ward, findet sich vielleicht das lösende Wort am besten, wenn man versucht, wie früher angerathen, die gegenseitigen Verhältnisse der Armeen in geometrischen Figuren auszudrücken.

(Siehe Skizze 4, nächste Seite.)

Die russische Armee occupirte einen Raum in Form eines etwas eingedrückten halben Kreises.

Der eine Halbmesser war die Donau von Nikopolis nach Pyrgos bei Rustschuk, etwa 90 Kilometer oder 5 Märsche, der andere war die Chaussée Sistova—Tirnova—Schipka, 110 Kilometer oder 5—6 Märsche.

Der Mittelpunkt ist die Brücke, die einzige Verbindung die damals noch diese Armee mit dem Hinterlande verband.

An der Periferie dieses Kreises und zwar an beiden Enden des horizontalen Halbmessers, dann am Ende des vertikalen, steht je eine feindliche Armee; bereit, die dünne, äusserst gebrechliche umfassende Schale einzudrücken:

Die Armee Osman's 4—5 Divisionen,

die Armee Suleiman's, durch Reuf verstärkt, ebenfalls 4—5 Divisionen,

die Hauptarmee 5—6 Divisionen in Schumla, 1—2 Divisionen in Rustschuk. Zusammen 14—18 Divisionen.

Von Rustschuk über Cairkiöj nach Tirnova und von da über Selvi nach Nikopolis stehen, wie man auch in Constantinopel weiss, die russischen Corps XII, XIII, VIII (mit der 4. Schützen-Brigade und der bulgarischen Legion) IV, IX, und vielleicht auch XI und VII, — im Ganzen 15 Divisionen.

Man sollte glauben, die an den beiden Enden des horizontalen Halbmessers angesetzten Drücker, müssten die wirksamsten sein.

Ein Druck in der Richtung von Schipka dagegen, stösst den Gegner dort hin, wo ihm nichts geschieht; er gewährt ihm die Möglichkeit, sich ohne Gefährdung über die Brücke zurückzuziehen.

Wenn wir aber daran festhalten, dass jede der 3 türkischen Gruppen allein sich nicht stark genug fühlen konnte, eine Entscheidung

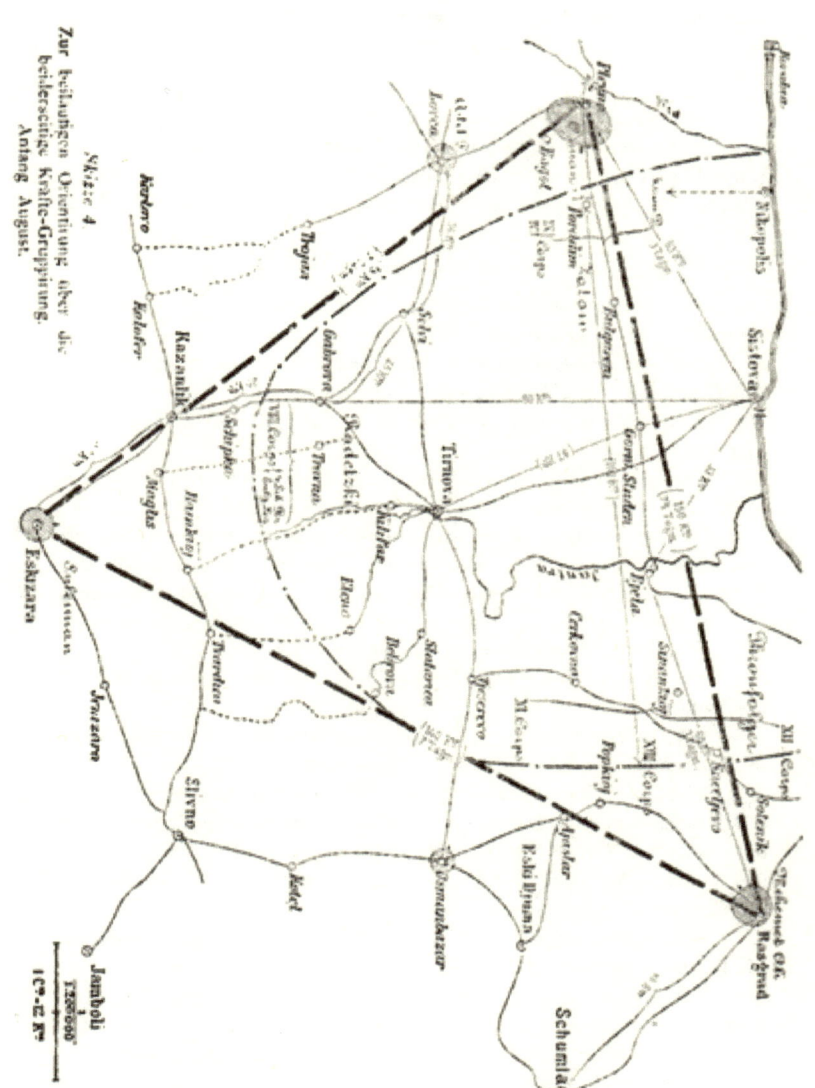

Skizze 4. Zur beiläufigen Orientierung über die beiderseitige Kräfte-Gruppierung Anfang August.

herbeizuführen, und dass den beiden nördlichen Gruppen Osman und Mehemet, kraft der räumlichen Entfernungen und ihrer Lage zu dem empfindlichsten Punkte des Gegners jedenfalls die Hauptaufgabe zufiel, so drängt sich gewissermassen als nothwendige Consequenz dieses Gedankens der Wunsch auf, eine dieser beiden Gruppen durch die 3., Suleiman's, zu verstärken.

Dies musste zuerst zu einem Aufschube der Entscheidungs-Operationen bis zu jenem Momente führen, wo sich zwei dieser drei Armeen vereinigt haben würden.

Der Hauptrichtung der Operationen nach, waren als Ausgangspunkte für die Offensive Osman's Pl'evna, und für jene Mehemet Ali's Rasgrad—Rustschuk anzusehen.

Die Vereinigung Suleiman's mit einer dieser Gruppen war, insoferne sie ohne Kampf erfolgen sollte, westlich am ehesten über Slatica—Teteven und Etropol, und weiter an der Strasse Orhanie—Plevna auszuführen, d. i. nach etwa 12 Tagen ununterbrochenen Marsches; die Strecke ist 300 Kilometer lang;

Oder östlich über Slivno und Kotel nach Osmanbazar und Rasgrad, also nach Hinterlegung einer Distanz von circa 250 Kilometer oder nach einem Marsche von circa 10 Tagen.

Jedenfalls musste zur Sicherung des Tundža-Thales, und zur Niederhaltung der Bulgaren ein Bruchtheil vor dem Schipka-Passe stehen bleiben.

Eine schöne Armee theilen und 14 Tage lang nur marschiren! Dazu versteht sich schwer Jemand, so lange er nicht überzeugt ist, dass es absolut keinen andern Modus gibt.

Als ein solcher anderer Modus erschien der Plan: die Vereinigung Suleiman's mit einer der 2 Armeen ohne Umweg — directe — im Kampfe zu suchen.

Das involvirte zunächst die Forcirung des Balkan-Ueberganges seitens Suleiman's allein.

Die beiden nördlichen Armeen konnten hiebei nur entweder gleichzeitig die Offensive ergreifen oder sich gar nur mit Demonstrationen daran betheiligen.

Die Nothwendigkeit eines einheitlichen Vorganges und eines im Vorhinein festgestellten Operationsplanes musste bei jeder dieser Alternativen zunächst als Basis gelten.

Er war aber augenscheinlich eben wegen dieses Zusammenwirkens dreier örtlich getrennter Armeen von Haus aus complicirt.

Das Hauptziel für die beiden nördlichen Gruppen, blieb die Brücke von Sistova. Mehemet speciell musste zunächst Bjela gewinnen. Das natürlichste nächste Ziel Suleiman's, war im Allgemeinen die Erreichung der Gegend von Tirnova.

Je nach der Wahl der dahin führenden Balkan-Uebergänge, näherte sich seine Armee dann mehr der Gruppe Osman's oder der Gruppe Mehemet Ali's; daraus folgten dann auch für jede dieser Gruppen besondere Verpflichtungen; aber im Allgemeinen war klar, dass eine directe Unterstützung derselben nicht leicht thunlich war, ohne Osman von Plevna, oder Mehemet Ali von Rasgrad und somit aus ihrer allgemeinen Angriffs-Richtung zu sehr nach Süden abzuziehen. Das Mindeste aber, was sie thun mussten, war, dass sie durch das Festhalten der vor ihrer Front stehenden Streitkräfte den Vorstoss Suleiman's erleichterten.

Von den auf Tirnova abzielenden Balkan-Pässen, konnte wie vor 14 Tagen der russische General Gurko, so jetzt Suleiman nach Belieben wählen.

Die directeste Verbindung dahin, war der Hainkiöj; — die westlichen Verbindungen waren der Schipka-Pass mit seiner Parallel-Strasse von Maglis nach Travna; östlich boten sich ihm die Wege nach Elena und Bebrova.

Die Orte Plevna—Eskizara—Rasgrad markiren die Spitze eines fast gleichzeitigen Dreieckes von, der Luftlinie nach, circa 150 Kilometer Seitenlänge.

Die Schipka-Strasse, und zwar speciell das Stück Schipka—Gabrova fällt gerade mit der Dreieckseite Eskizara—Plevna, Suleiman—Osman, zusammen.

Die hiebei im Balkan zu hinterlegende Strecke — das eigentliche Defilé Schipka—Gabrova ist der Luftlinie nach nur 18 Kilometer lang.

Stand man in Gabrova, so war die Vereinigung mit Osman, resp. mit Adil Pascha in Lovča, so gut wie bewirkt.

Als Zwischenpunkte für die Annäherung Suleiman Paschas an Mehemet Ali, fallen zunächst die beiden Balkan-Uebergänge nach Elena und Bebrova auf.

Der erste ist von Tvardica bis Elena fast ein einziges circa 30 Kilometer langes Thal-Defilé; der zweite, der Županci-Pass, etwa 15 Kilometer östlich, parallel liegend, ist ein ebenso schwieriger Gebirgs-Uebergang, circa 45 Kilometer lang.

Bei Elena wie bei Bebrova steckt man noch mitten im Gebirge, innerhalb schwer ersteigbarer Thalwände. Diese der Vertheidigung so günstigen Verhältnisse, dauern von Elena bis Aplakova, von Bebrova bis Slatarica, am Slatarska-Bache gelegen, bis auf circa einen Marsch von Tirnova fort.

Jede dieser 3 Marsch-Richtungen: die sehr kurze, bloss 18 Kilometer messende **über Schipka**, die 30 Kilometer lange **nach Elena**, die 45 Kilometer weite **auf Bebrova** — führte voraussichtlich zu einer Reihe von Defilé-Gefechten, die man als um so intensiver annehmen musste, als man sich den russischen Hauptorten näherte.

Käme die Länge der Defilé's und die Strassen-Beschaffenheit allein in Betracht, so lag zweifellos die **Wahl der Schipka-Strasse** am allernächsten.

Welche Bedeutung hatte sie aber für die Haupt- und Schluss-Aktion?

Für diese bedeutete sie eine Verlegung der türkischen Hauptkräfte in den Westen Bulgariens, die Basirung auf Philippopel und Sofia.

Erschien Suleiman ein Mal in Gabrova—Selvi, so sicherte er sich rechts gegen Tirnova; mit der Hauptkraft, — mit 3—4 Divisionen — stand er bloss zwei Märsche von der Hauptlinie Plevna—Bjela entfernt.

Der Stoss auf Gabrova konnte überdies durch Adil Pascha directe unterstützt werden. Lovča—Schipka sind bloss 75 Kilometer oder 3 Märsche auseinander.

Die Benützung der beiden östlichen Pässe auf Elena und Bebrova, stellte dagegen eine Sonder-Action par excellence Seitens der Suleiman'schen Armee dar. Sie konnte nur gleichzeitig, aber niemals in directen Beziehungen mit den Operationen der Rasgrader-Armee vorgenommen werden.

Die Beschaffenheit der Marschlinie auf Elena und Bebrova, zu deren Hinterlegung man ohne Widerstand mindestens 4 Märsche rechnen musste, machte weiters ein genaueres Festsetzen der Gesammt-Operationen, von dem Momente an unmöglich, als man Elena und Bebrova von Detachements des russischen VIII. Corps aus Tirnova her besetzt wusste.

Aber angenommen, Suleiman warf diese Detachements vor dem Eintreffen überlegener Kräfte, dann stand er allerdings bei Elena und Bebrova nur einen Marsch von Tirnova, drei von Bjela entfernt, im

Rücken aller zwischen Jantra und Lom stehenden russischen Streitkräfte.

Weder dem Kriegsrathe in Constantinopel, noch Suleiman Pascha und Mehemet Ali konnte aber entgehen, dass damit erst ein kleiner Theil der bevorstehenden Aufgabe gelöst war, dass die spätere Verwendung der beiden Armeen nördlich des Balkan, westlich oder östlich Tirnova's, die Aufrechthaltung der Trennung in zwei grosse Armeen vollkommen ausschloss.

Es gab dann nur eine Armee oder höchstens eine Haupt-Armee und eine Neben-Armee.

In diese Commanden sollte sich nun Suleiman mit Mehemet Ali oder mit Osman theilen.

Mehemet Ali mit Suleiman!

Jeder factisch mit dem Commando einer grossen Armee betraut, Jeder ehrgeizig, Jeder Willens und Jeder berufen, die Rettung des Vaterlandes zu vollbringen. Und doch uneinig in der Wahl der Mittel; uneinig aus Character-Anlage, uneinig wegen der Verschiedenheit des Temperaments.

Der Eine eine mehr zögernde, aber überlegte, schlaue und gewandte, der Andere eine rücksichtslos energische, offene und deshalb als gewaltthätig verschriene Natur; beide dem Intriguenspiel der Cabinete nicht fremd, und beide beim Kriegsrathe hoch in Gnaden.

Der Eine vom serbischen Krieg her nicht unrühmlich bekannt; der Andere soeben aus Montenegro zurückgekehrt, aus Montenegro, wo sich seit Omer Pascha's Zeiten die türkischen Generale nur Schlappen zu holen gewohnt waren, und das er — die militärische Welt wollte es kaum glauben — soeben der ganzen Länge nach mit beispielloser Rücksichtslosigkeit durchzogen.

Mehemet Ali, als Nachfolger des für zu bedächtig befundenen Abdul Kerim, ist seit 14 Tagen in voller Thätigkeit, die 6—8 Divisionen starke Haupt-Armee zu organisiren; Suleiman befreit mittlerweile in viel kräftigerer, sieghafter Bewegung Reuf Pascha aus seiner stets misslicher gewordenen Lage, stürmt bis Eskizara vor und in's Rosenthal von Kazanlik.

Vor ihm weicht Gurko, der gefürchtete Gurko zurück!

Suleiman soll jetzt am Ende sein Commando abgeben, sich einem Andern unterordnen. Er, der Willenskräftigere dem Zaghafteren, der Rücksichtslose dem Bedächtigen, der Mann mit dem felsenharten Herzen, der „Schlächter", wie ihn seine Soldaten lobend nannten, der Sieger über die Montenegriner und Gurko, dem weichen, noch unerprobten General?

Wie viel besser liess sich die andere Alternative an:

Die Vereinigung Suleiman's mit Osman Pascha in der Richtung über Schipka.

Gegen diese Variante sprachen keine so grellen Contraste.

Osman, der Alttürke, mit dem ernsten Wesen, der Sieger von Plevna, im Benehmen und Auftreten anspruchslos, vielleicht ehrgeizig, aber gewiss nicht ehrsüchtig, vor Allem durch und durch Soldat; — weder seine Persönlichkeit, noch seine Vergangenheit, boten jenen Widerspruch mit Suleiman Pascha dar, wie mit Mehemet Ali.

Gewiss war es für den Kriegsrath in Constantinopel keine leichte Aufgabe, die operativen Festsetzungen unabhängig von den persönlichen Aspirationen der Feldherren zu vermitteln.

Gewiss war die Entscheidung schwer.

Mehemet Ali abzusetzen ging nicht an; man hatte ihn gerade erst an die Spitze der Armee gestellt, und Suleiman Pascha hatte eben erst gesiegt. Beide hatten ein Anrecht auf Berücksichtigung; beide strebten nach der Führerrolle und beide hatten gleich mächtige Gönner in der Dari Schura.

Aus diesen, zwar rein persönlichen, aber im Kriege leider nur zu häufig Ausschlag gebenden Rücksichten, ward die der allgemeinen Lage nach am nächsten liegende und theoretisch richtigste Combination, die der Vereinigung Suleiman's mit Mehemet Ali, wie dies im Sinne des ursprünglichen Operationsplanes gelegen wäre, nunmehr mit andern Augen betrachtet.

Ueber den mehr persönlichen Rücksichten vermochte man die grosse Entscheidungsfrage gar nicht mehr festzuhalten.

Allen Berichten zu Folge, von Suleiman zu Gunsten einer mehr selbständigen Verwendung seiner Armee beeinflusst, und in der Erinnerung, dass ja schliesslich erst die Ausführung, wenn sie nur in der Hand eines energischen Mannes liegt, über die Güte einer Conception entscheidet, beliess man die drei Armeen von einander getrennt und selbständig.

Aus den grossen einfachen Entscheidungen, ob sich Suleiman mit Osman oder Mehemet vereinen sollte, kam man immer tiefer in ein Hin- und Herwägen kleinlicher Vortheile, in Detailkrämerei.

Schliesslich war man weit abgetrieben worden von dem Angelpunkte der ganzen Frage. Man war von dem Hundertsten in's Tausendste gekommen.

Mit den Unterhandlungen zwischen den Generalen und dem Kriegsrathe in Constantinopel verging mehr als der halbe August; mit jedem Tage verlor der Plan einer Vereinigung Suleiman's mit einer der beiden Armeen ohne Kampf, an Berechtigung.

Nachdem man schon 8 Tage im Hin- und Herreden verloren, sollte man jetzt noch 14 Tage bloss marschiren, die so dringende Haupt-Operation noch weiter hinausschieben.

Man fühlte, dass man schon viel zu lange den Beginn derselben verzögert hatte. Man entschied sich nunmehr, sich einredend, dass es eben keinen andern Ausweg mehr gäbe, nur um überhaupt endlich etwas zu thun, für die Vereinigung Suleiman's mit einer der nördlichen Armee im Kampfe.

So kam man schliesslich nach zwei Wochen langen Conferenzen dahin, wozu man schon nach der ersten Woche hätte gelangen können, zum einfachen Drauflosgehen.

Die Bedingungen für das Gelingen desselben hatten sich begreiflicherweise bedeutend verschlimmert.

Wie viele Zeit auf Rechnung der Correspondenz mit Constantinopel zu veranschlagen ist, wie viele Zeit die 3 Generale brauchten, um unter einander den Beginn der Operationen und die Art derselben im Grossen festzusetzen, wäre sehr interessant zu erfahren.

Drei Wochen nur zum kleinsten Theile zur Erholung, zur Sammlung, zur Concentrirung nothwendig! Nur um untereinander in's Reine zu kommen!

War man aber Ein Mal dahin gebracht, die Vereinigung Suleiman's mit einer der beiden Armeen nördlich des Balkans im Kampfe gutzuheissen, so konnte man wirklich leicht dazu gelangen, die Vereinigung Suleiman's mit dem siegreichen Osman für ebenso vortheilhaft, wenn nicht für vortheilhafter zu halten, wie jene mit der Armee Mehemet Ali's; diese war zwar numerisch stärker und breiter basirt; aber sie war durch den Lom und die Jantra von Sistova getrennt und hatte 2 oder 3 intakte russische Corps vor sich.

So bekannte man sich schliesslich auch zu dem Modus, Suleiman mit Osman zu vereinigen.

Dies ein Mal festgestellt, konnte es sich für Suleiman nur mehr um die Art des Balkan-Ueberganges handeln. Sollte er diesen über Schipka versuchen, oder etwa von Kalofer aus über Trojan?

Den Schipka-Pass in der Flanke lassen hiess: sich theilen, die Fühlung aufgeben mit dem Feinde, und einen weiten Umweg machen.

Die russischen Befestigungen im Schipka-Passe lagen ganz nahe dem feindlichen Defilé-Ausgange, kaum 4000 Schritte von demselben, bloss 15 Kilometer von Kazanlik und der Strasse in Tundža-Thale entfernt.

So lange die Russen im Besitze des Schipka-Passes waren, standen sie faktisch mit einem Fusse im Tundža-Thale.

Die Schürung der bulgarischen Aufstände dauerte fort.

Das directe Verlegen des Defilé-Ausganges mit kleinen Abtheilungen versprach nicht genügende Garantie. Die Postirung eines solchen Detachements unmittelbar vor den Befestigungen auf dem letzten Absturze des Balkans musste zu exponirt erscheinen.

Fasste man aber nicht an dieser allerletzten Stelle Posto, so fand sich eine annehmbare Position erst südlich Kazanlik, — am kleinen Balkan; dort hätte man wohl eine Flankenstellung eingenommen, aber durchaus nicht das Tundža-Thal, wie nothwendig völlig abgesperrt und gegen Invasionen kleinerer russischer Abtheilungen gesichert.

Der Angriff auf die Befestigungen im Schipka-Pass Seitens grosser Heerestheile konnte anderseits gerade wegen der geringen Entfernung der Befestigungen vom Tundža-Thale leichter durchführbar scheinen; man brauchte bloss einen Hang, den letzten Absturz des Balkans zu erklimmen und man stand schon in gleicher Höhe mit den Befestigungen.

Suleiman's engere Wahl der Schipka-Passage, behufs Vereinigung mit Osman, erscheint also wohl nur jetzt, nach dem sie erfolglos geblieben, als ganz unberechtigt.

Bevor sie angegriffen wurde, konnte Suleiman mit voller Bestimmtheit annehmen, bei Elena oder bei Bebrova ebenso auf Befestigungen, auf 30 oder 40 Krupp'sche Geschütze und auf 3—4000 Mann zu treffen, wie im Schipka-Passe.

In Wahrheit standen auch an den zwei genannten wirklich je 6 Bataillone der 9. Division ebenso zum Empfange Suleiman's bereit, wie die 9 Bataillone im Schipka-Pass.

Der Misserfolg hätte nur den Namen gewechselt.

Unter diesen Gesichtspunkten erscheint uns hauptsächlich die grosse Anlage der türkischen Offensive verfehlt; verfehlt dadurch, dass man aus sonst sehr beachtenswerthen Gründen den Kampf suchte, wo man ihn leicht vermeiden konnte.

Man konnte nicht berechnen, wie lange die Operationen im Schipka-Passe oder im Hainkiöj oder gegen Elena dauern würden. Der feindliche Wiederstand namentlich im Gebirge bleibt ja immer bis zu einem gewissen Grade uncalculirbar.

Man konnte aber sicher sein, durch eine grosse Verschiebung Suleiman's nach Osten oder Westen die Entscheidung ausgiebig vorzubereiten und dieselbe dann durch einen mächtigen Druck auf die eine oder andere russische Flanke unter den günstigsten Bedingungen bei Plevna oder an der Jantra herbeizuführen.

Tirnova und der Schipka-Pass und alle andern Pässe fielen dann — um einen beliebten Ausspruch zu gebrauchen — als reife Früchte wie von selbst dem Sieger in den Schoss.

In Hinsicht der Mitwirkung der beiden Armeen musste man unterscheiden, ob Osman und Mehemet Ali etwa mittlerweile stark genug geworden waren, um selbständig offensiv zu werden, oder nicht.

Fühlten sie sich genügend stark, um die ihnen gegenüberstehenden Kräfte zu schlagen, so waren die Nachtheile der Dreitheilung dadurch am besten zu paralysiren, dass alle drei Armeen zu gleicher Zeit die Offensive ergriffen und dadurch wenigstens den Gegner die Möglichkeit benahmen, irgend eine Aushilfe zwischen den Kräften an den angegriffenen Fronten zu bewirken.

Im gegentheiligen Falle mussten sie wenigstens insoweit wirksam werden, dass sie in den Tagen der Entscheidung möglichst viele Kräfte des Gegners an ihren Fronten festhielten.

Suleiman's Angriff auf den Schipka-Pass.

(Siehe Skizze 5.)

Am 17. August schob Suleiman je eine starke Abtheilung einerseits in den Elena- und Bebrova-Pass, anderseits gegen den Schipka-Pass vor.

Die östlichen Detachements stiessen bei Elena und Bebrova, 30 Kilometer östlich Tirnova auf russische Regimenter der 9. Division und auf starke Verschanzungen.

Die „Marian-Position" bei Elena und Bebrova wurde genommen, aber wieder verloren.

Die gegen den Schipka-Pass entsendete Abtheilung nahm das Dorf Schipka — am Fusse des Balkan-Absturzes, der Luftlinie nach 4000 Schritte südlich der russischen Position gelegen, — und erstieg den Hang.

177

Am 19. rückte Suleiman mit dem Gros seiner Armee, angeblich mit 40 in 4 bis 5 Divisionen getheilten Bataillonen, nach Kazanlik.

Am 20. formirte er sich zwischen Kazanlik und dem Dorfe Schipka, Front gegen den Balkan-Aufstieg, östlich der Strasse Kazanlik—Schipka.

Das Dorf Schipka liegt unmittelbar an der Ausmündung der Poststrasse in die Ebene. Von da an steigt die Strasse in vielfachen

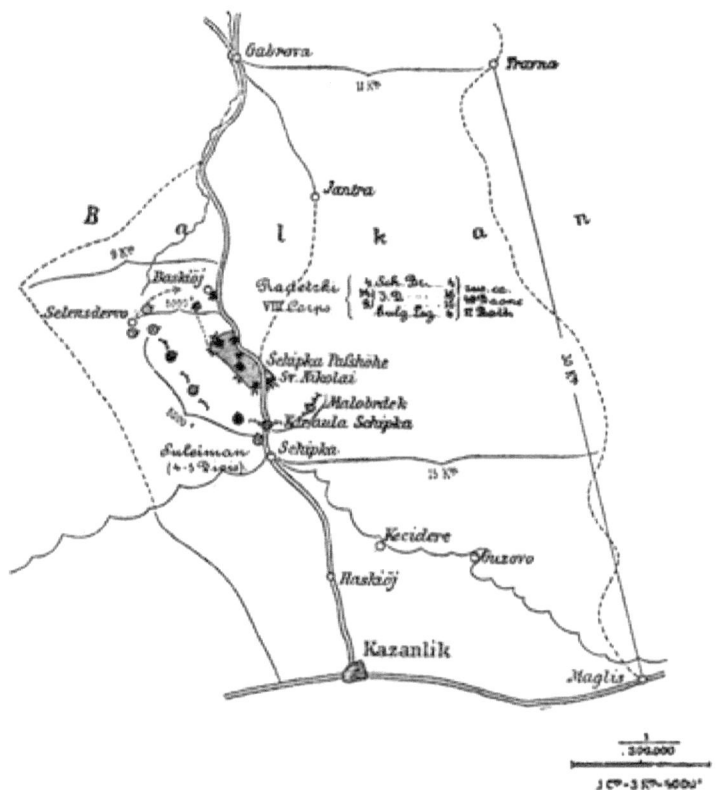

Skizze 5.

Zur beiläufigen Orientirung über die Kämpfe im Schipka-Passe, 21.—26. August.

Der russische Feldzug 1877—78.   12

Windungen den Südabhang des Balkans hinan. An dem ersten bedeutenden Absatz, in der Luftlinie 2000 Schritte vom Dorfe entfernt, liegt knapp an der Strasse die „Karaula Schipka". Von da an sind etwa noch 2000 Schritte theilweise im Wald in sanfter Steigung bis an die kahl emporstrebende felsige Höhe des Sveti-Nikolai zu hinterlegen.

Die aus mehreren geschlossenen Werken gebildeten Befestigungen dieser Höhe, mit 40 Geschützen armirt, beherrschten nicht bloss die Annäherung von der Karaula Schipka her, sondern auch nach Osten und Westen den quer von der Strasse übersetzten Höhenrücken, welchem die Sveti-Nikolai-Höhe angehört und welcher etwa 6000 Schritte westlich, bei dem Orte Selensdervo, in einer bewaldeten Kuppe, dann 2000 Schritte östlich der Strasse im „Malo brdek" seine höchsten Punkte aufweist.

Der Abfall dieses 2—3000 Schritte breiten Höhenrückens gegen Norden ist gangbarer als der Südhang; die von Selensdervo und vom Sveti-Nikolai abtrennenden Wasserrisse einigen sich schliesslich etwa 3—4000 Schritte nördlich des Sveti-Nikolai in dem Bett der Jantra. In diesem liegt der kleine Ort Baskiöj; nicht weit von diesem Ort zieht die Strasse.

Die steinigen Wasserrisse markiren den natürlichen Abstieg von dem Höhenrücken an die Chaussée.

Wer in Baskiöj steht, hat die Verbindung zwischen Gabrova und dem Schipka-Passe unterbrochen.

Am 21. greift Suleiman die südöstlich der russischen Befestigungen gelegene Höhe „Malo brdek" an. Er nimmt sie und befestigt sich sofort; ebenso setzt er sich an der Karaula-Schipka fest.

Auf diese Positionen gestützt, geht er nun am 22. zum directen Angriffe auf die feindlichen Befestigungen über.

Die Russen weisen jedoch diesen von Süden und Südosten her eingeleiteten Angriff ab.

Er greift nun am 23. westlich gegen die waldige Kuppe bei Selensdervo hin aus, und dringt langsam, aber unaufhaltsam gegen die Thalstrasse, gegen Baskiöj in den Rücken der Vertheidiger des Schipka-Passes vor.

Im Momente, wo die Türken endlich den rechten im freien Felde stehenden Flügel der Russen umfasst halten, und diesen schon wirklich gegen die Thalstrasse und Baskiöj zurückgedrängt haben, treffen dort die ersten Compagnien der 4. Schützen-Brigade auf Kosakenpferden von Tirnova her ein.

Das Gefecht kommt zum Stehen. — Suleiman nächtigt bei Selensdervo.

Als er am 24. abermals, u. zw. zum entscheidendsten aller Angriffe schreitet, sind schon die in Bebrova und Elena frei gewordenen Truppen als lang ersehnte Verstärkung im Schipka-Passe eingerückt.

Radetzki verfügt nun über 20 Bataillone: die bulgarische Legion, die 4. Schützenbrigade, die 9. Infanterie-Division; sie halten dem mit grosser Vehemenz ausgeführten und umfassend angelegten Angriff der Türken siegreich Stand.

Suleiman zieht schliesslich seine Truppen in die am Morgen innegehabten Stellungen zurück, und befestigt sich nun auch am Waldberg bei Selensdervo.

Die türkische Aufstellung umfasst jetzt die russischen Befestigungen vom Malo brdek an bis westlich am Waldberg.

Das Bindeglied zwischen diesen 2 vorgeschobenen und befestigten Positionen bilden die türkischen Batterien an der Poststrasse selbst, an der Karaula Schipka.

Die ganze türkische Aufstellung ist ein Halbkreis von etwa 8000 Schritten; in seiner Mitte liegen die russischen Werke; der linke Flügel der Türken ist von der Rückzugsstrasse der Russen kaum 4000 Schritte entfernt.

Am 25. greifen die Russen in Folge dessen selbst den Waldberg an; sie nehmen ihn auch; sie sind aber nicht im Stande, ihn gegenüber den in der Nacht auf den 26. ausgeführten Offensivstössen der Türken zu halten.

Die Türken bleiben auf diesem Punkte Sieger, behalten damit diese die feindlichen Befestigungen vollständig umklammernde Position und bedrohen auf das Gefährlichste den Rückzug der Vertheidiger.

Aber erschöpft durch die sechstägigen Anstrengungen, stellt Suleiman vom 26. an alle weitern grossen Angriffe ein.

Suleiman's Angriff auf Schipka schien zur Zeit, als sich die Ereignisse wirklich zutrugen, ausser jedem Zusammenhang mit der Thätigkeit der beiden nördlichen Gruppen zu stehen.

In die Tage vom 21. bis zum 23. fällt indessen nicht bloss der Angriff Suleiman's auf den Schipka-Pass, sondern auch der Vorstoss

Adil Pascha's bei Lovča und die Aufnahme der Offensive Mehemet Ali's am unteren Lom, die Gefechte bei Ajaslar und Popkiöj.

Wir erkennen hierin ein wenigstens der Zeit nach geregeltes Zusammenwirken aller 3 türkischen Armeen.

Adil Pascha fesselt eine Division des VIII. Corps, die bei Selvi steht. Mehemet Ali fesselt das XI. und XIII. Corps.

Die Demonstrationen Suleiman's gegen Elena und Bebrova am 17. bewirkten wirklich ein Abziehen der Reserve des VIII. Corps, gegen diese Punkte; sie brauchte 3 Märsche (21., 22., 23.) um überhaupt gegen den Hauptangriff wieder verwendet werden zu können.

Die Russen hatten dem Angriff Suleiman's anfangs nur 11 Bataillone und 30 Geschütze entgegenzustellen.

So war der Hauptangriff mit nicht geringem Geschicke und gutem Glücke eingeleitet.

Die Aufgabe wuchs ihm trotzdem unter den Händen.

Gewissermassen als Nachspiel zu dem Drama im Schipka-Passe fällt Osman Pascha am 31. August mit etwa der Hälfte seiner Kräfte gegen Zgalevice und Pelišat aus.

An demselben Tage ergreift Mehemet Ali mit der Hauptarmee wieder die nach den Gefechten bei Ajaslar und Popkiöj fallen gelassene Offensive.

Entweder lag diese Offensive im ursprünglichen Plane oder ward sie geboren, weil man in Constantinopel vermuthete, die Russen hätten sich dem Schipka-Pass zuliebe vor Plevna und am Lom sehr geschwächt.

Sie misslang auf beiden Seiten.

Osman begann seinen Ausfall, indem er in einer selten schönen Art der Cavallerie-Verwendung 5—6 Cavallerie-Regimenter gegen die Angriffsfront vorbrechen, derart dieselbe recognosciren und unter dem Schutze der Cavallerie die Angriffs-Colonnen debouchiren liess.

Etwa 2 Stunden später rückten die Infanterie-Colonnen und die Artillerie zum eigentlichen Angriffe vor.

General-Lieutenant Zatow, — Commandant der West-Armee, — ward zwar — wie General-Lieutenant Radetzki durch die Demonstrationen bei Elena und Bebrova — durch die Cavallerie-Manöver über den Hauptangriff irregeführt; die Reserven standen noch ruhig an der Strasse Bulgareni—Poradim, als die türkischen Angriffs-Colonnen bereits gegen die nur schwach besetzten Befestigungslinien westlich Pelišat und den Ort Zgalevice, 15 Kilometer östlich Plevna, vordrangen.

Mit seinem Haupttreffen brach Osman wirklich zwischen Zgalevice und Pelišat durch.

Der Vorstoss ward indessen doch noch zeitgerecht parirt.

Osman kehrte noch am Abend des 31. in sein befestigtes Lager zurück.

Länger zog sich die Entscheidung am Lom hin.

Im nördlichen Drittel des Lom-Abschnittes — Rückzug auf Bjela, theilweise auch auf die seit 14. August fertige Brücke bei Pyrgos (15 Kilometer westlich Rustschuk) basirt, — standen 4 russische Divisionen gegenüber von 6—7 türkischen, welche ihren Rückzug auf Rustschuk und Rasgrad hatten.

Im südlichen Drittel stand das XI. Corps gegenüber der ägyptischen Division.

Die gesammte Front betrug ca. 75 Kilometer.

Die Truppen waren daher binnen 3 Gewaltmärschen an jedem Punkte der Front zu vereinen. Mehemet Ali konnte bei rasch durchgeführter Concentrirung in jeder Richtung mit 6 Divisionen auf 2—3 Divisionen des XIII. oder XII. Corps eindringen.

Es kömmt indessen nur zu ganz vereinzelten Gefechten.

Sein rechter Flügel — die Rustschuker-Armee, zwei Divisionen — greift zuerst bei Kadikiöj, südlich Rustschuk, am 31. August den rechten Flügel des XII. Corps an. Er selbst dirigirt von Rasgrad aus einige Tage später 3 bis 4 Divisionen gegen Kaceljevo, 20 Kilometer südlich Kadikiöj, wo das Centrum der russischen Lom-Armee steht. Sein linker Flügel (die ägyptische Division) ging etwa 45 Kilometer südlicher, also isolirt, von Osmanbazar aus, Direction Tirnova, auf den ebenso selbständigen rechten Flügel der russischen Lom-Armee, das XI. Corps los.

Mit dieser Kräfte-Vertheilung an und für sich könnte man sich auch heute ganz gut befreunden. Das, was uns in den Operationen Mehemet's besonders zu mangeln scheint, ist, dass er seine Divisionen nie auf einmal kräftig ansetzt.

Er drängt zwar in den Gefechten bei Kaceljevo, Anfang September, das Centrum der Lom-Armee über den Lom zurück.

Assaf Pascha erficht am 14. September bei Sinankiöj — bloss 18 Kilometer östlich Bjela — mit 2 Divisionen abermals einen Erfolg über Theile des XIII. Corps.

In Folge dessen räumte auch das XII. Corps das rechte Ufer des Lom.

Aber plötzlich wechselt Mehemet Ali wieder seine Vorrückungs-Richtung und greift erst nach 8 Tagen, u. z. in mehr südlicher Richtung von Ajaslar her an. Einen Moment hat es den Anschein, als ob er bei Cerkovna und Cairkiöj, 30 Kilometer südöstlich Bjela, wirklich ernsthaft zur Entscheidung gegen den rechten Flügel der Lom-Armee ansetzen wollte; — aber bei dem Scheine blieb es auch.

Der Angriff — ohne Schneidigkeit geplant, 3 türkische Divisionen gegen $1\frac{1}{2}$ oder 2 russische — wird kraftvoll aufgefangen.

Mehemet Ali, ungleich seinem Collegen im Schipka-Passe, gibt in Folge dessen sofort die weitere Verfolgung seiner Offensiv-Ideen auf.

Die türkische Offensive, durch die Neben-Armee Suleiman's glänzend eingeleitet, verläuft in Folge der schwächlichen Kraft-Aeusserung der Haupt-Armee schliesslich fast ruhmlos wie im Sande.

Man hat seinerzeit die beiden türkischen Generale Osman und Suleiman vielfach mit zwei wüthenden Hunden verglichen, welche sich in die rechte Flanke und die Schnauze des russischen Ebers verbissen hatten und Mehemet Ali mit dem Jäger, der nun dem zum Stehen gebrachten Thiere an den Leib rücken sollte.

Der Jäger aber näherte sich dem Eber nur leise fühlend und tastend, fast mit ängstlicher Vorsicht und drückte ihm nur langsam und ein wenig in die Weichen, und auch das erst, als einer der beiden Hunde schon nachzugeben begann. — —

Was Suleiman vielleicht zu viel besass: — Temperament und Herz, — davon zeigte Mehemet Ali zu wenig.

XVII.

Die dritte Schlacht von Plevna.

6.—12. September.

Die ersten vierzehn Tage des Monats August waren, wie leicht zu denken, wahrhaft kritische Tage für die russische Heeresleitung.

An frischen Truppen war damals nichts disponibel, als die zweite Division des IV. und $1\frac{1}{2}$ Divisionen des XI. Corps.

Deren Entbehrlichkeit am linken Donau-Ufer wurde nun von Niemanden mehr bezweifelt; — die Division des IV. Corps verstärkte Zatow auf $4\frac{1}{2}$, die drei Brigaden des XI. Corps verstärkten den Thronfolger auf beinahe 6 Divisionen.

In Tirnova gegen den Balkan blieb Radetzki mit 3 Divisionen; (dem VIII. Corps einer Schützen-Brigade und der bulgarischen Legion).

Ob sich Zatow, der an Krüdener's Stelle das Commando übernommen hatte, vor Plevna würde halten können? Radetzki im Schipka-Pass? Der Thronfolger am Lom?

Ward auch nur eine dieser Fronten eingedrückt, so war der Rückzug unvermeidlich.

Der russische Operationsplan konnte bei dieser Sachlage nur zwischen zwei Alternativen schwanken;

entweder einfach zurückzugehen, oder

sich im Ganzen und Grossen in der dünnen Aufstellung behaupten, die man einnahm.

Die erste Alternative hätte das Eingeständniss einer vollständigen Niederlage bei Plevna involvirt.

Man war gefasst auf den vollständigen Rückzug. Das beweist die Rückverlegung des Hauptquartiers; man wartete aber und mit vollem Recht einen triftigeren Grund für den weiteren Rückzug auf Sistova und das linke Donau-Ufer ab.

In der Nacht auf den 31. August konnte man hierüber noch schwanken; — als Osman nicht verfolgte, wohl nicht mehr.

Am 1. August schon, stand gewiss fest, dass man trachten musste, sich so gut als möglich in Bulgarien zu halten, so wenig als möglich von dem wenigen Terrain zu verlieren, das man noch beherrschte, bis die als Verstärkung verschriebenen Divisionen eingetroffen sein würden.

Diese konnten allerdings erst nach Wochen und auch da nur tropfenweise anlangen.

Die 2. und 3. Infanterie-Division und die 3. Schützen-Brigade, etwa von Mitte bis Ende August; — die mobilisirten Garden und die Grenadiere nicht vor $2^{1}/_{2}$ Monaten, etwa Mitte Oktober.

Die erste bedeutsame Unterstützung konnte nur von dem kleinen türkischen Vasallenstaate kommen, dessen Mitwirkung man anfänglich nicht gewollt und nicht gestattet hatte.

Man kam jetzt als Bittender zu ihm.

Ein bedeutsames Eingeständniss für die bangen Sorgen, mit welchen man im russischen Hauptquartier der nächsten Zukunft entgegensah!

Nach einigem Sträuben gegen die rumänischen Forderungen, gestand man schliesslich die Cooperation der rumänischen Armee und die Unterstellung derselben unter eigenes Commando zu.

Am 13. schon rückte die 4. rumänische Division von Nikopolis zur Verstärkung der „West-Armee" an den rechten Flügel derselben ab.

An demselben Tage löste die neu eingetroffene 3. Schützen-Brigade die bisher vor Plevna verwendete Brigade des XI. Corps ab.

Die West-Armee ward dadurch auf $5^{1}/_{2}$ Divisionen, die Armee des Thronfolgers auf volle 6 Divisionen gebracht.

Zudem war der erste Schrecken vorbei; — die Türken hatten, wie wir schon dargestellt, nicht rasch genug zugegriffen, sie hatten die beste Zeit mit Auseinandersetzungen über ihren Operationsplan verpasst.

Als Suleiman endlich am 21. den Reigen der türkischen Offensiv-Bewegungen eröffnete, war auch schon die 2. Infanterie-Division bei Selvi angelangt.

Den Offensivstoss Adil Pascha's aus Lovča vereitelte bereits General Imeritinski.

Als am 31. August endlich — zur selben Zeit als Mehemet erneuert bei Rustschuk ansetzte — Osman Pascha zum ersten Male mit grösseren Kräften ausfiel, waren auch schon die zwei rumänischen Divisionen 2 und 3 im Anmarsche auf Plevna.

In Folge der 2. russisch-rumänischen Convention waren nämlich diese zwei bisher vor Widdin gestandenen rumänischen Divisionen zur Haupt-Armee abgerückt.

Am 27. August begannen sie die Donau bei Korabia, 30 Kilometer oberhalb Nikopolis, zu überschreiten.

Korabia ist aber auch bloss 40 Kilometer von der Wid-Brücke bei Plevna entfernt, — demnach von Plevna aus in zwei kleinen Märschen zu erreichen.

Dass man die Rumänen nicht 70 Kilometer weiter bis Sistova und von dort wieder 60 Kilometer gegen Plevna vorwärts marschiren lassen wollte, ist einleuchtend.

Der Weg über die Korabia-Brücke ist um circa fünf Tagmärsche kürzer; nichtsdestoweniger würde die Wahl dieser so exponirten Uebergangsstelle erst dann gerechtfertigt erscheinen, wenn man sie für operative Zwecke ausgebeutet hätte.

In dieser Hinsicht führte der Uebergang bei Korabia zwar directe zwischen Isker und Wid in den Rücken der türkischen Aufstellung, gegen die Wid-Brücke, den einzigen stets practikabeln Wid-Uebergang, westlich von Plevna.

Die Strasse von Plevna nach Sofia mochte in dieser Strecke wie der lange Hals eines nach vornüber gebeugten Körpers erscheinen, dessen Kopf Plevna, dessen Rumpf Orhanie und Sofia waren.

Also nur zumarschirt aufwärts des Wid, und frisch zugeschlagen!

Aber den zwei rumänischen, noch nicht erprobten Divisionen die Rolle des Scharfrichters zuzumuthen, ging andererseits doch nicht recht an.

Man setzte sich dabei der Gefahr aus, dass Osman gegen diese beiden Divisionen einen Theil seiner Armee detachirte und die Rumänen vereinzelt schlug.

Wir können daher den Marsch von Korabia nach Nikopolis am linken Donau-Ufer nicht anders erklären, denn als einen Versuch, Osman von Plevna wegzulocken.

Osman ging jedoch auf die ihm gelegte Falle, — wenn es überhaupt eine sein sollte, — nicht ein.

Er sah von der Operation gegen die Rumänen ab.

Vielleicht nur desshalb, weil ihm gerade damals — wie wir schon angedeutet — die Offensive gegen die West-Armee befohlen worden war.

Das successive Eintreffen der Verstärkungen während des ganzen Monats August ist vielleicht die Ursache, dass wir trotz des Zuwachses der 4. rumänischen Division, der $2^1/_2$ Divisionen des IV. und XI. Corps, der 2. und 3. Infanterie-Division, der 3. Schützen-Brigade, in Summe von fast sechs Divisionen, die russische Armee auch Ende August noch immer in derselben äusserst gebrechlichen, dünnen Cordons-Aufstellung von über 200 Kilometer Länge sehen, die sie Ende Juli inne hatte.

Erst durch das Einrücken der rumänischen Divisionen 2 und 3 in den ersten Tagen des September festigt sich die Westfront und spiegelt sich der Gedanke klarer, gegen Osman die Hauptkraft zu verwenden.

Im Ganzen stehen Anfangs September 18 Divisionen Russen und Rumänen, deren grösster Theil binnen 6 Tagen an jedem Punkte der Front zu vereinigen ist, gegenüber von 14—18 türkischen Divisionen, die, in drei Armeen getheilt, im besten Falle binnen 14 Tagen zu Zweien zu vereinen sind.

Beide Theile waren über die Zahl und Vertheilung der gegnerischen Kräfte verhältnissmässig gut orientirt.

Mit dem Schlusse des Monates August konnte also das russische Hauptquartier den Moment für eingetreten erachten, wo es sich mit Rücksicht auf die beiderseitigen Truppen-Stärken und Kräfte-Vertheilungen fragen durfte, ob es noch weiter in dem bisherigen Stadium des Zuwartens verharren, oder gegen irgend eine Seite hin einen Schlag versuchen sollte.

Dass hiebei stets nur an Osman Pascha gedacht werden konnte, erklärt sich zur Genüge, nicht blos aus der Gefährlichkeit dieses Gegners, sondern auch aus der Erwägung, dass wegen der Nähe seiner Aufstellung, nur auf dieser Seite die rasche Führung eines Entscheidungsschlages möglich wurde.

Hielt Osman Pascha Stand, so hatte man die gewünschte Entscheidung; hielt er nicht Stand, so hatte man doch Plevna, also Alles, worum sich der Krieg seit sechs Wochen eigentlich drehte.

Eine Haupt-Entscheidung gegen Osten, gegen Mehemet Ali führen zu wollen, erzielte möglicherweise nur ganz schwächliche Resultate. Wie, wenn Mehemet Ali, was sehr nahe lag, nicht Stand hielt und auf Rustschuk oder Schumla zurückging?

Man hatte an ihm keinen greifbaren Gegner.

Dazu war es viel gefährlicher, gegenüber Osman auf nur drei Tagmärsche von Sistova einen untergeordneten Heerestheil zu lassen, als umgekehrt gegenüber von Mehemet Ali, der noch den Lom und die Jantra forciren musste, um überhaupt der Sistovaer-Brücke in gefährlicher Weise nahe zu kommen.

So lange man nicht den Alp Plevna abgewälzt hatte, war keine Offensive gegen Rustschuk, keine gegen Schumla möglich! Von der Wiederaufnahme des Balkan-Ueberganges gar nicht zu reden.

Die Ereignisse der letzten Augustwoche hatten im Uebrigen der russischen Situation einen grossen Theil ihrer Ungemüthlichkeit benommen. —

Mehemet Ali hatte sich als ein Zauderer erwiesen.

Osman Pascha hatte nicht durchzudringen vermocht. Die beiden Flanken hatten ausgehalten und versprachen auch ferner auszuhalten.

Nur vorne — im Schipka-Passe — drohte noch schweres Ungewitter. Unermüdlich im Angriffe hatte Suleiman nach und nach einzelne Abtheilungen um die Flügel der russischen Aufstellung herum bis an die Strasse vorgetrieben; der Verkehr der Schipka-Besatzung mit Gabrova ward hiedurch auf's Aeusserste erschwert.

Sie schien so gefährdet, dass man im russischen Hauptquartier schon die Frage ventilirte, ob man die bisher so glorreich behaupteten Positionen nicht freiwillig räumen sollte.

Unwillkührlich frägt man sich da, ob denn der Schipka-Pass überhaupt aus andern Gründen festgehalten und vertheidigt worden war, denn aus rein operativen.

Die Schipka-Pass-Befestigungen aufgeben und auf Gabrova zurückgehen, hiess nicht bloss 15 Kilometer zurückgehen: Gabrova ist tactisch viel ungünstiger situirt, als Schipka; es liegt in einer Thalweitung der Jantra, dort, wo sich die Strassen nach Selvi und Tirnova abzweigen — in viel gangbarerer, reicher bevölkerter Gegend. Die Entwicklung zum

Kampfe ist viel leichter; der feindliche Druck auf die beiden Strassen in Folge ihrer Richtung viel wirksamer.

Gabrova war also schwer zu vertheidigen; es aufgeben, hiess aber die Strasse nach Selvi freigeben, die, im breiten gangbaren Thale des Dominikbaches ziehend, einer schrittweisen Vertheidigung gar keine Chancen bietet.

Den Schipka-Pass aufgeben, bedeutete also: die Vereinigung Suleiman's und Osman's zulassen.

Im Sinne eines rein defensiven Verhaltens — wie solches die Kriegführung der Russen im August charakterisirt, — musste das Festhalten des Schipka-Passes geradezu unentbehrlich scheinen.

Es konnte nicht schwer sein, sich die Lage der russischen Armee auszumalen, welche entstehen musste, sobald der siegreiche Suleiman, Radetzki's Truppen immer näher an die Plevnaer Armee zurückdrängte.

Dieses Bild mochte dem Generalstabschef der Armee vorschweben als er — hart bedrängt von den Rufen nach Räumung des Schipka-Passes — sich aufmachte, durch persönlichen Augenschein die Haltbarkeit der Schipka-Positionen zu prüfen.

Wenn wir einerseits das Factum, dass man wirklich an die freiwillige Räumung Schipka's gedacht habe, als einen Beweis für die oft getheilten Anschauungen über den Werth oder Unwerth eines militärischen Besitzes anführten, so müssen wir andererseits anerkennen, dass mit der Excursion des Generalstabschefs alle diese verschiedenen Meinungen ein Ende fanden und man sich von dann an nur mehr darauf verlegte, die so wichtige Position des Schipka-Passes noch haltbarer zu machen.

Bei der geringen Elasticität der russischen Kriegführung wäre die Räumung des Schipka-Passes, so dringend sie sich auch aus den localen Verhältnissen darstellen mochte, der ärgste Schlag gewesen, den die russische Armee hätte erleiden können.

Es blieb schlechterdings nichts anderes übrig, als es im Schipka-Pass bis auf die kritischeste Entscheidung ankommen zu lassen.

Der Schipka-Pass war eventuell aufzugeben, aber nur unter einer Voraussetzung: dass man die bei ihm ersparten Kräfte — im Vereine mit den am Lom momentan entbehrlichen — zu einem Vernichtungsschlage gegen Osman zusammenzog.

Während sich die Lom-Armee langsam nach Massgabe des Druckes Seitens Mehemet Ali's auf Bjela, — Radetzki, wenn nothwendig, ebenso unter fortwährenden Gefechten behufs Zeitgewinns auf Selvi, mit einem Theile auch auf Tirnova zurückzog, hätte der Rest der Armee einen grossen Schlag gegen Plevna führen können.

Hatte man sich dann Osman's entledigt, so konnte man mit dem grössten Theile umkehren und sich nun dem etwa aus dem Gebirge debouchirenden Suleiman entgegenwerfen.

Nur unter dieser Voraussetzung sagen wir, hätte man die freiwillige Räumung des Schipka-Passes rechtfertigen können.

Aber eine solche Action hätte einen so mächtigen Entschluss, so grosse Anforderungen an die Truppen, eine so sichere Hand bei der Anordnung der Märsche vorausgesetzt, dass wir es ganz begreiflich fänden, wenn diese Idee im russischen Hauptquartier gar nicht discutirt worden wäre.

Schon das Factum, dass man dem Grossfürst-Thronfolger dann einen Theil seiner Truppen wegnehmen musste, dass es bei der kitzlichen Natur seiner Aufgabe immerhin vorkommen konnte, dass er einen Echec erlitt, mochte den Plan dazu gar nicht aufkeimen lassen.

So undankbare Aufgaben konnte ein Napoleon seinen Marschällen zudenken; — im russischen Hauptquartier schrak man aus ganz natürlichen Gründen entschieden schon vor dem Gedanken zurück, den Thronfolger vor eine derart kritische Aufgabe zu stellen.

So unterbanden auch auf russischer Seite persönliche Momente von Haus aus manche vielleicht sonst lebensfähige Idee.

Wir müssen gestehen, dass wir uns seinerzeit für die oben skizzirte Operation auf das Lebhafteste begeisterten.

Vielleicht schwebte uns die Erinnerung an die Grossthaten der österreichischen Armee im Jahre 1866 zu lebhaft vor.

Von Mincio und von der Etsch her, von zwei mächtigen, weit überlegenen Armeen bedroht, concentrirt der Erzherzog seine ganze Armee in dem Hügellande westlich von Verona, gegenüber der Armee des Königs.

Gegenüber der Armee Cialdini's, deren Uebergang über die Wasserläufe des Po und der Etsch er jeden Augenblick erwarten muss, lässt er ein Hussaren-Regiment und ein Jäger-Bataillon zurück.

Eine kühnere Conception wie diese, sucht man vergeblich, selbst in der napoleonischen Geschichte.

Gesichert war der Erfolg weder bei der Concentrirung gegenüber der Armee des Königs, noch weniger gesichert konnte die linke Flanke an der Etsch erscheinen.

Aber dem Kühnen lächelt eben das Glück! Die Armee war da; kraftbewusst in dem Gefühl, concentrirt zu sein. Der Führer, getragen von dem Bewusstsein, Alles, was irgend nur vereinbar war, in seiner Hand vereint zu haben, und so benützt er rasch den Vortheil, den des Königs sorgloser Vormarsch ihm bietet, und siegt.

Aber auch, wenn der Sieg unseren Fahnen nicht geworden wäre, würde sich die Idee und der Entschluss zu einer solchen Kräfte-Vertheilung würdig den glänzendsten Conceptionen der Geschichte angereiht haben.

Man mag darüber streiten, wie weit man in der Reducirung der Kräfte gehen darf, welche in der momentan zu vernachlässigenden Richtung Stand halten müssen; man wird kaum je anders, als nach dem Gefühl darüber urtheilen können; aber eben in diesem Gefühle liegt die Meisterschaft.

Jeder andere General wäre vor dem Gedanken zurückgebebt, einer Armee von 80.000 Mann, 1000 Reiter und 1000 Infantristen gegenüberzulassen.

Wie schwarz hätten sich die Gefahren dieses Wagnisses nicht schildern lassen?

Welcher Kriegsrath hatte sich zu einem solchen Entschlusse geeinigt? in welcher Commission wäre je ein solcher Antrag durchgegangen?

Der Erzherzog that es, er folgte dabei seinem Gefühl.

Sein Selbstbewusstsein führte ihn bis an die Grenze des zu Wagenden.

Aus der Idee der Vereinigung der gesammten Armee westlich Verona, sprudelte dann wie aus einem reichen Quell, eine ganze Folge schöner Vorbereitungs-Momente hervor.

Die Gruppirung der Cavallerie am Mincio, die Vorbereitung zum Abtransporte der an der untern Etsch stehenden Brigaden, die Massregeln zur Sicherheit der Operation, der Brückenschlag bei Pastrengo u. s. f.

Alles klappte, weil sich Alles einem Gedanken unterordnete, Alles einem Ursprung entquoll.

Die Nothwendigkeit zu so potenzirt kühnen Entschlüssen, lag für das russische Haupt-Quartier vom Ende August an, nicht mehr vor.

Es standen ja bloss an der Westfront 9 russisch-rumänische Divisionen gegenüber von 5—6 türkischen.

Diese 9 Divisionen in der Hand eines willenskräftigen Commandanten mussten zweifellos allein genügend scheinen, die Entscheidung herbeizuführen.

Sie stehen allerdings in zwei Gruppen; die eine vor Lovča — 2. und halbe 3. Infanterie-Division — und ein Detachement „Skobelew" unter Fürst Imeritinski; die andere, $4^1/_2$ russische und 3 rumänische Divisionen vor Plevna.

Das Ober-Commando ist, Rücksichten politischer Convenienz halber, nominell in den Händen des Fürsten von Rumänien, sein Generalstabs-Chef und der eigentliche Commandirende ist der Commandant des russischen IV. Corps, General-Lieutenant Zatow.

Das Hauptquartier des nominellen und des wirklichen Ober-Commandanten sind nicht einmal in demselben Orte etablirt.

Die Befehls-Verhältnisse sind also nicht sehr einfach.

Die Stärke Osman Pascha's war weiters vom russischen Kundschafts-Bureau auf 50.000 Mann geschätzt.

Bei der Freiheit der Verbindungen mit Widdin und Orhanie war aber eine genaue Schätzung so gut wie ausgeschlossen.

Osman selbst telegraphirte nach der 2. Schlacht bei Plevna nach Constantinopel, dass er 70.000 Mann zähle; wohl in der ganz richtigen Annahme, man könne sich selbst nicht stark genug machen. Das hebt das Kraftbewusstsein der eigenen Truppen, imponirt dem Gegner und schädigt nicht das eigene Verdienst.

Aber selbst, wenn er 70.000 Mann zählte, so verfügte man über 95.000—100.000 Mann, so dass man von jeder Schwächung der Gruppen am Lom und im Schipka-Passe, von jeder etwa riskirten weiteren Kräfte-Vereinigung absehen konnte.

Der Entschluss anzugreifen, erscheint uns demnach nur natürlich.

Sollte man trotz der Ueberlegenheit von einem Viertel, vielleicht von einem Drittel, noch 5 oder 6 Wochen warten, bis die Garden kämen? — Warten, wo soeben Suleiman's Angriffe auf dem Schipka-Pass, Osman's Ausfall am 31. gegen Pelisat so ruhmreich zurückgewiesen wurden.

Das hätte einen Mangel an Selbstvertrauen bekundet, dessen sich keine Heeresleitung schuldig machen konnte.

Wie waren aber die in der 60 Kilometer breiten Westfront verfügbaren, bedeutenden Kräfte zum Angriffe auf die bloss 36 Kilometer breite türkische Front Plevna—Lovča zu verwenden?

Von diesen zwei Stützpunkten, die man beide befestigt wusste, stellte Lovča gewissermassen ein, dem verschanzten Lager Plevna vorgeschobenes Fort vor.

Man konnte die Front auf ein Mal und gleichzeitig, oder da eine Unterstützung Lovča's und Plevna's in Folge der Entfernung eines starken Marsches, nur sehr prekär war, zuerst den einen Flügel-Stützpunkt, dann den Hauptpunkt angreifen.

Fühlte man sich stark genug, so konnte man sich für den Doppel-Angriff entscheiden; die numerische Zahl war entschieden auch hiefür vorhanden.

Hiebei konnte man wieder schwanken, ob man sich zwischen Lovča und Plevna eindrängen, also einen Durchbruch der türkischen Aufstellung versuchen, oder ob man etwa von beiden Flügeln aus zwei mehr selbständige Actionen engagiren wollte.

Fühlte man sich nicht stark genug für einen Doppel-Angriff, so musste der Kampf um den einen Stützpunkt in Absehung des Kampfes mit dem zweiten, also gewissermassen als unmittelbare Einleitung desselben concipirt werden.

Eine Vereinigung der Hauptkräfte des Angreifers zum Stosse gegen einen der beiden Punkte Lovča oder Plevna, war selbst bei aufgeweichtestem Boden binnen 3—4 Tagen durchzuführen.

Wenn man den Haupt-Angriff auf Plevna nicht, wie am 30. frontal gegen die Ostfront, sondern umfassend von Süden her, in der Osman Pascha gefährlichsten Richtung ausführen wollte, so musste man jedenfalls zuerst Lovča nehmen.

Seine Besitznahme erst ermöglichte eine kräftige ausreichende Basirung des gegen die Südseite zu planenden Angriffes.

Ob man über die fortificatorische Herrichtung dieser Südfront irgend welche Details besass, ist uns nicht bekannt.

Aber im Allgemeinen wusste gewiss auch das russische Haupt-Quartier, dass Osman nach dem Gefechte vom 30. Juli die fast 8 Kilometer breite Ostfront, d. i. die Befestigungen im Grivica- und im Radisevo-Abschnitte, im Norden über Bukova und Opanes, im Süden über Krshine bis an den Wid verlängert hatte.

Diese Südfront, zwischen dem Tučenica-Bach und dem Wid, war volle 12 Kilometer lang.

Man entschied sich dafür: zuerst Lovča zu nehmen.

Den Angriff auf Lovča führte General-Lieutenant Imeritinski als Commandant der 2. Division, der halben 3. Division, der von Plevna zu ihm gestossenen 3. Schützen-Brigade, und des Detachements Skobelew, von Selvi her aus.

Der Angriff auf Lovča.

(Siehe Skizze 6.)

Fürst Imeritinski erhielt den Befehl zur Wegnahme Lovča's am 31. August in Selvi.

Er schob das Detachement Skobelew mit einer Brigade der 3. Infanterie-Division noch am 1. gegen Lovča vor.

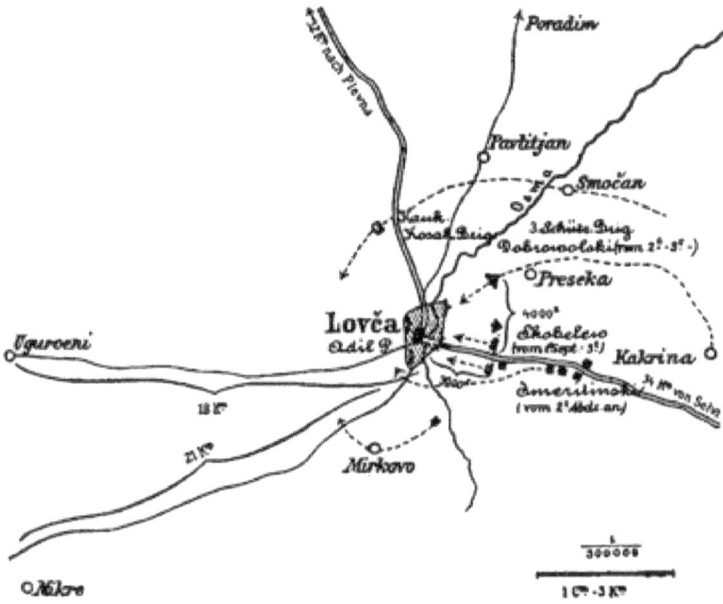

Skizze 6.
Zur beiläufigen Orientirung über die Kräfte-Gruppirung Imeritinski's beim Angriffe auf Lovča.
2. und 3. September.

Skobelew setzte sich à cheval der Chaussée auf Geschützertrag vor der am rechten Osma-Ufer befindlichen türkischen Aufstellung fest.

In der Nacht auf den 2. begann er sich hier zu verschanzen.

Am 2. begann er aus dieser Basis-Front her die feindliche Stellung zu beschiessen.

Das Gros rückte heran, u. zw.:

Die 3. Schützen-Brigade über Preseka in's Osma-Thal bis auf Geschützertrag gegen den linken Flügel der türkischen Aufstellung.

Sie baut sich dort, 4000 Schritte von Skobelew's Positionen und eben so weit vom Feinde entfernt, ebenfalls ein.

Die 2. Infanterie-Division bleibt an der Strasse; hinter der Aufstellung Skobelew's.

Die kaukasische Kosaken-Brigade steht jenseits der Osma; sie soll die Verbindung zwischen Plevna und Lovča unterbrechen.

Am 3. Früh stehen im Ganzen an der Strasse und bei Preseka etwa 60 Geschütze in Position. — Sie eröffnen zeitlich Früh das Feuer.

Der allgemeine Angriff, rein frontal, soll erst Mittags beginnen.

Dobrowolski's 3. Schützen-Brigade leidet aber stark durch das Weitfeuer einer vorgedrungenen türkischen Abtheilung. Er greift früher an. Skobelew wird mitgerissen.

So interessante Details gerade dieser Angriff gezeigt haben soll, wir können auch hier nicht mehr als das Gerippe des Gefechtes bringen.

Der Gegner, sehr schwach an Zahl, räumt schliesslich die Positionen am rechten Osma-Ufer; er zieht sich auf das linke Ufer nach Lovča zurück.

Die beiden Colonnen Skobelew und Dobrowolski treffen sich nach einem wechselreichen Kampfe an der Osma-Brücke.

Die Reserve geht nun oberhalb dieser Brücke über die Osma; sie greift Lovča von Süden her an.

Adil Pascha geht nach hartnäckiger Vertheidigung Lovča's auf Ugurčeni und Mikre zurück.

Die Anlage des Gefechtes zeigt von Methode.

Die Schaffung einer Basis-Front à cheval der Chaussée ist die wirksamste Massregel zur Sicherung des eigenen Aufmarsches. Sie wird jedoch nach unserer Ansicht nicht vollkommen ausgenützt; der Hauptstoss erfolgt zu frontal. Unter dem Schutze der Aufstellung Skobelew's hätte man vielleicht bis über die Osma ausgreifen, und nicht bloss die 3. Schützen-Brigade, sondern auch die 2. Infanterie-Division und directe an sie schliessend, das Gros der kaukasischen Kosaken-Brigade auf das linke Osma-Ufer übersetzen und von Pavlitjan gegen die Nordlisière von Lovča vorgehen lassen können.

Der Stoss von Norden her hätte auch den allgemeinen Verhältnissen besser Rechnung getragen.

Imeritinski verwendete den 4. zur Sammlung und Erholung der stark auseinander gekommenen Truppen, und zur Abwehr einer von Mikre her versuchten Retour-Offensive Adil Pascha's.

Am 5. rückte er mit der 3. Schützen-Brigade, der 2. Infanterie-Division und dem Detachement Skobelew nach Bogot an die Südfront von Plevna ab.

Die Brigade der 3. Infanterie-Division blieb in Lovča zur Sicherung des Rückens und der Flanke.

Mit der Einnahme Lovča's, lag die Südfront der Aufstellung Osman Pascha's offen da.

Die damals vorzüglich practikable Chaussée Lovča—Plevna traf senkrecht auf sie.

Etwa 10 Kilometer von Plevna entfernt, passirt diese Strasse einen tief eingeschnittenen Wasserriss, der von Bogot her dem Cirnjalka-Bach zufliesst.

(Siehe den als Beilage III angeschlossenen Plan von Plevna.)

Dann ersteigt sie den breiten Rücken, welcher den steilwandig eingerissenen Cirnjalka- von dem ebenso schwierig zu passirenden Tučenica-Bach trennt.

Der Rücken ist mit hochstämmigen Bäumen bedeckt, die indess nicht so dicht stehen, dass man sie einen Wald nennen könnte.

Auf diesem Rücken bleibt die Strasse, bis sie etwa 5000 Schritte vor Plevna sich an dem Abhange des grünen Berges gegen Plevna selbst hinunterneigt.

Zu ihrer Linken gehen fortwährend mehr oder weniger schwer passirbare Wasserrisse gegen den Cirnjalka-Bach ab; zu ihrer Rechten begleitet sie die linke Uferwand des Tučenica-Baches.

Ein continuirliches rasches Fortkommen ist in Folge dessen nur an der Strasse selbst in einer Breite von etwa 1000 Schritten möglich.

Will man links vorgehen, so muss man aus dem 2000 Schritte von der Strasse entfernten Wasserriss von Uzendol in jenen von Brestovec hinübersteigen; aus diesem muss man wieder über eine Abzweigung des Hauptrückens in den Wasserriss hinabrücken, der am Fusse des grünen Berges und an Krshine vorbei, etwa 1000 Schritte von den auf dem grünen Berge angelegten türkischen Befestigungen läuft.

Dieser Wasserriss bildet bei der Annäherung an den grünen Berg die letzte gedeckte Aufstellung. Wie man aus ihm heraustritt, ist man schon auf dem glacisartigen Abhang dieses Berges, der wie ein mächtiges Bollwerk den Zugang zu dem nur mehr 5000 Schritte entfernten Plevna verwehrt.

Zur Rechten der Strasse ist die Annäherung in dem 1500 Schritte breiten Abfall zur Tučenica-Schlucht zwar nicht durch viele Wasserrisse, aber durch die Steile sehr beeinträchtigt.

Natürliche Stützpunkte für die Annäherung an den grünen Berg, sind demnach nur an der Strasse selbst zu finden: der erste in der Kuppe östlich Uzendol, etwa 4000 Schritte, und ein zweiter in der breiten Kuppe vorwärts Brestovec, etwa 2000 Schritte von der Front der türkischen Positionen entfernt.

Bei einem regelmässigen Angriffe auf Krshine und den grünen Berg musste man in Folge dessen die erste Artillerie-Aufstellung, wenn möglich sofort bei Brestovec, zum Mindesten aber bei Uzendol einrichten, diese Positionen als Basis für den Angriff der Infanterie, fortificatorisch verstärken, um schliesslich westlich der Strasse, wo man den feindlichen Werken bis auf 1000 Schritte nahe kommen konnte den Hauptstoss selber auszuführen.

Aus dieser Terrain-Beschaffenheit konnte man demnach auch leicht den Schluss ziehen, dass der Angriff längs der Chaussée Lovča—Plevna gerade so zu einem Frontal-Angriffe führen würde, wie die Angriffe in dem Grivica- und in dem Radisevo-Abschnitte, — dass ein Angriff auf den grünen Berg ebenso als ein Kraftstück ersten Ranges, nur mit ganz bedeutenden Kräften und nur nach eingehender gründlicher Vorbereitung gelingen könnte.

Nach rechts — östlich — war der Abschnitt von Brestowec mit jenem von Radisevo durch 2 Wege verbunden. Der eine — der nördliche — passirt die Steilränder des Tučenica-Baches bei einer Mühle, 3000 Schritte von der feindlichen Aufstellung entfernt. Die nächste

Verbindung läuft schon 6000 Schritte weiter rückwärts über Tučenica und Bogot.

Man kann demnach nicht sagen, dass die gegenseitige Unterstützung in den beiden Abschnitten leicht war; — aber sie war doch, selbst ohne weitere Vorkehrungen, möglich.

Westlich grenzte an den Abschnitt von Brestovec bis an den Widfluss, beiderseits des schwer passirbaren Cirnjalka-Baches, eine etwa 8—10.000 Schritte breite Wald- und Gebüsch-Zone.

Erst etwa 7 Kilometer westlich der Strasse Lovča—Plevna zog durch diese unwirthliche Zone ein als Parallelweg auszunützender Feldweg von Karakiöj nach Trnina. Eine dorthin dirigirte Colonne stünde etwa 4000 Schritte von den an den Wid angelehnten Flügelwerken der türkischen Befestigungs-Linie; — etwa 11.000 Schritte weit, also ganz isolirt von der Haupt-Colonne an der Strasse.

Der ganze Weg war daher nur behufs Instradirung einer Flankendeckung des Gros, oder als Marschlinie für eine selbständig auftretende, zum Angriffe oder zur Demonstration gegen den äussersten Flügel der türkischen Südfront bestimmte Colonne auszunützen.

Das heisst: die ganze Südfront war nur längs der Chaussée selbst anzugreifen.

Weiter ausholende Bewegungen führten bereits auf das linke Wid-Ufer.

Für diese stand eigentlich nur jener Fahrweg zur Verfügung, welcher kurz nördlich Lovča in nordwestlicher Richtung abzweigt, über Eski und Jeni Berkac zieht, von da in zwei Zweigen: links über Cirikova, rechts über Medeven, mittelst Furten auf das linke Wid-Ufer setzt und bei Gorni- und Dolne Dubnik die Chaussée Plevna—Sofia erreicht.

Eine über Medeven dirigirte Colonne wäre von der Colonne Lovča—Plevna über 10 Kilometer und ebenso weit von der Wid-Brücke; in Dolne Dubnik aber auf der Höhe, welche die natürliche Vorrückungs-Richtung für alle auf dem linken Wid-Ufer beabsichtigten Angriffe bildet, gar 24.000 Schritte oder 18 Kilometer entfernt gewesen.

Jede derartige ausholende Bewegung gegen den Rücken der Stellung Osman's, musste also erstens schon von Lovča aus geplant und begonnen werden; sie bedingte zweitens ein vollkommen selbstständiges Auftreten dieser Colonne; und wenn sie mehr als Flankendeckung oder Demonstration sein sollte, auch eine starke Dotirung an Infanterie und Artillerie.

Im Ganzen aber war jeder Angriff in dieser Richtung zu isolirt, und zu precär basirt, um als Hauptangriff gewählt zu werden. Ueberdiess führte auch diese Richtung auf die — damals allerdings erst im Baue befindlichen — Werke des türkischen Brückenkopfes am linken Wid-Ufer, also wieder auf eine befestigte Front.

Wohin man nur blickte, überall nackter Frontal-Angriff.

Im Grivica-Abschnitt, und im Radisevo-Abschnitt, waren dieselben Positionen, an welchen man sich am 30. verblutet hatte; im Abschnitte von Brestovec und im Wid-Abschnitte waren zwar neue, aber nicht minder starke Positionen anzugreifen.

Alle vier Abschnitte konnte man auf keinen Fall zugleich angreifen wollen; nicht ein Mal die drei zusammenhängenden.

Denn auch von diesen zeigte jeder eine circa 5000 Schritte breite Befestigungsfront als Angriffs-Object.

Man hatte also zu wählen, in welchem der drei Abschnitte der Hauptangriff geschehen sollte.

Nach der allgemeinen Lage konnte hiefür in erster Linie nur der Abschnitt von Brestovec in Betracht kommen; er war zwar eben so stark wie die andern; aber der Angriff über Krshine führte wenigstens directe in den Rücken Plevna's.

Drang man ein, und das war ja die Voraussetzung, so hatte man das Noyau Plevna selbst.

Für die östlichen Angriffs-Richtungen mochte sprechen, dass man das Angriffs-Terrain schon kannte und die bereit liegenden 24 schweren Belagerungs-Geschütze — 24-pfünder — leichter gegen die Ostfront als gegen die Südfront heranzubringen waren.

Die Widfront schloss sich von selbst aus.

In jeder der 5000 Schritte breiten Fronten selbst musste man wieder eine specielle Angriffsstelle auswählen; — je nach der Möglichkeit die Angriffsbatterien zu placiren.

In dieser Hinsicht zeigten sich, der Karte nach zu urtheilen, in dem Grivica-Abschnitte die Grivica-Redoute Nr. 1, in dem Radisevo-Abschnitte die zwischen dem Wege Pelišat—Plevna und der Chaussée gelegenen Redouten, mit ihren Nebenwerken, und im Brestovec-Abschnitte, die zwei zwischen dem Orte Krshine und der Chaussée gelegenen Redouten als die günstigsten Angriffsstellen; — jede etwa 2000 Schritte lang.

Zur umfassenden Placirung der Angriffs-Batterien gegen diese Stellen war der Radisevo-Abschnitt der günstigste; hier war die Angriffsstelle sogar flankirend zu beschiessen: von dem Höhenrücken nördlich Radisevo mit einer 4000 Schritte breiten Front und der Kuppe südlich Grivica mit einer 3000 Schritte breiten Front.

Auf dem ersten hatten etwa 30 Batterien oder 180—200 Geschütze, und auf dem zweiten etwa 20 Batterien oder 120—150, also im Ganzen 300—350 Geschütze — neben einander — (mit 20—25 Schritte Intervallen) Platz.

Zwischen diesen zwei grossen Batterielinien und an beiden Flügeln wäre noch etwa 4000 Schritte Raum geblieben, um, ohne die Artillerie-Aufstellung zu verändern, die Infanterie anfänglich als Schutz für die Batterien und später als Angriffstruppe zu formiren.

Der nächst günstige Abschnitt für die Anordnung grosser Batterie-Linien, war der Abschnitt von Brestovec, hier konnte man westlich Brestovec etwa 20 Batterien und an der Chaussée etwa 10 Batterien, in Summe 200 Geschütze auf 2500—3000 Schritte Entfernung von den „grünen Berg-Werken" in Verwendung bringen.

Unter deren Schutze konnte man wieder, namentlich zur Linken der Batterien und zwischen beiden Batterie-Linien die Infanterie anfänglich im Sinne einer Geschützbedeckung und später nach Bewältigung der feindlichen Feuerkraft, entweder zu einem einfachen Anlaufe oder aber zu einer Art schrittweisen Angriffes ansetzen.

Den beschränktesten Angriffsraum bot der Grivica-Abschnitt; hier waren kaum 120 Geschütze in eine, noch dazu reine frontale Position zu bringen.

Zwei Beschränkungen musste man sich in Ansehung des allenthalben nur frontal auszuführenden Angriffes und wohl auch in Erinnerung an die Schwierigkeiten, welche Suleiman vor kaum 14 Tagen an den russischen Werken gefunden hatte, jedenfalls auferlegen.

Erstens: Den Artillerie-Angriff nicht früher zu beginnen, als bis man sich auf 2500—3000 Schritte ordentlich eingebaut und die Artillerie-Aufstellung möglichst gesichert hatte; und

zweitens: den Infanterie-Angriff nur nach ausreichender Artilleriewirkung und nur im grossen Style, mit mächtigen Reserven zu organisiren.

Für den Artillerie-Angriff standen allein vom IX. und IV. Corps je 14, dann die 6 Batterien der 2. Infanterie-Division, zusammen 34 Batterien mit circa 270 Geschützen, und überdies 24 schwere Belagerungs-Geschütze, also etwa 300 Geschütze zu Gebote.

Wollte man die Terrain-Vortheile in Hinsicht der Artillerie-Vorbereitung vollständig ausnützen, so konnte man schon aus einem Vergleiche des disponibeln Artillerie-Materials mit der eventuell zu etablirenden Angriffsbasis ersehen, dass man nicht in 2 Abschnitten zugleich einen Hauptangriff rationell vorbereiten konnte.

Man hatte nur die Wahl, Einem Abschnitte alle Kräfte, die überhaupt noch mit Vortheil dort Verwendung finden konnten, zuzuwenden, und in den andern Abschnitten mit dem was übrig blieb den Gegner festzuhalten.

In diesem Sinne und in Hinsicht bestmöglicher Vorbereitung des Infanterie-Angriffes, würde es sich vielleicht heute als richtig darstellen, wenn man nach dem organischen Verbande der für den Angriff auf Plevna disponibeln $8^1/_2$ Divisionen und der gleichen Ausdehnung, und den gleichen Schwierigkeiten der einzelnen Abschnitte sich für den Haupt-Angriff auf Krshine, u. zw. mit etwa $5^1/_2$ oder 6 Divisionen entschlossen; zum mindesten aber etwa das IV. Corps, die 2. Infanterie-Division und die 3. Schützen-Brigade für den Angriff auf Krshine, das IX. Corps für den Abschnitt von Radisevo, die Rumänen für den Grivica-Abschnitt, bestimmt hätte.

Die zwei letztgenannten Gruppen hätten naturgemäss nur das Pivot für den einschwenkenden linken Flügel gebildet; dessen 200 Geschütze mit den Belagerungs-Batterien, mussten, nachdem der Feind aus dem Vorfelde der Artillerie-Aufstellung auf den grünen Berg zurückgedrängt war, als Angriffs-Batterien eingebaut, und der Artillerie-Kampf systematisch geführt werden, während je Eine Division unterstützt durch die erübrigten Batterien an den Flügel der Artillerielinien Terrain zu gewinnen, und sich so nahe als möglich an der gegnerischen Aufstellung festzusetzen suchte.

Die andern Divisionen blieben einstweilen bei Uzendol und Karakiöi hinter dem umfassenden Flügel, in Reserve.

Die fast ganz entbehrlichen Cavallerie-Divisionen des IV. und IX. Corps, die donische und kaukasische Kosaken-Brigade, also etwa 12 Cavallerie-Regimenter, unterstützt durch einige Bataillone Infanterie, konnten über Trnina und Medeven im Widthale und auf den

Höhen von Dolne Dubnik gegen die Südfront und den Brückenkopf zur Sicherung der linken Flanke und demonstrirend vorgehen.

Die Nordfront wäre bloss zu beobachten gewesen.

Die Erfolge der Haupt-Colonne mussten als massgebend betrachtet werden für das Verfahren der andern; die Wahl des Zeitpunktes für den Haupt-Angriff musste, wenn das Ober-Commando nicht selbst die Leitung des Haupt-Angriffes übernahm, dem Commandanten vor Krshine überlassen werden; hiernach mussten die demonstrativen Angriffe, der Beginn des Bombardements, die Art der Fortsetzung desselben etc. in den andern Abschnitten geregelt werden.

Der Sturm-Angriff selbst hätte in einem Vorbrechen der Divisionen erster Linie beiderseits der Batterie-Fronten bestehen müssen, während die 2 oder 3 Reserve-Divisionen womöglich in 2 oder 3 Treffen getheilt und mit ihrer Artillerie versehen auf 1000 oder 1200 Schritte in der Hauptrichtung folgten; bereit, sofort in den Angriff der vorderen Divisionen einzugreifen, wenn neue Impulse nothwendig werden sollten, oder um Flankenangriffe abzuwehren u. dgl.

Es musste in jeder Division weiters genau angegeben sein, welche Truppen als äussere Reserve den Stützpunkt für die Besatzung der genommenen feindlichen Werke bilden, welche Batterien sofort einfahren sollten, welche Artillerie-Mannschaft die etwa genommenen feindlichen Geschütze zu bedienen hatte; kurz der ganze Angriff musste in methodischer Weise in seinen Phasen vorgesehen und sowohl für die Ausbeutung der Erfolge, als durch Herrichtung und Besetzung der Basisfronten für den Fall des Misslingens vorgedacht sein.

Der Angriff der Westarmee auf Plevna.

(Siehe Skizze 7, nächste Seite.)

Die russische Heeresleitung entschloss sich für einen gleichzeitigen Angriff aller 3 Abschnitte der Ost- und Süd-Front.

Gegen die Grivica-Werke wurden die 3 Divisionen Rumänen, gegen die Radisevo-Front die 4 Divisionen des IX. und IV. Corps, gegen die Südfront 1$^1/_2$ Divisionen, die 2. Infanterie-Division und die 3. Schützen-Brigade dirigirt.

Die Belagerungs-Geschütze wurden zum grössten Theile in dem Radisevo-Abschnitte zur Verwendung gebracht; ein kleiner Theil ward der Colonne Imeritinski zugetheilt.

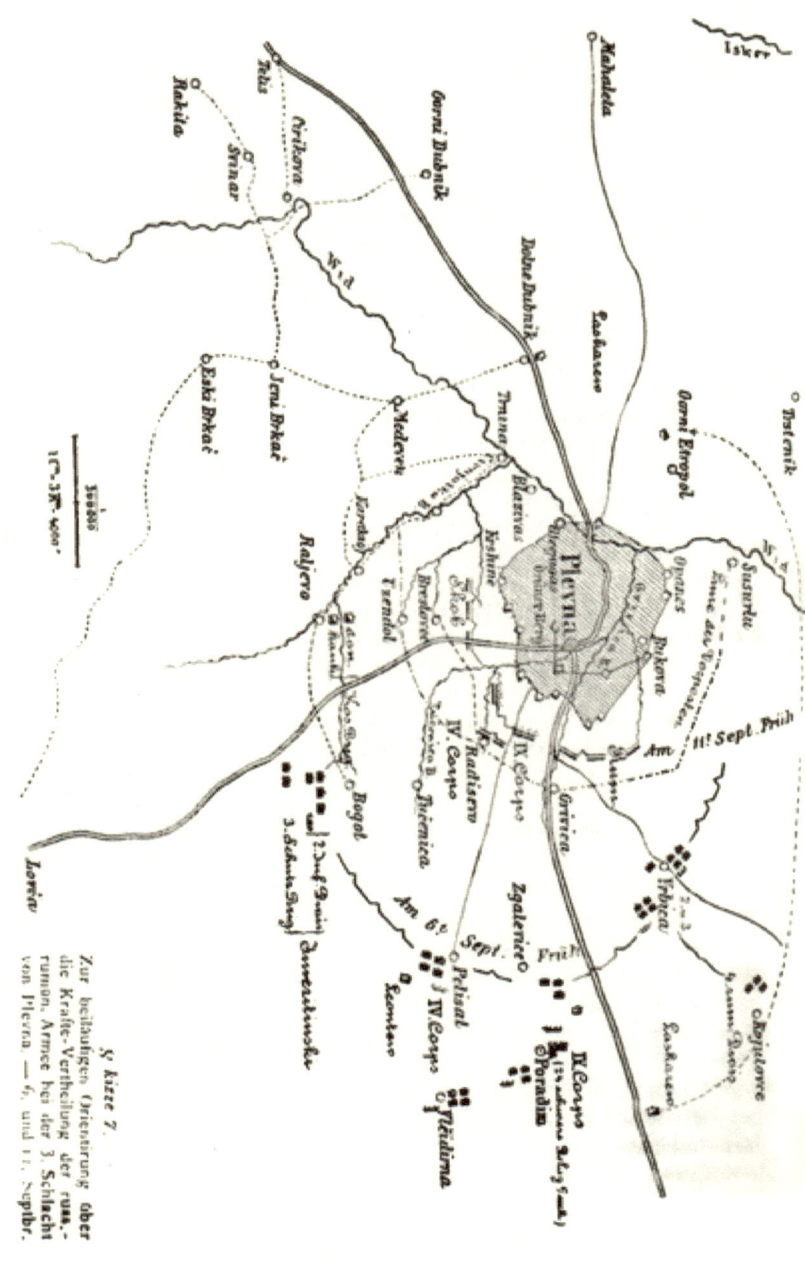

Skizze 7.

Zur beiläufigen Orientierung über die Kräfte-Vertheilung der russ.-rumän. Armee bei der 3. Schlacht von Plevna — 6., und 11. Septbr.

Am stärksten bedacht erscheint hiernach der Radisevo-Abschnitt.
Dort war auch das Hauptquartier des Oberst-Commandirenden etablirt; dort wurde auch eine grosse Tribüne als Observatorium errichtet.

Am 6. rückten die Rumänen von Vrbica her, das IV. und IX. Corps von Pelišat—Zgalevice her bis Grivica und Radisevo, auf 4—5000 Schritte vom Feinde vor, und setzten sich fest.

Die in der Skizze 7, wie auch schon früher, angewendeten viereckigen Truppen-Bezeichnungen — meist $1^1/_2$ Millimeter breit und 1 Millimeter tief — stellen, dem Massstabe der Skizzen entsprechend, etwa 600 Schritte breite und 400 Schritte tiefe Colonnen dar.

Ein russisches Regiment in „Reserve-Aufstellung", hat jedoch nur 240 Schritte Frontbreite und 60 Schritt Tiefe.

Die drei Bataillone, jedes in einer Art Doppel-Colonne formirt, stehen hiebei mit einem Intervalle von 50 Schritten n e b e n e i n a n d e r.

In der „Reserve-Aufstellung" der vereinigten Truppen-Division sind die 4 wie oben formirten Regimenter und die 6 Batterien (in 2 Treffen) h i n t e r e i n a n d e r angeordnet, so dass die Gesammt-Ausdehnung der Divisions-Front noch immer bloss 240 und nur die Tiefe etwa 350 Schritte zählt.

Innerhalb der Cavallerie-Division stehen die beiden Brigaden mit einem Intervalle von 280 Schritten nebeneinander; die Batterien rückwärts. Gesammt-Ausdehnung der Front: 760, der Tiefe 356 Schritte.*)

Die für die Rendez-vous und Reserve-Aufstellungen angewendeten Truppenzeichen sind daher — so wenig imponirend sie sich auch ausnehmen — noch immer zum Theil zwei und dreifach überhalten und wir bekommen damit wohl eine kleine Idee, wie sich die Truppen erst im Terrain verlieren müssen und wie kolossal man sie massiren müsste, um nur im Bilde den Eindruck einer machtvollen Concentrirung hervorzubringen.

Im Gefechte ist die Front-Ausdehnung eines Bataillons je nach der Zahl der in's erste Treffen gezogenen Compagnien 300 oder auch 800 Schritte, die eines Regiments, mit 2 Bataillonen und den

---

*) Wir entnehmen diese Angaben dem selten gediegenen „Leitfaden der Taktik für die Junkerschulen" des russischen Generalstabs-Obersten Levizki, veröffentlicht im „Woennii Svornik" vom Jahre 1875. Die hier niedergelegten taktischen Anschauungen hatten beim Beginne des Feldzuges offenbar noch nicht alle Theile der russischen Armee durchdrungen.

Batterien im ersten, mit einem Bataillon im zweiten Treffen, 600 bis 1000 Schritte; die Tiefe 5—600 Schritte.

Die für die Gefechtslinie angewendeten dreieckigen Zeichen sind daher schon in einem annähernd richtigeren Verhältnisse gezeichnet.

In der Nacht zum 7. wurden in aller Stille 18 rumänische und 12 russische Batterien gegenüber den Redouten des Grivica- und des Radisevo-Abschnittes errichtet.

Am 7. begann der Geschützkampf insbesondere gegen die nördlich Grivica gelegene „Grivica-Redoute Nr. 1" und gegen die schon erwähnte „Radisevo-Redoute", seitens der Feld- und der Belagerungs-Geschütze.

Skobelew als Avantgarde-Commandant der Truppen Imeritinski's, gelangte an diesem Tage in die Höhe von Brestowec, trat in directen Contact mit den im Nachbar-Abschnitte bei Radisevo, stehenden Truppen Krüdener's.

Der tactische Aufmarsch der russischen Truppen vor Plevna war vollendet.

Am 8. ward die Beschiessung der Angriffs-Fronten im Grivica- und Radisevo-Abschnitt fortgesetzt.

Skobelew als äusserster linker Flügel, hatte zu trachten, sich näher an dem grünen Berge festzusetzen und durch den Druck auf die Krishine Stellung die Vertheidigung der Grivica- und Radisevo-Front zu schwächen.

Er entledigte sich seiner Aufgabe mit unermüdlicher Entschlossenheit, und wie es heisst unter mancherlei Reibungen mit seinem Ober-Commandanten, der in Hinsicht der beschlossenen Durchführung des Angriffs anderen Ansichten, als jenen des Hauptquartiers gehuldigt haben soll.

Skobelew drang bis an die türkischen Verschanzungen vor, ward aber, angeblich von den Reserven Imeritinski's nicht unterstützt, auf die Kuppen von Brestovec zurückgeworfen; dort setzte er sich fest.

Ueber seine Verwendung ward die linke Flügel-Colonne durch eine Division des IV. Corps verstärkt, so dass, entgegen der Anlage der Schlacht, die linke Flügel-Colonne von nun an aus $2^1/_2$ Infanterie-Divisionen bestand, und auf jeden der andern Abschnitte nur mehr $1 \cdot 1$ Divisionen entfielen.

Am 9 wurden die Batterien an der Ostfront, weil sich die Entfernung für die 4 Pfünder als zu weit erwies, etwas vorgeschoben;

ein Theil der Belagerungs-Geschütze rückte in die Position der Feldgeschütze nördlich Radisevo ein.

Laskarew erschien mit etwa 8 Regimentern der 4. Cavallerie-Division und 4 rumänischen Cavallerie-Regimentern an der Westfront von Plevna, am linken Wid-Ufer.

Krüdener schob sogar schon eine ganze Infanterie-Division (die 31.) bis an die Höhe heran.

Am 10. ward aus diesen vorgeschobenen Batterien die Beschiessung fortgesetzt.

Trotz der schon 4 Tage dauernden Beschiessung sollen am Abende dieses Tages die meisten der Generale die Artillerie-Vorbereitung für noch nicht genügend weit gediehen erachtet haben.

Zu einer weiteren Fortsetzung der Geschütz-Vorbereitung fehlte die Munition; auch waren Nachrichten vom Grossfürsten-Thronfolger eingetroffen, die eine rasche Beendigung der Plevnaer-Affaire wünschenswerth machten.

Entgegen der Mehrheit der Mitglieder des Kriegsraths bestimmte der Grossfürst den Haupt-Angriff für den 11.

Die Rumänen sollten die Grivica-Redoute, Krüdener sollte im Radisevo-Abschnitte, Skobelew gegen Krshine zum Haupt-Angriffe vorgehen.

Der allgemeine Angriff sollte Nachmittag um 3 Uhr beginnen.

Die Action begann indessen schon früher; — um 9 Uhr Vormittags.

Skobelew griff — aus welchen Gründen, ist noch unbekannt — vor der gegebenen Stunde, die türkischen Schanzen bei Krshine an.

Es gelang ihm in die Verschanzungen einzudringen und sich darin festzusetzen. Krüdener's linker Flügel ward hierdurch auch zum Vorgehen verleitet, wurde aber zurückgeworfen.

Als Nachmittags 3 Uhr der rechte Flügel Krüdener's und die Rumänen bei äusserst dichtem Nebel und starken Regen ihrerseits zum Haupt-Angriffe ansetzten, musste ihre Vorrückung wie ein ganz isolirter Vorstoss erscheinen.

Der rechte Flügel Krüdener's reussirte nicht; — die Rumänen hingegen drangen nach einem wechselreichen Gefechte in die Grivica-Redoute Nr. 1 ein, und behaupteten sich auch dort.

Am Abende des 11. waren die russisch-rumänischen Truppen an zwei Stellen in die türkische Linie eingedrungen.

... ...-Commando, wie das übrigens manches
... ...hren vorzukommen pflegt, das Gefühl,
... ...ben zu sollen.
... ... bei Sonnen-Aufgang seine Reserven zur
... ...enen Positionen vor.
... Grivica-Redoute gelang nicht; — die Türken
... ...um 1000 Schritte davon entfernte Grivica-
... ...nd verhinderten von da aus jede weitere Aus-
... ...tens der Rumänen.
... Skobelew gelang vollkommen.
... ... 11. Abends um Zusendung von Verstärkungen

... Krüdener's waren zwar bloss etwa 2—3 Stunden
... ...ber grossentheils erschöpft; die Rumänen zu weit.
... ...sicht nach hätten auch 2 oder 3 neu eintreffende
... ... Endresultate wenig geändert.
... Kräften kann man im Moment der Krise die
... ... des Erfolges zum Sinken bringen; nach der Krise
... ...stens den Rückzug.
... ...samen Entscheidungen kann man die Erfolge nicht
... ... und Enden zusammentragen; sie wollen geplant sein.
... ... sich mit seinen, vom vorigen Tage auf das Äusserste
... ...ppen gegenüber dem Vorstosse der türkischen Reserven
... ... Er ward geworfen.
... ... Errungenschaften ging auch die sechstägige Schlacht
...

... Seite des Vertheidigers bewundern wir vor Allem den
... ... eine so ausgedehnte Stellung, wie jene bei Plevna, trotz
... ...end für ihre Vertheidigung unzureichenden Kräfte, zu
... ...

Wir bewundern die Energie, mit welcher man daran ging, diese
... ...itten zu machen, das Geschick, mit dem diese Aufgabe
... ... wurde, wir bewundern aber vor Allem das Glück, das diesen
... ...erkennungswerthen Bestrebungen lächelte.

Wenn wir derart der Ansicht Ausdruck geben, dass vielleicht bei
... ... noch mehr überlegten planmässigeren Anlage auch in die Be-
... ... von Osman's hätte eingebrochen werden können, so wollen

wir einen Moment bei der jedenfalls hochinteressanten Thatsache verweilen, wieso die 50.000 Mann Osman's überhaupt eine 30 Kilometer oder 8 Stunden lang ausgedehnte Front halten konnten.

Nehmen wir an, dass obige 50.000 Mann ebenso viele Gewehre repräsentiren, und für jeden der angegriffenen 3 Abschnitte, d. i. für 15.000 Schritte der Vertheidigungs-Front je 10.000 Gewehre, und für die Wid-Front — gegen Laskarew — und die nördliche Front im Ganzen auf 35.000 Schritte nur 10.000 Gewehre veranschlagt wurden, so zeigt sich zunächst eine allgemeine Reserve von nur 10.000 Gewehren.

In jedem der 5000 Schritte breiten angegriffenen Abschnitte muss man nun die eine Hälfte für die 1. Linie, die andere Hälfte, als „Abschnitts-Reserve" veranschlagen.

Es zeigen sich dann in jedem Abschnitte in 1. Linie auf einer Entfernung von 5000 Schritten etwa 5000 Mann; in 2. Linie wieder 5000 Mann und für den Fall der äussersten Noth die 10.000 Mann der allgemeinen Reserve; im Ganzen also 20.000 Mann.

Die erwähnten 5000 Mann erster Linie brauchen allein schon von 1000 zu 1000 Schritten irgend ein Werk als Stützpunkt für die langen Linien der Jägergräben und gedeckten Wege, so dass auf jede Front etwa fünf Infanterie-Stützpunkte entfallen müssen.

Rechnet man für jedes dieser Werke nur 500 Mann Besatzung, so erübrigen für die Besetzung der sie vertheidigenden Jägergräben und Logements in einer Front von 5000 Schritten nur je 2500 Mann oder 5 schwache Bataillone.

Von den 100 Geschützen, die Osman's Armee besass, entfielen auf jeden der 3 Abschnitte etwa 30. War also auch die Infanterie-Besatzung zur Noth ausreichend, so war die Artilleriekraft eine geradezu minimale.

Der Angreifer konnte sie mit zehnfacher Ueberlegenheit bekämpfen.

Dass sich Jemand getraut, mit 20.000 Mann und 30—50 Geschützen eine bloss mit Feldwerken garnirte Front von 5.000 Schritten gegenüber einem Angreifer halten zu wollen, der gegen diese 5000 Schritte von Haus aus 200—300 Geschütze und fast 40.000 Gewehre, ja eventuell selbst 400 Geschütze und 60—80.000 Mann zur Verwerthung bringen kann, das ist gewiss des schönsten Lobes werth.

Die Nachricht, dass 100.000 Russen nicht im Stande waren, nach mehrtägiger Artillerie-Vorbereitung eine an der Angriffs-Front über 30 Kilometer lang ausgedehnte und von nur 50.000 Türken gehaltene befestigte Stellung zu nehmen, wirkte geradezu verblüffend.

Neue Varianten tauchten auf zu den Fragen über den Werth der Befestigungen, über ihren Einfluss im Feldkriege.

Schon glaubte man, ein jeder General trage mit dem Linnemann'schen Spaten sein Plevna mit sich, und die Ereignisse vor Plevna würden eine neue Aera der Kriegführung inauguriren.

Erkennen wir aber auch die nächste Ursache der Erfolge Plevna's zumeist in der Persönlichkeit des Vertheidigers von Plevna, und in dem Geschicke, mit welchem er die Feld-Befestigung seinen Absichten dienstbar zu machen wusste, so müssen wir doch anderseits als weitere, und schwerwiegende Ursache derselben, die zu gleichmässigen, zu verallgemeinten, theilweise auch erst im letzten Momente improvisirten Angriffs-Anstalten der Russen anführen.

Das wichtigste Moment für das Gelingen des geplanten Angriffes lag in der Artillerie-Vorbereitung.

Diese war wohl kräftig gedacht, aber nichts weniger denn kräftig durchgeführt.

Sie dauerte eigentlich 5 Tage, vom 7. bis zum 11. Nachmittags.

Bei dem Gefechte am 30. Juli ward allgemein behauptet, die Artillerie sei zu wenig verwendet worden; schon um diesem Vorwurfe zu begegnen, mochte die russische Heeresleitung wünschen, dem Infanterie-Angriffe eine besonders intensive Kanonade vorausgehen zu lassen.

Im Zusammenhange damit, scheint man auch beabsichtigt zu haben, den Gegner während der ganzen Dauer desselben alarmirt zu halten, und moralisch zu erschüttern; man wollte vielleicht auch den Gegner bis zum letzten Augenblicke im Unklaren über die Haupt-Angriffsrichtung lassen.

Die Artillerie-Vorbereitung versagte ganz; den meisten Berichten zufolge desshalb, weil man das Feuer auf zu grosse Distanzen eröffnete; wohl auch der zahlreichen Hohlbauten der Türken wegen und am meisten wohl desshalb, weil man eben überhaupt keinen Hauptangriff organisirt hatte.

Das Artillerie-Feuer stand nämlich, was für die Beurtheilung seines Werthes am massgebendsten ist, mit dem Hauptangriffe nur in einem sehr geringen Causal-Nexus.

Es fehlte ihm das taktische Colorit, es war eine rein artilleristische Leistung.

Die Russen verwendeten zwar ihre 400 Feld-Geschütze vollständig, aber viel zu gleichmässig.

In dem Grivica-Abschnitte standen die 120 Geschütze der Rumänen, in dem Radisevo-Abschnitte, wo allein 400 Platz gehabt hätten, ausser 20 Belagerungs-Geschützen, nur 21 Batterien oder 160 Geschütze vom IV. und IX. Corps, und in dem Brestovec-Abschnitte, wo 200 Platz gehabt hätten, die 100 Feld-Geschütze der 2. und 16. Infanterie-Division und 4 Belagerungs-Geschütze.

Die Disponirung der Artillerie erfolgte also wohl im Sinne einer Massen-Verwendung, aber nicht im Sinne einer Massenwirkung. Um diese zu erzielen, musste im Sinne der Gefechtsidee die Disposition mit der Artillerie im engsten Anschlusse an die Aufgaben der Corps die concentrische Feuerabgabe aus den Basisfronten von Brestovec und nördlich Radisevo, aus welchen die Angriffsstellen concentrisch beschossen werden konnten, angestrebt werden.

Durch die 24 schweren Belagerungs-Geschütze, konnte man gewiss wenigstens in einer etwa 5—600 Schritte breiten Front den Aufenthalt der Vertheidiger absolut unmöglich machen, und derart eine Einbruchsstelle herrichten.

Um diese Lücke hätte sich schliesslich der ganze Angriff drehen und die Angriffs-Colonnen hätten hiernach gebildet werden müssen.

Das Alles geschah nicht.

Die Schlacht ward weiters, besonders am linken Flügel, ganz als gewöhnliche Feldschlacht geführt.

Jedes Mal, am 30. Juli und am 11. September, drangen die russischen Truppen in die feindlichen Verschanzungen ein. Die Rumänen eroberten und behaupteten sogar die Grivica-Redoute.

Beweis für die Möglichkeit des Eindringens in die Befestigungen.

Sie nahmen diese Werke gewiss nicht in rein frontalem Ansturme, sondern als Folge der allgemeinen, auf einer grossen Ausdehnung angeordneten Angriffs-Anstalten, als Folge hie und da gelungener concentrischer Artillerie-Wirkung oder überwältigenden, — beabsichtigten oder unbeabsichtigten — Infanterie-Flanken-Feuers. — Aber sie nahmen sie.

Unter dem Eindrucke des von mehreren Seiten zugleich drohenden Ansturmes, unter der Nachwirkung einer kräftigen und concentrischen

Massenwirkung der Artillerie, wird oft selbst die tapferste Besatzung ihre Aufmerksamkeit nach so vielen Seiten lenken müssen, dass einer oder der anderen Angriffs-Colonne eine verhältnissmässig wenig verlustreiche Annäherung, eine Art Ueberfall auf die sonst gar nicht zu nehmende Schanze und schliesslich auch das Eindringen in dieselbe gelingt.

Sind ihr Reserven gefolgt und ist Artillerie zur Hand, um sich sofort in dem gewonnenen Werke einzurichten, so ist der wichtigste Schritt gethan.

Im Rahmen eines grossen Gefechts, einer ausgedehnten Gefechtslinie stellt sich auch der Angriff auf Schanzen und selbst auf verschanzte Linien durchaus nicht als ein rein frontaler und isolirter Angriff, sondern ebenfalls nur als ein Hin- und Herschwanken des Gefechtes dar, in welchem, wie sonst, auch dies Mal die Reserven die grösste Rolle spielen und in welchen derjenige schliesslich verlieren muss, welcher deren weniger oder zu wenig hat, oder welcher sie nicht mehr zu rechter Zeit heranzuführen vermag; d. h. so lange eben noch der Kampf wirklich wogt und tobt, und so lange sie noch mitten in den Knäuel der Gefechtsgruppen, „in den trouble des Kampfes" eingreifen können.

Haben sich die beiden Gefechtslinien ein Mal getrennt, so nützt die grösste Reserve nichts mehr: das Höllenspektakel müsste denn von Neuem inscenirt werden.

In der Regel ist aber schon zu Einem derartigen Schauspiel eine solche gewaltige Anspannung der Kräfte nothwendig, dass man die Erneuerung des Angriffes oft schon der Ermüdung und Ermattung der Leute und der stattgehabten Lockerung des Verbandes wegen aufgibt, auch wenn noch genügend Munition disponibel wäre.

Wegen diesem Mangel an Reserven war es weder Schachowskoi am 30. Juli, noch Skobelew am 12. September möglich, die genommenen Schanzen gegenüber dem Ansturme der türkischen Colonnen zu behaupten.

Gewiss war die Verwendung der Reserve auf türkischer Seite in Folge ihrer Aufstellung in der Mitte der ganzen Vertheidigungslinie eine weitaus leichtere, als jene auf Seite der Russen.

Diesen blieb nichts übrig, als sich von Haus aus in der Hauptrichtung möglichst tief zu gruppiren, u. z. mit der unerschütterlich festen Tendenz, eben dort so lange neue Kräfte vorzuführen, bis der Gegner erschöpft wäre, — mit dem gewiss schweren, aber wohl unbedingt nothwendigen Entschlusse: den Gegner langsam oder schnell, aber entschieden niederzuringen.

Auf alles dies gestützt, möchten wir daher glauben, dass von einer absoluten Unbezwinglichkeit der Positionen Osman's kaum im Ernste die Rede sein kann.

Es gibt im flachen Lande keine Position, die 30 Kilometer lang, nur von 50.000 Mann und blossem Feldgeschütz vertheidigt, von einer Armee von 100.000 Mann gleicher Bewaffnung und einer mehr als vierfachen Ueberlegenheit an Artillerie und einigem Belagerungs-Geschütz nicht im regelmässigen Angriffe genommen werden könnte.

Allerdings muss der Angriff mit Ruhe und Ueberlegung organisirt sein.

Der Kraftzuwachs, den der Vertheidiger selbst durch die ausgedehnteste Anwendung von Feld-Befestigungen und Hohlbauten gewinnen könnte, würde die Vortheile nicht aufwiegen, welche der Angreifer in der Wahl der Haupt-Angriffsstelle, in der Massirung der Geschützwirkung, in der Anordnung der Demonstrationen, in der freien Bewegung seiner Truppen fände.

Der Vertheidiger aber würde gegenüber einem solchen organisirten Angriffe bald erfahren, dass es zwar viele Orte gibt, die sich zu einem Plevna eignen, aber wenige Osman's, welche sie zu vertheidigen wüssten.

Wir glauben demnach auch, der feldmässigen Befestigung keinen grösseren als den bisherigen Einfluss auf die Kriege der Zukunft prognosticiren zu dürfen; aber darauf glauben wir hinweisen zu sollen, dass erstens die 50.000 Mann Osman's allein vom 20. Juli bis 10. September, also binnen 6 Wochen, ohne besondere Ausrüstung, aber allerdings in sehr gut zu bearbeitendem Erdreiche ein förmliches verschanztes Lager erbauten, das gegen jeden Handstreich, und jeden nicht planmässig angelegten Ansturm gesichert war.

Welche werthvollen Bauten könnten demnach oft von den Truppen allein binnen wenigen Wochen aufgeführt werden! Welche ausgedehnten Befestigungs-Anlagen würde man an einzelnen Punkten während der Dauer der Mobilisirung und des Aufmarsches theils im Aufmarschraume, theils zur Sicherung der Operationen im Rücken und in der Flanke der Armee nur mit den Mitteln der Feld-Befestigung bewirken können.

Die places du moment könnten also wieder floriren, wie sie zur Zeit Napoleon's florirten; — man erinnere sich nur an seine Befestigungen im Jahre 1807 an der Weichsel und Narew; an die Brückenköpfe an der Passarge; an die Herrichtungen von Passau, Braunau und Linz im Jahre 1805 und 1809.

Seither waren jedoch die places du moment aus der Mode gekommen.

In zweiter Linie wollen wir auf die Thatsache aufmerksam machen, dass nach landläufigen Begriffen ein so ungünstig situirter Ort, — wie das von hohen Thalwänden eingeschlossene Plevna — ganz ungeeignet ist, befestigt und gehalten zu werden.

Von zehn Recognoscenten hätten gewiss neun erklärt: „um Plevna „zu befestigen, müsste man die Werke bis auf den dominirenden „Schlussrücken vorschieben, und Plevna sei — Front gegen Osten — „gar nicht zu halten; — höchstens gegen Westen." — Wie ärgerlich!

Wie viel könnten wir aus der einfachen, dem concreten Falle angepassten Natürlichkeit, und aus der Mässigung der Ingenieure von Plevna lernen!

Zum Schlusse unserer Bemerkungen über die 3. Schlacht von Plevna möchten wir noch ein Moment hervorheben.

Man erzählt, in dem am Abende des 11. September abgehaltenen Kriegsrathe habe der Grossfürst Ober-Commandant allein, entgegen der Mehrheit der Mitglieder, sich unbedingt für den Haupt-Angriff am 12. ausgesprochen.

Wir möchten in diesem Hergang eine der interessantesten Episoden des ganzen Feldzuges erblicken.

Wir bedauern ganz aufrichtig, dass diesem so selbständigen, eigenen, gewaltigen Einflusse keine ebenso gewaltige sachgemässe Durchführung zu Theil geworden ist.

Es ist gewiss eine der schwersten Aufgaben, entgegen der Majorität berufener Männer in so verantwortungsvoller Lage bei seinem eigenen Urtheil zu bleiben.

Aber es ist auch von altersher bekannt, — die Majoritäten waren stets für die schwächlichsten Auskunftsmittel.

Die Geschichte des Kriegsrathes, den Bonaparte 1796 hielt, ist in Jedermanns Erinnerung. Er ward durch Augereau beschämt, der allein gegen alle Andern die rücksichtsloseste Offensive befürwortete.

Bonaparte fand sich nur zu leicht in diesen Gedanken hinein und siegte.

Aber nie wieder setzte er sich der Gefahr aus, von einem Andern an Kühnheit überboten zu werden; er überbot sie von nun an Alle: an Energie, aber auch an sachgemässem Eingreifen.

Kein kriegerisches Talent ist vielleicht dem Napoleon's so nahe verwandt, wie das des Eroberers von Indien.

Wie dieser, kaum 27 Jahre alt, an die Spitze einer Armee gestellt, rief auch Clive am Vorabende der Schlacht von Plassey einen Kriegsrath ein.

Vor ihnen lag ein Fluss; jenseits war das Lager des Grossmoguls, zwanzigfach überlegen an Zahl.

Der Kriegsrath war einstimmig für den Rückzug und Clive mit ihnen.

Aber plötzlich wurde er doch misstrauisch und schloss sich ab, und hörte nur sich, und warf den Beschluss des Kriegsrathes um, und griff an und siegte.

Die Eroberung ganz Indiens war die Frucht dieses einen Entschlusses.

Wo wir auch die Kriegsgeschichte aufschlagen, wir finden die schönsten Thaten stets an solche Entschlüsse geknüpft.

Mit Talenten oder Begabung allein haben solche militärische Entscheidungen allerdings nur wenig zu thun, auch nicht mit militärischem Wissen.

Sie reflectiren vielmehr auf einen ganz eigenthümlichen taktischen Sinn, auf ein besonderes militärisches Gefühl, namentlich aber auf einen leidenschaftlichen Hang in's Grosse und auf die Gabe, jeden Gedanken, sei er gross oder klein, plastisch zu gestalten.

In der Umgebung eines verantwortungsvollen Postens schiessen stets gute und schlechte Gedanken wie Pilze auf.

Es wird kaum je eine Entscheidung geben, in der sich nur drei oder vier Meinungen vollständig vereinen; — ausgenommen, sie wird von einer Autorität gefällt, der sich willig alle andern beugen.

Und doch will jede Idee im Kriege nur nach einer Richtung hin angelegt sein. Alle auftauchenden Gedanken müssen sich einer leitenden Idee anschmiegen. — Darin liegt zweifellos eines der wichtigsten Geheimnisse der Kriegskunst.

Als sich im Jahre 1812 die Russen endlich bei Borodino stellten, riethen Murat und Davoust, die linke Flanke der Russen machtvoll zu umgehen. Der eine wollte hiezu gleich eine Meile weit ausholen;

der andere wollte die Umgehung nur durch einen stärkeren Druck auf den linken Flügel der Russen bewirken; — Napoleon griff frontal an.

Gewiss hatte jede Meinung etwas für sich.

Welche weltgeschichtlichen Momente lagen aber nicht verborgen in dieser Einen Wahl?

Ob die Preussen wohl die Schlacht annehmen werden, frugen sich die französischen Marschälle vor Jena. Ob sie nicht schon abmarschirt sein werden, bis wir auf den Höhen jenseits der Saale erscheinen.

Die Preussen hielten Stand; ja sie griffen selbst an; das hatte ihnen Keiner zugetraut; Ney's Corps kam sogar in's Gedränge; die Ungeduldigen waren ausser sich; sie hätten am liebsten gleich die Garden diesem Angriffe entgegengeworfen.

Die Phlegmatischeren behielten kälter Blut; zuletzt begannen aber auch sie schon zu fürchten und tausenderlei wäre geschehen, hätten nicht Alle an der Ruhe Napoleon's einen mächtigen Wall gefunden, den weder die Aufregung, noch die Furcht, weder Wünsche, noch Phantasien zu überschreiten vermochten.

Und Napoleon selbst!

Auch er machte in seinem Innern einen Sturm um den andern mit. — — —

Welche Anforderungen treten nicht an jeden Feldherrn heran!

Er selbst weiss am besten, welche Schwächen sein Plan hat, welche Bedingungen zum Gelingen unabweisbar sind.

Da erreichen ihn die ungünstigen Meldungen, Alles droht ihm fehlzuschlagen. Alles ist in eine einzige Entscheidung zusammengedrängt; er weiss wie unschätzbar die Minuten sind und in eine dieser muss er seinen Entschluss zusammenpressen.

Fürwahr, die Officiere in den Stäben haben leicht zu rathen; und die Kritik verurtheilt leicht der Feldherrn Thaten.

Doch ihre Kunst ist schwer.

Je kritischer und je schwerwiegender die Entscheidung ist, desto mehr muss die Individualität des Feldherrn in den Vordergrund treten, desto mehr muss sie das ureigenste Gepräge seiner Auffassung, seiner Energie, aber auch seiner Beweglichkeit tragen.

Von operativen Entschlüssen, die einer Commission oder einem Kriegsrathe ihre Entstehung verdanken, hat die Geschichte noch nie etwas Rühmendes zu erzählen gewusst.

Man kann nicht abstimmen lassen über Entscheidungen, die ihrer Natur nach nur dem ungebändigten Vernichtungsstreben eines Einzelnen entspringen müssen.

Man kann nicht durch Stimmenmehrheit über Entschlüsse entscheiden, die in ihrer Durchführung die unbeschränkteste Einheitlichkeit und die rückhaltloseste Hingabe, ein vollständiges Aufgehen in der Persönlichkeit des Feldherrn fordern.

Der Feldherr **muss** den moralischen Muth haben, seine Ansicht für die beste zu halten.

Nur so beherrscht er die Situation.

Hat trotzdem ein solcher Entschluss nicht reussirt, so mag sich der Feldherr trösten in dem Gedanken, Alles in einer Richtung, in einem Sinne gethan zu haben, wenigstens nicht Andern zuliebe untergegangen zu sein.

Hat aber dieser eine Entschluss eine verständnissinnige Durchführung gefunden und zum Siege geführt: wie mangelhaft er auch im Detail gewesen sein mag, es finden sich dann schon die Dichter, die ihn besingen, und die Geschichtsschreiber, die ihn als den Inbegriff aller menschlicher Combinationsgabe und scharfsinnigsten Urtheils preisen.

Ist der Rahmen für eine Operation umfassend angelegt, so dass Vorbereitung, Einleitung und Durchführung derselben gewissermassen als ein organisches Ganzes sich abspielen, so ergibt sich übrigens stets ein Entschluss aus dem andern, wie von selbst.

An eine starke Idee schmiegt sich leicht eine andere, und unter ihrer Herrschaft verwerthen Tausende ihre kleinen.

Ist aber keine mächtige Idee vorhanden, oder ist die vorhandene nicht intensiv genug, so gleichen die Ideen der Andern nur zu leicht Irrlichtern; sie schwanken hin, sie schwanken her; ihr trügerischer Schein schwächt nur die Wirkung der einen, grösseren Flamme.

Wie der Wanderer, der falschem Schein getraut, dem Zufall preisgegeben, schwankt auch die Führung, — schwanken auch die Entschlüsse.

Man merkt sofort: Es fehlt die selbstbewusste Sicherheit, die Einfachheit.

Der Erfolg — statt mit einfachen mächtigen Mitteln — mit tausend kleinen Behelfen angestrebt, wird zum Spiele des Zufalls und des Glücks. — Der Untergang entbehrt der Grösse.

Ein Glück, wenn der taumelnde Eine, auch den Andern im Taumeln findet.

Wehe aber dem Schwachen, der mit zaghaften Manövern und überzeugungsbaaren Schritten auf einen Starken trifft.

Bei diesen verlieren sich auf einmal alle unglücklichen Zufälle; es gibt keine kleinen Fehler mehr.

Es ist dann gleichgiltig, ob der Zusammenstoss mit dem Feinde 2 oder 3 Stunden weiter vorwärts oder rückwärts erfolgt, ob ein Commandant eine Unterlassungssünde begeht, oder nicht.

In dem mächtigen Zuge der Ereignisse werden alle kleinen Widerwärtigkeiten und Mängel einfach fortgeschwemmt; sie haben keine Zeit sich geltend zu machen. — Il n'y a pas de petite faute à la guerre.

Einer der gröbsten Fehler, der, noch dazu fast unter den Augen Napoleon's verbrochen ward, war das Nichteingreifen Bernadotte's in der Schlacht bei Jena.

Aber in der allgemeinen Anlage der Operationen lag ein solcher unwiderstehlicher Zug, dass selbst das Ausbleiben eines ganzen Corps nur wenig entschied.

Die Schlacht ward gewonnen, weil sie im grossen Style geplant, der natürliche Abschluss einer mächtigen, willensstarken, auf breiter Grundlage aufgebauten Operation war.

So geht es bei allen energischen Operationen, bei allen grossen Entschlüssen; aber es gehört dazu, dass sie zuvor überdacht und vorbereitet, und nicht losgelassen werden, bis sie reif sind.

Das Schwergewicht jedes Entschlusses liegt demnach immer und überall zweifellos in der Persönlichkeit dessen, der ihn fasst, der ihn ausführt.

Jeder Kriegsschüler kann einen guten Operationsplan entwerfen; dazu gehört nur ein wenig Uebung, oder vielleicht auch viel, gewiss ist damit noch nichts gethan.

Wächst ein Entschluss nicht aus dem Innersten des Feldherrn selbst heraus, ist er nicht der vollendetste Ausdruck seines militärischen Wissens, ein Stück seines Characters, kurz er selbst, so ist er wie der Kuss, von dem Anastasius Grün singt: „Er ist Nichts, wenn Ihr scherzt, doch wenn's Euch ernst ist, Alles".

Solche Entscheidungen mögen dann immerhin als Basis für Operationen dienen; diese mögen auch vom Erfolge gekrönt sein; wirklichen, den Erfolg garantirenden Werth haben sie nicht.

Nur so erklärt sich die geringe Zahl der grossen Feldherrn, nur so ihr Uebergewicht.

Vom besten Willen waren gewiss alle jene Tausende von Commandanten beseelt, die bisher Armeen commandirten, deren Namen Niemand kennt, und an guten Operationsplänen hat es ihnen auch nicht gefehlt; sicher aber an jenem entschlusskräftigen, geistigen Uebergewicht, an jenem Muth, welcher sich gleich ein grosses Ziel zu setzen wagt, und an jenem Tact, welcher zwischen der Wahl der Mittel und dem Endzwecke die richtigen Beziehungen herauszufühlen weiss.

Jeder Operationsplan, jeder Entschluss muss seiner Idee, seinem geistigen Gehalte nach, das ureigenste Product des Feldherrn, die Verkörperung seines militärischen Könnens sein. — Ist er das, so wird auch die ganze Operation den Stempel seines Characters, und so complicirt sie auch sein mag, das Gepräge der Einfachheit und Natürlichkeit tragen.

Am 13. September verliess Skobelew auch die auf der Kuppe von Brestovec als Basisfront eingerichteten Positionen und zog sich in die vor dem Angriffe eingenommenen Stellungen bei Bogot zurück.

Laskarew hielt damals noch Dolne Dubnik am linken Wid-Ufer besetzt.

XVIII.

Die vollständige Einschliessung Plevna's.

Mitte September bis 24. October.

Das russische Hauptquartier sah sich durch die am 11. und 12. September erlittenen schweren Verluste und die dadurch hervorgerufene physische und moralische Erschöpfung veranlasst, von einem nochmaligen Angriffe à vive force abzusehen.

Man beschloss:

auf dem rechten Wid-Ufer mit dem Gros der russischen Armee, wie bisher — Plevna cernirend — stehen zu bleiben;

auf dem linken Wid-Ufer bis zum Eintreffen der für Mitte October angesagten Garden durch ein Cavallerie-Corps die Verbindungen Osman's mit Orhanie zu unterbrechen;

nach dem Eintreffen der Garden aber die vollständige Cernirung Plevna's in Angriff zu nehmen.

Man berief aber auch, was vielleicht mehr werth war, als ein Beschluss, den man alle Tage umstossen konnte, den berühmten Vertheidiger von Sebastopol nach Gorni Studen und übertrug ihm zwar nicht nominell aber de facto die Leitung der West-Armee.

Der geistvolle General Imeritinski ward ihm als Stabs-Chef beigegeben.

Diesen neuen Plänen konnte man um so eifriger obliegen, als damals die von Mehemet Ali so behutsam aufgenommene Offensive gegen Bjela gerade bei Cairkiöj vollkommen zum Stehen gebracht worden war.

Auch ein viertägiges Bombardement der Schipka-Befestigungen aus 4 schweren Mörsern, und ein im Anschlusse daran am 17. September mit wildester Todesverachtung ausgeführter Handstreich Suleiman's auf die Befestigungen des Felsenkegels des Svĕti Nikolai, war noch im letzten Momente vereitelt worden.

Dadurch beruhigt über die linke Flanke an der Jantra und das Centrum bei Schipka, werden nunmehr unter dem Einflusse der methodischen und energischen Persönlichkeit Totleben's, zum ersten Male die Operationen gegen Plevna nach einem grossen Plane dirigirt.

Man erfuhr so ziemlich erst damals, u. z. hauptsächlich wieder durch die öffentlichen Blätter, dass die türkische Kriegs-Verwaltung in dem 4 Tagmärsche von Plevna entfernten Orhanie eine ganz bedeutende Menge von Reserve-Truppen und grosse Depots angesammelt habe.

Gleichzeitig vermuthete man, zum Theile wegen der höchst ökonomischen Gebahrung mit der Munition Seitens der Türken während der letzten Angriffstage, dass Osman Pascha gerade an Geschütz- und Infanterie-Munition bedeutenden Mangel leide.

So trat die Frage der Unterbrechung der Verbindungen sofort als äusserst dringend heran.

Laskarew's 9. Cavallerie-Division sollte nach Bogot einrücken, an seine Stelle aber nunmehr General-Lieutenant Krylow treten.

Die diesem unterstellten Truppen waren die zwei Kosaken-Brigaden, die 4. Cavallerie-Division und 4 rumänische Cavallerie-Regimenter mit 5 Batterien.

Seine Haupt-Aufgabe war: der Armee Osman's die Zufuhr abzuschneiden.

An Material und Zahl stark heruntergekommen, sollen diese 58 Eskadronen kaum 6000 Reiter gezählt haben.

Am 19. trifft General Krylow mit seinem Gros bei Dolne Dubnik, südwestlich Plevna, auf dem linken Wid-Ufer ein.

General Laskarew — nach Bogot eingerückt, — erhält hier den Befehl, die linke Flanke der Armee zu decken, hat also eigentlich der Hauptsache nach dieselbe Aufgabe, wie Krylow.

Man hätte denken sollen, dass diese 2 Körper, zusammen circa 8000 Reiter und 7 Batterien, nach einem einheitlichen Plane, wenn auch nach verschiedenen Richtungen thätig werden würden, einestheils um Plevna gegen Westen abzuschliessen, anderntheils um die eigene Sicherung und die nothwendige Unterbrechung der Verbindung mit Sofia in der Richtung gegen Südwesten zu bewirken.

Wenn der bedeutendere dieser beiden Cavallerie-Körper, weil er schon am linken Wid-Ufer stand, sich der ersten, der unbedeutenderen Aufgabe widmete, so hätte sich dafür wenigstens Laskarew, der zwischen Lovča und Plevna Stehende, sofort nach Orhanie wenden können.

Orhanie ist von Lovča ca. 100 Kilometer, kaum 3 Cavallerie-Tagesmärsche, entfernt.

Von den Wegen, die dahin führen, kommen nur 2 in Betracht:

Ein schlechterer im Thale des Wid aufwärts, bis Teteven führend, und die Chaussée, die etwa 6—10 Kilometer von diesem Thalwege entfernt und parallel mit ihm auf dem Rücken des Berglandes läuft, welches den Raum zwischen Isker und Wid — nicht unähnlich einer Landzunge — erfüllt.

Dadurch, dass die Chaussée fast durchaus die Mitte zwischen diesen beiden Flusslinien einhält, übersetzt sie meist die Ursprungsmulden der westlich zum Isker und östlich zum Wid abrinnenden kleinen Gewässer; jede derartige Uebersetzung markirt eine, wenn auch bescheiden gute Aufstellung für kleinere Abtheilungen.

Die bedeutendsten dieser Abschnitt-Bildungen sind bei Tĕlis, etwa 32 Kilometer, bei Radomirze, etwa 40 Kilometer südwestlich Plevna, und schliesslich bei Jablanica, am Fusse der mächtigen Steigung, die man übersetzen muss, um in den Thalkessel von Orhanie, und damit an den Fuss des Balkan-Hauptrückens — des Etropol-Balkans — zu gelangen.

Von Lovča aber führt auch der schon früher erwähnte Doppelweg über Toros und Turski Ivor an den Wid und von da über Blazinca und Jablanica an die Chaussée, so dass man auf ihm vorrückend, alle Positionen nördlich Jablanica, namentlich aber die von Radomirze umgehen kann.

Die Colonne Laskarew konnte etwa am 20. wieder bis an den Wid, sei es bis an das scharfe Knie kommen, welches der Fluss knapp östlich Tĕlis bildet, oder bis Toros oder bis Turski Ivor; sie konnte weiters am 21. die Chaussée selbst — sei es bei Tĕlis, sei es bei Radomirze, sei es bei Jablanica — erreichen und die einzelnen Wachthäuser und kleinen Befestigungen der Türken von Osten her recognosciren und cerniren, während Krylow von Norden her gegen sie vorging.

Konnte man dann überhaupt noch weiter gegen Orhanie vorrücken, so war Laskarew die natürliche Avantgarde Krylow's.

Die Beschaffenheit des Terrains zunächst dieser Strassen schien der Thätigkeit der Kavallerie allerdings nicht gerade besonders günstig zu sein; im Gegentheile sie forderte — den Zusammenstoss mit feindlichen Abtheilungen überhaupt vorausgesetzt — unbedingt die Mitwirkung von Infanterie.

Als das russische Hauptquartier die Generale Krylow und Laskarew mit fast 20 Regimentern Cavallerie dieser neuen Aufgabe zuwandte, scheint es jedoch den Zusammenstoss mit grösseren feindlichen Infanterie-Abtheilungen durchaus nicht befürchtet, weiters den beiden Commandanten die Nothwendigkeit eines Vorstosses nach Orhanie nicht besonders nahegelegt zu haben.

Denn statt unter gleichzeitiger Eclairirung gegen Rahova und Widdin, directe und energisch gegen Orhanie vorzustossen und wenn sich diesem Vorhaben besondere Hindernisse entgegenstellten, und die Dragoner und Kosaken nicht allein zu deren Bewältigung ausreichten, die Nachsendung von Infanterie zu erwirken, bleibt die russische Cavallerie fast unmittelbar westlich Plevna kleben; ja sie wird am 3. Tage nach ihrer Ankunft selbst angegriffen, und erlebt am 4. die Schmach, dass gewissermassen unter ihren Augen, ein für die Fortführung der Vertheidigung Plevna's höchst wichtiger meilenlanger Convoi **fast unbehelligt** in Plevna einzieht.

Am 19. trifft, wie erwähnt, Krylow bei Dolne Dubnik ein.

Am 20. gelangen seine Aussentruppen nach Tělis; sie finden dort feindliche Infanterie; es wird jedoch erst am 21. constatirt, dass etwa 10 Bataillone Infanterie, 4—5 Escadronen und auch einige Geschütze, also eine förmliche Division, zum Theile in frischen Verschanzungen, dort stehen.

Am 22. rückt diese Abtheilung, ohne besonderen Widerstand zu finden, und ohne dass Krylow um Infanterie gebeten hätte, auf Gorni Dubnik vor.

Krylow vereinbart mit Laskarew einen gemeinschaftlichen Angriff; er erfährt aber bald, dass aus dem Brückenkopfe von Plevna eine starke Abtheilung gegen die in Dolne Dubnik zurückgelassenen Vorposten, also gegen seinen Rücken anmarschirt.

In Folge dessen bricht er die kaum begonnene Kanonade ab und geht den Türken aus den Weg, nach Trstenik zurück; eine Arrièregarde lässt er in Etropol.

Laskarew zieht sich auf Bogot zurück.

Noch in der Nacht auf den 23. rückt die türkische Division von Gorni Dubnik in Plevna ein.

Nun verlässt Krylow bis zum 30. gar die Gegend von Plevna, um einen Streifzug über den Isker an die Donau nach Rahova zu machen.

Kaum zurückgekommen, erfährt er am 3. Oktober, dass neue türkische Abtheilungen bis Lukovica vorgedrungen seien.

Einige Escadronen hielten diese zwar anfangs mit vielem Erfolge bei Radomirze auf; sie werden aber am 6. Oktober von einer ganzen türkischen Division von 8—10 Bataillonen angegriffen.

Trotzdem Krylow bei Etropol und Trstenik jeden Vortoss aus Plevna gegen Dubnik flankirt, erscheint doch gegen Mittag wieder eine türkische Abtheilung, unbelästigt von Krylow, von Plevna her, im Rücken der bei Radomirze engagirten Russen.

Diese weichen nun abermals gegen Norden aus.

Die türkische Division und ihr Convoi ziehen unbelästigt am 8. in Plevna ein.

Die bei diesen Expeditionen gemachten Erfahrungen veranlassen indessen Schefket Pascha seine Aufmerksamkeit auf die Chaussée Orhanie—Plevna in immer intensiverer Weise zu concentriren.

Froh, bis nun stets glücklich nach Plevna hineingelangt zu sein, giebt er sich alle Mühe, die Verbindung mit Plevna auch für die Zukunft sicherzustellen.

Die Strasse Plevna—Orhanie und allenfalls die Abzweigung Cumakovice (am Isker) Vrača—Berkovica bildet ja die einzige, seit den letzten Ereignissen als sehr gefährdet erscheinende Verbindung Osman Pascha's mit dem Hinterlande.

Diese beiden Strassen vereinigen sich südlich Tĕlis; sie stellen somit in der letzten Strecke von der Karaula Derenica, südlich Tĕlis an bis zur Wid-Brücke einen etwa 30 Kilometer langen Strang dar, dessen Durchschneidung unbedingt hintangehalten werden musste.

Eine andere Basirung Osman's als auf Orhanie—Sofia, etwa auf Widdin, musste wegen des unverlässlichen Serbiens zu riskirt erscheinen.

Zu einer energischeren Massregel, zu einem Vorstosse auf Lovča, mochte Schefket Pascha in Orhanie nicht genügend organisirte Kräfte zur Verfügung zu haben; er begnügte sich damit, entlang der Strasse befestigte Positionen zu bilden.

Die bedeutendsten begreiflicherweise in der eben erwähnten Strecke; bei den Orten Tĕlis, Gorni Dubnik, und Dolne Dubnik.

Als Orte an und für sich schon von einer gewissen Wichtigkeit mündeten bei ihnen, was noch massgebender war, die einzigen Wege ein, welche vom rechten Wid-Ufer von Lovĕa her an diese Strecke der Chaussée abgingen.

Diese beiden Wege mussten sich daher der Türken auch als die natürlichsten Angriffswege für den Fall darstellen, dass man von russischer Seite die Unterbrechung der Verbindung Plevna's mit Orhanie mit grösseren Kräften beabsichtigen sollte.

In gleicher Weise scheint aber nunmehr auch die russische Heeresleitung die Bedeutung dieser Strecke und jene der türkischen Massnahmen gewürdigt zu haben.

Gegenüber den befestigten Posten der Türken, konnte man mit Cavallerie auf keine gründliche Unterbrechung der Verbindungen hoffen; grössere Infanteriekörper glaubte man gegenüber Plevna nicht entbehren zu können.

So liess man von kleinen Streifzügen abgesehen, die Dinge am linken Wid-Ufer noch in suspenso bis zum Anlangen der für Mitte Oktober angesagten Garden.

Unterdessen ging man aber auf dem rechten Wid-Ufer mit der Einschliessung Plevna's ganz planmässig und methodisch vor. Der Cernirungs-Gürtel ward immer enger und enger gezogen. Schritt um Schritt wurden die Türken in ihre Hauptpositionen zurückgedrängt.

Der angeschlossene Plan von Plevna, Beilage III, gibt darüber einige nähere Andeutungen.

Der Angriff Gurko's auf Gorni Dubnik.

General-Lieutenant Gurko war nach der Auflösung seines Corps — Anfangs August — als Commandant einer Garde-Cavallerie-Division nach Petersburg zurückgekehrt.

Bei seinem Wiedereintreffen auf dem Kriegsschauplatze ward dem thatkräftigen Manne sofort wieder ein grösseres Feld für seine Thätigkeit eröffnet.

Schon am 7. October trafen die 1. Garde-Infanterie-Division und die Garde-Schützen-Brigade bei Gorni Studen mit der Bestimmung nach Plevna ein.

Die ebenfalls dort befindliche Garde-Cavallerie-Division sollte zum Grossfürst-Thronfolger abrücken; die noch im Anmarsche befindliche 2. und 3. Garde-Infanterie-Division hatte ihr zu folgen.

Die noch ausständigen 2 Grenadier-Divisionen, sollten angeblich Radetzki im Schipka-Pass verstärken.

So liefen am 7. October die anrückenden Verstärkungen — $5^1/_2$ Infanterie-Divisionen — d. i. eine Macht von mehr als 60.000 Streitern Gefahr, zerstückelt und zerrissen zu werden.

Im Bestreben Jedermann zu helfen, stand man im Begriffe, Niemanden ordentlich zu helfen.

An Stelle General's Krylow ward indessen, Mitte October, das Commando über die gesammte bei Plevna — am linken und am rechten Wid-Ufer — stehende Cavallerie dem General-Lieutenant Gurko übertragen. Wohl in der Erkenntniss, dass die Bewegungen und Operationen der Cavallerie unbedingt einer einheitlichen Leitung bedurften.

Vom 10. October an treffen die 1. Garde-Infanterie-Division, die Garde-Schützen-Brigade und die 2. Garde-Cavallerie-Division — Plevna knapp südlich umgehend — über Laskar—Perdilowo in Eski- und Jeni-Berkač an der Strasse von Lovča nach Gorni Dubnik, Front gegen diesen Ort, 12 Kilometer oder einen schwachen Marsch von ihm entfernt, ein.

Die Garde-Schützen-Brigade rückt sogar noch näher bis auf 6 Kilometer Entfernung von Gorni Dubnik, bis Cirikovo vor, in das Knie des Wid.

So stehen $1^1/_2$ Infanterie-Divisionen auf einen kleinen Marsch von Gorni Dubnik und Telis entfernt. Diese Truppen unterstehen dem Commandanten des Garde-Corps.

Gurko und er sollen nun die Etapenlinie der Türken unterbrechen.

General-Lieutenant Gurko, als Hauptbetheiligter an der geplanten Operation und an Ort und Stelle erkennt indessen die Schwierigkeiten, aus dem Thalgrunde herauf die Truppen im Angriffe zu entwickeln; er versichert, dass der Angriff nur dann mit entsprechenden Chancen ausgeführt werden könnte, wenn eine geradezu überwältigende Infanterie-Macht zur Verfügung gestellt würde.

Seinen, vom General Tottleben unterstützten Vorstellungen gelingt es, das russische Hauptquartier von der Nothwendigkeit zu überzeugen, auch die 2. Garde-Infanterie-Division, statt beim Grossfürst Thronfolger bei Plevna zu verwenden. — Damit trug man der Einsicht Rechnung, dass bei einem Angriffe nie genug Kräfte gleichzeitig zur Verwendung gebracht werden können, und dass es besser sei, mit Plevna ordentlich aufzuräumen, als verschiedene Ziele gleichzeitig zu verfolgen.

Die 2. Garde-Infanterie-Division trifft zwischen dem 19. und 20. südlich Plevna ein.

Am 21. beginnen Seitens des Generalstabes der West-Armee die Verschiebungen gegen den Wid zu. — Es klappt nicht recht.

In der letzten Minute reift die Ueberzeugung, eine solche Operation könne nicht von der Ferne — aus Poradim — sondern nur durch einen an Ort und Stelle befindlichen Commandanten geleitet werden.

General-Lieutenant Gurko wird zum Ober-Commandanten über das Garde-Corps und das Cavallerie-Corps ernannt, und hat die entscheidende Unternehmung auf dem linken Wid-Ufer allein zu leiten.

So schwer bricht sich oft aus dämmerigem Nebel die Sonne der Erkenntniss Bahn.

Gurko, endlich aller beengender Fesseln ledig, greift am 24. Gorni Dubnik an, und nimmt es.

Der Verlauf des Gefechtes bewies nur zu deutlich, wie nothwendig die von Totleben und Gurko verlangte grossartige Machtentfaltung war.

Das Schicksal des Tages hing an einem Haar.

Gurko verfügte:

1. Ueber das 6 Brigaden starke Cavallerie-Corps Krylow's, momentan unter dem Commando General Arnoldi's, bei Trstenik und Rybina im Nordwesten Plevna's stehend.

2. Ueber die 9. Cavallerie-Division Laskarew, die noch immer am rechten Wid-Ufer bei Bogot stand.

3. Ueber die bei Eski und Jeni Berkač am Wid versammelte Gruppe: die 1. und 2. Garde-Infanterie-Division, die Garde-Schützen-Brigade und eine Garde-Cavallerie-Division.

Im letzten Momente ward dem Cavallerie-Corps Arnoldi in Trstenik noch eine rumänische Infanterie-Brigade zugetheilt.

Gurko disponirte demnach für die ihm zugedachte Aufgabe im Ganzen über:

11 Cavallerie-Brigaden,
6 Infanterie-Brigaden und
etwa 20 Batterien, d. i. über eine Armee von 50—60.000 Mann und 180 Geschützen.

Die Unterbrechung der Verbindungen Osman's konnte eben so gut durch einen Angriff auf die schon erwähnte Strecke Tĕlis—Gorni Dubnik—Dolne Dubnik, als auch durch einen directen Vorstoss nach Orhanie bewirkt werden.

Im Einklange mit dem Plane: sobald wie möglich Plevna vollständig zu cerniren, entschied man sich für den Angriff der an der Chaussée zunächst Plevna geschaffenen türkischen Positionen.

Man wusste Radomirze, Tĕlis, Gorni Dubnik, Dolne Dubnik von starken feindlichen Abtheilungen besetzt; jede auf 4—5000 Mann Infanterie und etwas Artillerie geschätzt.

Ueber die Grösse und Stärke der Armee Schefket Pascha's, und über die Möglichkeit, die genannten Abtheilungen von Orhanie aus zu unterstützen, hatte man begreiflicherweise keine Daten.

Jedenfalls war es nach den Erfahrungen der letzten Wochen nothwendig, ein Eingreifen grösserer Abtheilungen von dieser Richtung her in Betracht zu ziehen.

Ebenso eine Mitwirkung türkischer Kräfte von Plevna her.

Dolne Dubnik, Gorni Dubnik und Tĕlis zeigten, als Ganzes betrachtet, diesem nach, eine 18 Kilometer — 25.000 Schritte — breite, von beiden Seiten flankirte Angriffsfront.

Man konnte, der vermuthlichen eigenen Ueberlegenheit wegen, wohl rechnen, alle 3 Punkte gleichzeitig, mit genügender Ueberlegenheit (stets 15—20.000 gegen 4—5000 Mann) anzugreifen.

Trotzdem mochte namentlich die ärgerliche Ungewissheit über die Verhältnisse der plötzlich aufgetauchten neuen Armee es als räthlich erscheinen lassen, sich bloss ein Object als Angriffs-Object zu wählen und den Angriff auf dieses sowohl gegen jede Einwirkung von Orhanie, als auch von Plevna her sicher zu stellen.

In diesem Falle war die Bildung von 3 Gruppen, einer für den Hauptangriff, je einer für die Deckung nach rechts und links, nothwendig.

Die Deckung selbst konnte entweder durch das Beziehen einer Aufstellung bewirkt werden, aus welcher man den eventuellen Vorstoss aus Plevna oder von Orhanie aufhalten wollte, oder in offensiver Weise, indem man selbst einen Vorstoss versuchte.

Die erste Art wäre besonders gegenüber von Plevna, wo man eben dem Brückenkopf nichts anhaben konnte, angezeigt gewesen.

Die andere dagegen wäre vielleicht mit Vortheil gegenüber der Armee Schefket Pascha's in Anwendung gekommen.

Nach der organischen Gliederung hätte man zum Hauptangriffe auf einen der 3 befestigten Orte Tĕlis, Gorni oder Dolne Dubnik etwa 4—4$^1/_2$ Infanterie- und 2—3 Cavallerie-Brigaden; — zur Deckung gegen Plevna hin etwa eine Infanterie- und eine Cavallerie-Brigade mit starker Artillerie; — die übrigen 6 oder 7 Cavallerie-Brigaden, verstärkt durch eine halbe oder ganze Infanterie-Brigade zu einem Vorstosse auf Orhanie verwenden können.

Die genauere Feststellung der Operations-Richtungen für diese 3 Gruppen, konnte sich nur durch eine Detail-Recognoscirung ergeben.

Im Allgemeinen aber musste man, so weit dies eben die localen Verhältnisse räthlich erscheinen liessen, um jede Einwirkung Seitens Plevna's zu hindern, die Hauptangriffs-Richtung möglichst weit von Plevna weg, wählen.

Also lieber Gorni Dubnik als Dolne Dubnik, lieber Tĕlis als Gorni Dubnik angreifen.

Dolne Dubnik ist 15 Kilometer,
Gorni Dubnik 24 Kilometer und
Tĕlis 32 Kilometer von Plevna entfernt.

Die zur Deckung gegen Plevna bestimmte Gruppe konnte nicht leicht wo anders als etwa bei Gorni oder Dolne Etropol Posto fassen, und entweder den Brückenkopf kanoniren — oder wenn die dortige Besatzung etwa durch die Vorgänge am rechten Wid-Ufer festgehalten wurde — den Haupt-Angriff durch einen Vorstoss auf Dolne Dubnik erleichtern.

Die gegen Orhanie hin bestimmte Gruppe, wäre wohl am günstigsten 1—2 Tage vor dem Hauptangriffe aufgebrochen, und hätte vielleicht mit Umgehung der Posten von Radomirze und Lukovice directe in der kürzesten Richtung über Jablanica auf Orhanie dirigirt werden können.

Ihre Aufgabe wäre dann dahin gegangen, den Vormarsch aller

Abtheilungen von Orhanie aufzuhalten und die Isolirung der an der Etapenstrasse postirten Abtheilungen zu bewirken.

Das gegen Tĕlis und Gorni Dubnik vorspringende Knie des Wid und die hier bewaldeten rechten Uferberbegleitungen versprachen offenbar, dass der **Angriff auf Gorni Dubnik**, wohin die beste Strasse führte und das vom Wid nur 6 Kilometer entfernt, also auch rascher als Tĕlis zu erreichen ist, nach Art eines Ueberfalles gelingen konnte.

Gurko entschloss sich, mit 9 Cavallerie- und 5 Infanterie-Brigaden Gorni Dubnik anzugreifen, sich gegen Plevna hin durch eine besondere Gruppe bei Dolne Etropol zu sichern, endlich die Sicherung gegen Orhanie durch das Vorschieben einer schwächeren Abtheilung gegen Radomirze zu bewirken.

Aus dieser Hauptidee ergab sich nun eine Reihe damit zusammenhängender Hilfs-Operationen.

Es war klar, dass man im Interesse des Hauptangriffes auf Gorni Dubnik, sowohl gegen Tĕlis als das ebenfalls circa 9 Kilometer oder 2 starke Wegstunden entfernte unterhalb liegende Dolne Dubnik demonstriren oder so viel detachiren musste, dass der Hauptangriff auf Gorni Dubnik, ungestört durch die Besatzungen dieser Punkte vor sich gehen konnte.

Zur Annäherung an diese 3 Orte, boten sich dem General Gurko im Allgemeinen fünf Marschlinien dar:

(Siehe Skizze 8, nächste Seite.)

a) gegen **Dolne Dubnik** von Raljevo her der Weg von Peternica und Medeven durch die bestehende Furt auf Dolne Dubnik;

b) der Weg über Kruševica, gegen die Nordseite von Gorni Dubnik;

c) der Weg von Lovča über Eski Brkač und Jeni Brkač auf Cirikova, wo Brücke über den Wid, gegen die Ostseite,

d) der Weg von Cirikova über Svinar gegen die Südseite von Gorni Dubnik;

e) der Weg von Lovča über Ugurceni nach Oglen am Wid und weiter nach Tĕlis.

Die Wege *b, c, d* sind bei Cirikova, Kruševica und Svinar, bloss 3 Kilometer oder $^3/_4$ Stunden von einander, und etwa 6 Kilometer

1½ Stunden von dem Hauptangriffs-Objecte entfernt; sie markiren den Haupt-Angriff.

Der nördliche Weg *a*, der südliche *e*, je etwa 10 Kilometer von *b* und *d* entfernt, bildeten die natürlichen Vorrückungslinien der beiden Seiten-Colonnen.

Gurko dirigirte je Eine Brigade auf den Wegen *b*, *c*, *d* auf Gorni Dubnik, je Eine auf den Wegen *a* und *e*.

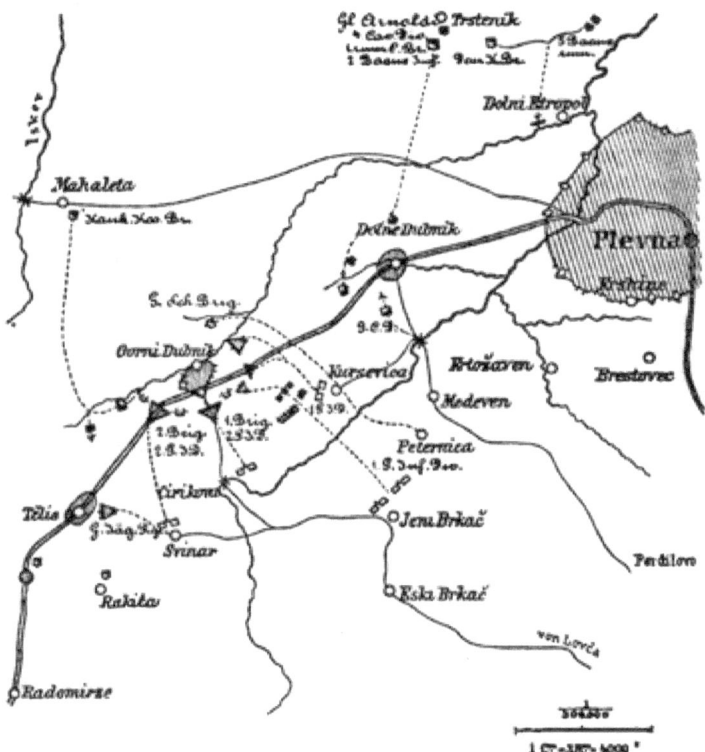

Skizze 8.

Zur beiläufigen Orientirung über die russische Kräfte-Vertheilung beim Angriffe Gurko's auf Gorni Dubnik.
24. Oktober.

Die 2 Flügel-Brigaden des Centrums *b* und *d* sollten den Wid mittelst Furten überschreiten, über Svinar und Kruševica an die Chaussée und dann von Norden und Süden her gegen Gorni Dubnik vorrücken.

Die mittlere Brigade *c* sollte die feindliche Front directe vom Wid her angreifen. Eine Garde-Division hatte als Reserve hinter dem rechten Flügel zu folgen, bereit, sich auch gegen Dolne Dubnik zu wenden.

Zur Sicherung dieses Hauptangriffes sollte ein Detachement, aus 3 Cavallerie-Brigaden und dem Garde-Jäger-Regiment bestehend, umfassend auf Tělis losgehen, die dortige Besatzung cerniren, und den Anmarsch feindlicher Kräfte von Orhanie her aufhalten.

General Arnoldi mit 3 Cavallerie-Brigaden und 2 Bataillonen Infanterie, endlich sollte von Norden her auf Dolne Dubnik marschiren.

Die donische Kosaken-Brigade und die rumänische Infanterie-Brigade endlich hatten bei Dolne Etropol Stellung zu nehmen, um das Vorbrechen türkischer Abtheilungen aus Plevna zu verhindern, oder zu verzögern.

Ganz einfach war die Anlage des Angriffes also nicht.

Aber sie setzte, was ja so selten geschieht, wenigstens **alle** Kräfte gleichzeitig gegen eine verhältnissmässig kleine Angriffsstrecke in Bewegung.

Der Angriff auf Gorni Dubnik erfolgte Seitens der 3 Infanterie-Brigaden des 1. Treffens in den anbefohlenen Richtungen; — aber ungleichzeitig — und bei jeder Colonne auch ohne kräftige Artillerie-Vorbereitung.

Die Colonnen hatten allerdings jede auch nur 2 Batterien bei sich.

Die mittlere Brigade warf trotzdem die Türken aus einem Vorwerk östlich der Chaussée; ihr Angriff auf die grosse Redoute **westlich** der Chaussée und südlich von Gorni Dubnik ward aber abgewiesen.

Ebenso erfolglos stürmte kurz darnach die Garde-Schützenbrigade von Norden, dann die linke Flügel-Brigade von Süden her an. — Die Russen setzten sich in dem zuerst genommenen Werke und den Jägergräben, auf 3—400 Schritte von der Haupt-Redoute südlich Gorni Dubnik fest.

Um einen gleichzeitigen Angriff zu erzielen, wurde nun bestimmt, dass nach Beendigung aller Vorbereitungen die 3 Brigaden je 3 Batteriesalven geben sollten; — nach der letzten derselben hatte der allgemeine Sturm zu beginnen.

Dieses sehr precäre Verständigungs-Mittel versagte aber auch hier.

Die Garde-Schützenbrigade hielt ein auf der Seite von Dolne Dubnik hörbares Geschützfeuer für das verabredete Signal. Sie griff sofort an. Gurko befahl nun auch den anderen Truppen, zur Unterstützung derselben vorzubrechen.

Aber auch diese Sturm-Angriffe misslangen.

Erst am Abend um 8 Uhr glückte es 2 Bataillonen der Reserve-Division, sich kriechend bis auf 50 oder 60 Schritte, unentdeckt bis an die Haupt-Redoute heranzuschleichen und die Türken zu überfallen. Diese, — angeblich bloss 2500 Mann mit 4 Geschützen stark — capitulirten.

Wie wenig rationell muss Seitens der Russen die Feuerwirkung ausgenützt worden sein, wenn die Gefechtslinien von mehr als 3 Brigaden und das Feuer von 80—90 Geschützen die Widerstandskraft des so schwachen Vertheidigers nicht früher zu lähmen vermochten.

Bei den Flanken-Sicherungs-Colonnen war nichts Entscheidendes vorgefallen.

Dolne Dubnik wurde stark befestigt und besetzt gefunden; — Arnoldi stellte sich südwestlich davon an der Chaussée auf.

Im Brückenkopf von Plevna rührte sich nichts.

Der Angriff des Jäger-Regimentes auf Tēlis wurde abgewiesen.

Kleine türkische Abtheilungen zeigten sich zwar im Vormarsche von Radomirze und drängten die russische Cavallerie etwas zurück; aber die Befürchtung eines Eingreifens Schefket Pascha's bewahrheitete sich nicht.

Er soll zwar mit etwa 10.000 Mann am Abende des 24. bei Radomirze eingelangt sein, — aber auf die Nachricht von dem Falle Gorni Dubniks auch auf die Unterstützung von Tēlis verzichtet haben.

Die 2. Garde-Infanterie-Division befestigte sich nun in den Positionen von Gorni Dubnik — Front gegen Dolne Dubnik.

Vier Tage nach der Einnahme Gorni Dubnik's — am 28. — geht Gurko nun unter dem Schutze der gegen Radomirze vorgeschobenen 2. Garde-Cavallerie-Division, mit 16 Bataillonen und 8 Batterien auf Tēlis los.

Die freie Gegend erlaubte die rasche Placirung der Artillerie.

Die grosse Tēliser-Redoute wird von allen Seiten umstellt, — 3 Stunden lang aus 60 Geschützen concentrisch beschossen.

Die Besatzung — ebenfalls circa 5 Bataillone, 2500 Mann, und 4 Geschütze stark — ergibt sich.

So markirt die erste gewaltige Anspannung von Kräften und das erste rationelle Zusammenwirken von Infanterie und Artillerie auch den ersten, fast unblutigen Erfolg.

Die Verbindung zwischen Orhanie und Vrača mit Plevna ist dauernd unterbrochen.

Gurko ist Herr der Situation. Nur ein Angriff kann ihn aus den genommenen Positionen verdrängen.

Am 31. räumt Osman Pascha freiwillig die Höhen von Dolne Dubnik.

Gurko's Truppen besetzen sie alsbald und verschanzen sich nun auf 3—4000 Schritte vor der Wid-Brücke. Sie knüpfen ihre Vertheidigungs-Linien an die Verschanzungs-Arbeiten des rechten Wid-Ufers an.

Die Einmauerung Osman's in Plevna ist vollendet.

Konnte Osman die drohende Gefahr der Einschliessung verhindern oder verzögern?

Wir glauben nicht.

Er konnte gegen Gurko und gegen Gorni Dubnik nur dann mit Aussicht auf Erfolg auftreten, wenn er Plevna selbst entblösste, d. h. wenn er Plevna selbst aufgab.

Konnte, durfte er das thun?

Oder konnte er darauf rechnen, dass die Russen seine Befestigungen auch achten würden, wenn sie ihn auf dem andern Wid-Ufer, stundenweit entfernt von Plevna, mit Gurko im Kampfe wussten?

Die ausgedehnten Befestigungen Plevna's halten und auch noch eine Offensive gegen Gurko führen! — Wie viel musste er in den 30 Kilometer betragenden Befestigungs-Linien zurücklassen? — Doch wenigstens 20.000 Mann! Je Eine Brigade auf 10.000 Schritte Front!

Auch dann blieben ihm für die Offensive nur 30.000 Mann!

Einen Tag Abrücken nach dem 24 Kilometer entfernten Gorni Dubnik, einen Tag für den taktischen Schlag gerechnet, konnte er doch erst am dritten Tage Abends wieder in Plevna sein!

Wie aber, wenn, was doch so natürlich gewesen wäre, Gurko den taktischen Schlag nur abwehrte, und langsam und methodisch zurückging!

Die Operation musste Eines Menschen Kräfte übersteigen!

Vielleicht zeigte sie sich auch Osman Pascha so.

Vielleicht erschien ihm schon damals die Frage so scharf zusammengespitzt, wie sie uns jetzt erscheint, nämlich dass er entweder in Plevna sich einschliessen lassen, oder Plevna aufgeben musste.

In letzterem Falle konnte Osman allerdings rechnen, Gurko zu werfen und sich gegen Orhanie durchzuschlagen oder — unter dem Schutze eines Arrièregarde-Corps — den Abzug auf Mahaleta und weiter gegen Widdin oder Sofia zu bewirken.

Aber abgesehen von den schwierigen Aufgaben, welche bei einem derartigen Abmarsche wenigstens der türkischen Arrièregarde durch ein rasches Nachdrängen Seitens der russischen Hauptarmee nicht erspart werden konnten, lag nicht in Plevna der Schwerpunkt des ganzen Krieges?

War Plevna nicht zum Zauberschloss geworden, um dessen Oeffnung sich der ganze Feldzug drehte.

Was war Osman Pascha in Orhanie oder in Mahaleta? Nichts. So viel wie nichts. Sein Nimbus war gebrochen.

Seine 50.000 Mann, die jetzt die dreifache Zahl vom Gegner fesselten, waren leicht paralysirt.

Jetzt stand er 3 Märsche von Sistova entfernt, jetzt sass er den Russen im dicksten Fleische; bei Orhanie und Mahaleta war er nicht mehr, wie Mehemet Ali oder Suleiman.

So lange er die vortheilhafte Position hielt, die ihm der Zufall zu occupiren gestattete, hielt er die Chancen des Krieges für die Türken.

Ein zweites Plevna gründen! — — Wie war das denkbar? War ja das erste fast ein Wunder!

Nur entstanden, weil sich am 20. Juli 10.000, am 30. Juli 40.000 Russen, aber jedes Mal viel zu wenig an des Löwen Höhle wagten!

In den ersten September-Tagen verblutete sich eine ganze Armee daran.

Das offene Plevna von damals war binnen 6 Wochen eine Festung von derselben Ausdehnung wie Metz geworden.

Was für Chancen bot die Festsetzung in Mahaleta oder Tēlis oder Orhanie ausserhalb der Sphäre kräftiger Einwirkung, getrennt von Sistova durch den Wid; durch das Gebirge; und jetzt! angesichts einer doppelt, ja dreifach überlegenen Armee. — — —

Die Geschichte der letzten Feldzüge — Metz — Paris — sprach zwar gegen die Wahrscheinlichkeit rechtzeitiger Entsatz-Operationen; im Kriege ist aber Alles möglich.

Wie sollte nicht auch Osman auf diese Möglichkeit rechnen?

Wie sollte er an einem Entsatze verzweifeln, wo Suleiman als Nachfolger Mehemet Ali's noch an der Spitze der Hauptarmee stand, wo die türkische Schipka-Armee noch immer 30.000 Streiter zählte und Schefket Pascha schliesslich eine neue Armee in Orhanie bilden konnte; eine Armee, von deren Leistungsfähigkeit er soeben durch die gelungenen Verproviantirungen vom 24. September und 8. Oktober so hoffnungsvolle Proben erhielt.

Osman trieb nicht lange Politik und blieb; und die Geschichte wird sagen, dass er Recht gethan.

Er blieb unerschütterlich auf dem Platze, auf dem seine 5o.000 Mann besser wirken konnten, denn irgendwo anders.

Er blieb — unserer Ueberzeugung nach — mit dem klaren Bewusstsein in Plevna, dass sein Schicksal das Schicksal des ganzen Feldzuges besiegle.

Es ist vielleicht das grösste Verdienst Osman's, dass er ohne Rücksicht auf die Wahrscheinlichkeit oder Unwahrscheinlichkeit des Erfolges, von allem Anfange an, es auf das Aergste ankommen liess; dass er diesem Aergsten mit unentwegter Beharrlichkeit entgegenarbeitete; so, als könnte er gar nicht besiegt werden; — als gäbe es keine andere Wahl als die, den Platz zu behaupten, den er einnahm, oder unterzugehen.

Zur selben Zeit, als Gurko bei Gorni Dubnik entscheidend in die Action trat, versuchte auch die Armee des Thronfolgers, sich zwischen Rustschuk und Rasgrad einzukeilen; — sie ging in 6 Colonnen über den untern Lom gegen die Südfront von Rustschuk vor.

Der Angriff kam indessen gar nicht zur Entwicklung; man stand von dessen Fortsetzung ab.

Ob dieses gleichzeitige offensive Auftreten der zwei mächtigsten Armeetheile den Anfang zu einer allgemeinen Offensive bilden sollte, oder ob die Offensive am Lom nur eine vom grossen Ganzen unabhängige Lebens-Aeusserung der russischen Lom-Armee war, ist noch nicht klar geworden.

XIX.

Plevna fällt.

Ende Oktober bis 10. Dezember.

Die bisher nicht wenig complicirte Lage ward durch das Factum der vollständigen Einschliessung Plevna's für beide Theile wesentlich vereinfacht.

Die Russen hatten einerseits vor Plevna ruhig zuzuwarten, bis die Rationen Osman's zu Ende gingen, — andererseits bloss zu verhindern, dass sich bis dahin die 3 Armeen von Rasgrad, Schipka und Orhanie in unangenehmer Weise fühlbar machten.

Beabsichtigte man in diesem Sinne, sich nur gegen jeden Entsatz-Versuch zu sichern, so war das Calcül leicht.

Gegen Suleiman standen die alten 3 Corps — zum Theile in immer besser verschanzten Positionen — halben Weges von der Jantra zum Lom; die Vortruppen am Lom.

Ihr Rückzug auf die vorbereitete Stellung bei Bjela wäre im äussersten Falle nur schrittweise erfolgt; dann konnte man, wenn, — was unwahrscheinlich — diese 60.000 Mann nicht ausreichten, sie immerhin im letzten Momente durch einige Divisionen von Plevna aus verstärken.

Gegen die Schipka-Armee deckte der Balkan wie bisher im Vereine mit Radetzki's 3 Divisionen.

Nur gegen Schefket bei Orhanie war die Bildung einer neuen Sicherheitstruppe, sowie deren Vorschiebung auf wenigstens 3—4 Märsche, — wo möglich bis Orhanie selbst — nothwendig.

Reflectirte man auch hier nur auf die Abwehr etwaiger Angriffe, so konnte man rechnen, die selbst den höchsten, allerdings nicht controlirbaren Angaben zu Folge, etwa 40—50 Tabors, also 20—25.000 Mann starke, aber ganz junge, meist aus Redifs bestehende Armee mit einer ebenso starken im Zaume zu halten.

In der Defensive stark, hatten sich ja alle türkischen Armeen in der Offensive äusserst schwerfällig erwiesen.

Im schlimmsten Falle konnte man auch hier im letzten Momente einige Divisionen von Plevna nachsenden.

Um nach irgend einer Richtung hin — Rasgrad, Schipka und Orhanie — noch während der Belagerung von Plevna offensiv zu werden, dazu lag, unserer Ansicht nach den Kräfte-Verhältnissen zu urtheilen, wohl die Möglichkeit, keinesfalls die Nothwendigkeit vor.

Auf jeden Fall musste man aber den Uebergang in die Offensive derart vorbereiten, um sofort nach dem Falle von Plevna die letzten Keulenschläge austheilen zu können.

Das russische Hauptquartier beliess den Grossfürsten Thronfolger und Radetzki in ihren Positionen und bildete nur nach dem Einlangen der 3. Garde-Division und der zwei Grenadier-Divisionen bei Plevna, ein neues Sicherungs-Corps unter Gurko, aus $2^{1}/_{2}$ Infanterie-Divisionen, — der 1. und 2. Garde-Infanterie-Division, der Garde-Schützenbrigade und der 2. Garde-Cavallerie-Division etwa 25—30.000 Mann stark, — und schob es gegen Orhanie vor.

Wie beim ersten Balkan-Uebergang leistete auch hier General Rauch mit seinen Sappeuren Wunder der Ausdauer und Unerschrockenheit.

Damals als Vorhut, dies Mal als Umgehungs-Colonne.

Er erscheint nach Ueberwindung seltener Terrain-Schwierigkeiten zur festgestellten Zeit in der rechten Flanke und im Rücken der befestigten Aufstellung bei Prawec, 15 Kilometer östlich von Orhanie.

Am 23. November wird die Position von Prawec durch Gurko's Haupt-Colonne in der Front angegriffen, durch General Rauch von Etropol her in der linken Flanke gefasst und genommen.

Am 27. räumen die Truppen Mehemet Ali's, — der an Stelle

Schefket Pascha's mit dem Commando dieser neuen Armee betraut worden war, — Orhanie.

Mehemet Ali zieht sich auf der Chaussée nach Sofia, auf die letzte Passhöhe bei Araba Konak zurück.

Gurko macht in Orhanie Halt; sein nächstes Ziel war ja erreicht. Gegen Widdin klärte die Cavallerie auf.

Gurko steht im Becken von Orhanie genügend stark um jeden weiteren Entsatzversuch zu hindern.

An eine Einflussnahme auf die Vorfälle bei Plevna Seitens Mehemed Ali's ist nicht mehr zu denken.

Die Situation war **Anfang Dezember** folgende:

Thronfolger, 6 Divisionen, vor Rasgrad, } im Ganzen 12$^1/_3$ Divisionen oder
Radetzki, 3 Divisionen, bei Schipka, } 125.000 Mann als Sicherungsgürtel
Gurko, 2$^1/_3$ Divisionen, bei Orhanie, } auf je 4—5 Märsche von der Cer-
1 Division zwischen Radetzki u. Gurko, } nirungsarmee entfernt.

Vor Plevna im Ganzen circa 12 Divisionen oder ebenfalls **120.000 Mann.**

Die Vertheilung der russischen Truppen in dem Cernirungsgürtel vor Plevna musste der wahrscheinlichsten Ausfallsrichtung Rechnung tragen, daher besonders der Abschnitt an der Südfront und schliesslich den Wid-Abschnitt im Auge behalten.

Die grossen Reserven wären wegen der grossen Ausdehnung nicht schlecht, getheilt, an den beiden Flügeln des Plevna südlich umschliessenden Cernirungs-Gürtels, etwa bei Krusevica am linken Wid-Ufer und zwischen Bogot und Karakiöj gestanden.

Die Cernirungslinie am linken Wid-Ufer knüpfte anfänglich bei Trnina, später etwa 2 Kilometer nördlicher, näher an den türkischen Werken, in der Höhe von Blazivas an jene des rechten Ufers an.

Nördlich schloss die neue Cernirungslinie bei Bilovar (Susurlu) an den Wid. Im Ganzen von Blazivas bis Dolne Etropol 11 Kilometer ausgedehnt, lag ihre Hauptstärke an der Chaussée vorwärts Dolne Dubnik. An den flachen untersten Absätzen angelegt, umschlossen die russischen Verschanzungen die Wid-Brücke in einem Bogen von circa 4—5 Kilometer, also fast auf Feld-Geschützertrag. Hier standen die zwei Grenadier-Divisionen; je eine Brigade vorne: ein Regiment in den Redouten und Jägergraben, eines in Reserve; die zwei Reserve-Brigaden standen bei Dolne Dubnik und bei Gorni Etropol.

Die Kräftevertheilung in der Cernirungslinie am rechten Wid-Ufer war im Ganzen aus der Angriffs-Gliederung vom September hervorgegangen.

In ihrem südlichen Theile hatte sie zunächst einen Hauptstützpunkt in den Skobelew'schen Positionen bei und nördlich Brestovec. Besatzung: die 16. und 30. Infanterie-Division und die 4. Schützen-Brigade.

In dem wenig gangbaren Terrain zur Linken war zuerst am südlichen Ufer, später aber um circa 2 Kilometer näher auf dem nördlichen Ufer des Cirnjalka-Baches ein fortificatorischer Abschnitt gebildet worden.

Abschnittsbreite 10 Kilometer.

Besatzung: die 3. Garde-Infanterie-Division.

In dem Abschnitte bei Radisevo à cheval der Strasse Pelisat—Plevna waren die schweren Batterien und die 2. Infanterie-Division.

Abschnittsbreite 5 Kilometer.

In dem anschliessenden 4 Kilometer breiten Grivica-Abschnitte, standen die 2 Divisionen Krüdener's, des IX. Corps.

An der Nordfront, an Bukova vorbei bis vor Opanes, 12 Kilometer breit, standen die 2. und 3. rumänische Division; die Artillerie in geschlossenen Werken bei Bilovar an den dominirenden Abfällen zum Wid.

Die 4. rumänische Division stand bei Demirkiöj, am linken Wid-Ufer hinter den Grenadieren.

Die am stärksten bedachten Theile waren demnach der Abschnitt am linken Wid-Ufer und der von Brestovec.

Sie wehrten jedem Ausfall gegen Gorni Dubnik oder Lovča.

In jedem dieser Abschnitte waren für den ersten Anfall $2^1/_2$ bis 3 Divisionen sofort bereit; binnen 4 Stunden konnte eine 4. Division, binnen 5—6 Stunden eine weitere 5. und nach weiteren 2 Stunden eventuell die entbehrlichen Abschnitts-Reserven der nächsten Abschnitte als 6. und 7. Division eingreifen.

Die Russen konnten dem Vertheidiger von Plevna und seinen Truppen wohl keine grössere Ehre bezeugen als die, auch nach bewirkter Cernirung noch mit 120.000 Mann und 400 Geschützen vor Plevna stehen zu bleiben.

Allerdings erfuhr man erst nach dem Falle von Plevna, dass des Vertheidigers Kräfte nur circa 45.000 Mann mit 70 Geschützen zählten.

Beim Schipka-Passe und am Lom veränderte sich auf türkischer Seite schon seit Anfang October lange Zeit hiedurch die Sachlage nur wenig. Man erfuhr Ende October in Constantinopel die vollständige Cernirung Plevna's.

Ob orientirt oder nicht über die voraussichtliche Dauer der türkischen Vorräthe, man hatte allen Grund, diese auf 3—4 Wochen zu veranschlagen. Man hatte also auch 3 Wochen Zeit, um einen Entsatz zu organisiren.

Noch immer wie seit August stand e i n e Armee südlich, z w e i nördlich des Balkans.

Hatte aber Anfangs August der Gedanke die südliche Armee der nördlichen bei Rasgrad zu nähern, der allgemeinen Lage nach die meiste Berechtigung, so lag jetzt der Schwerpunkt entschieden im Westen.

Die Offensive Mehemet Ali's in den Monaten August und September hatte die Russen gewitzigt: sie hatten sich am Lom und an der Jantra überall verschanzt; auf Schritt und Tritt begegnete man neuen befestigten Positionen; eine flotte Offensive war kaum denkbar.

Eine Vereinigung der Schipka-Armee mit der in Orhanie über Sofia hätte allerdings längere Zeit gebraucht; aber die Operationen wären dann wenigstens in ein noch nicht für die Vertheidigung hergerichtetes Terrain gekommen.

Wäre bis dahin auch Orhanie schon bedroht und die Vorrückung an der Chaussée nach Plevna voraussichtlich zu schwierig gewesen, so konnte man ja über Sofia nach Berkovica und Vrača weiter ausgreifen.

Diese letztere Bewegung hätte allerdings schon einen ganzen Monat in Anspruch genommen.

Den Russen mochten die Gefahren derselben deutlicher vorschweben, als den Türken ihre Vortheile; wenigstens forderten sie stets dringender Serbien zum Eintritt in die Action auf, während die Türken eben wegen der Unverlässlichkeit Serbiens eine Verschiebung nach Westen für zu riskirt halten mochten.

Vielleicht war die Rücksicht auf diese Verhältnisse der Grund, dass die Türken dies Mal dasjenige thaten, was wohl im August sehr angezeigt schien, was aber im October keine Vortheile mehr bringen konnte: nämlich das Schwergewicht nach Rasgrad zu verlegen.

Mitte November beginnt Suleiman seine Entsatz-Operationen.

Vier Wochen lang hält er mit einer für beide Theile gleich ehrenvollen Reihe kolossaler Kraftproben damit aus.

Zuerst beunruhigt er die gesammte Front der russischen Lom-Armee: am 19. setzt er an seinem äussersten rechten Flügel bei Kadiköj an und erreicht Pyrgos und die dortige Donau-Brücke.

Am 26. greift er abermals hier bei Mečka an.

Die 2 Angriffe waren bloss demonstrativ. Der Hauptangriff erfolgt am 4. December am äussersten linken Flügel bei Elena.

Fuad Pascha nimmt die Marian-Position und dringt bis auf einen Marsch an Tirnova heran; schon ist Tirnova auf's Aeusserste bedroht.

Trotzdem versagt die Verfolgung. Die Türken erweisen nur geringe Manövrirfähigkeit; die Russen erhalten Verstärkungen und sichern Tirnova.

Ueberzeugt, dass die Russen sich in Folge der Affaire von Elena gegen den rechten Flügel massirt haben, greift Suleiman eine Woche später, am 12. December, wieder bei Mečka machtvoll und verzweifelt, aber erfolglos an.

An Mangel an Offensivsinn und Energie sind seine Entsatz-Versuche nicht gescheitert.

Sechs Wochen waren seit der Einschliessung Plevna's vergangen; die Rationen gingen zu Ende.

Osman blieb auf seine eigenen Kräfte angewiesen.

So suchte er denn zu guter Letzt sich durchzuschlagen. Dass er die Hoffnung gehegt habe, dabei durchzukommen, wird wohl Niemand glauben.

Ein Durchbruch cernirter Linien ist ja nichts anders als eine unter den ungünstigsten Bedingungen begonnene Entscheidungsschlacht.

Die Sache steht dabei so:

Der Cernirte hätte sich erstens gar nie einschliessen lassen, wenn er genügend stark für einen Entscheidungsschlag gewesen wäre; nachdem er ein Mal eingeschlossen wurde, wurde er vielleicht nicht schwächer, der Angreifer jedenfalls stärker, weil er sich verschanzte.

Die Aushilfe und Unterstützung, welche der Eingeschlossene eventuell von der bewaffneten Bevölkerung zieht, fällt bei derartigen Offensiv-Unternehmungen und bei kleineren Orten gar wohl nicht in's Gewicht.

Wäre es denkbar, den cernirenden Gürtel zu sprengen, bevor von den benachbarten Abschnitten Hilfe käme, oder wäre es möglich, den Rücken frei zu bekommen, oder auch nur auf Stunden zu sichern, dann wären allerdings Chancen für den Durchbruch vorhanden.

Der Durchbrechende könnte dann seine Front nach und nach senkrecht auf die durchbrochene Linie der Cernirung entwickeln und nun — sei es, die Schlacht mit dem mittlerweile concentrirten Angreifer annehmen, oder wenigstens einen Theil seiner Cavallerie und Artillerie hinaus bringen.

Aber auch das ist nur denkbar, wenn es gelingt, den Durchbruch nach Art eines geglückten Ueberfalles zu beginnen; d. h. die zuerst angegriffenen Theile trotz ihrer Verschanzungen sofort, und dann die ankommenden Reserven successive zu werfen.

Eine Cernirungs-Linie überfallen!

Das verlangt, sich ungesehen in Gefechtsfront entwickeln und unentdeckt auf 2—3000 Schritt Entfernung vom Gegner zum Angriffe anzusetzen.

Und ist auch der Einbruch in die Cernirungs-Linie factisch gelungen, dann steht der Durchbrechende erst in 2 Theilen, welche rechts und links Front machen, — und dos-à-dos gegen einander — kämpfen müssen.

Trotz aller theoretischen Speculationen könnte indessen ein Mal auch ein Durchbruch gelingen; zum Mindesten muss er jedes Mal versucht werden.

Dass sich Osman für einen Durchbruch in der Richtung gegen Dolne Dubnik und Etropol entschloss, ist erklärlich.

Der Cernirungs-Gürtel, der Osman einschloss, war dem längeren Durchmesser nach 15 Kilometer, der Circumvallation nach etwa 30 Kilometer lang.

Erfolgte der Ausfall an den Enden des längsten Durchmessers, so hatten die von dem entferntesten Punkte herbeieilenden Reserven — selbst bei rationellster Eintheilung — 6 bis 7 Stunden zu marschiren und waren demnach nicht vor Abend des ersten Gefechtstages zu vereinen.

Man konnte bei dieser Wahl hoffen, durch den Wid wenigstens eine kurze Zeit gedeckt zu sein; man konnte rechnen, derselbe Wid werde vielleicht auch das rasche Herübereilen der Reserven ein wenig hindern.

Gelang der Durchbruch auf dieser Seite, so war auch der Weitermarsch einzelner durchbrechender Theile noch denkbar.

Bei jeder andern Richtung kam es eben auf eine Entscheidungs-Schlacht in optima forma an.

Eine Entwicklung sowohl gegenüber Grivica, als auch gegenüber Radisevo war noch viel ungünstiger, als bei Dolne Dubnik; bei Bukova und Krshine war sie, der steilen, kurz abfallenden Hänge wegen, geradezu aussichtslos.

Während der Haupttheil der Armee den eigentlichen Durchbruch versuchte, musste ein Theil an der übrigen Front zurückbleiben, um zu demonstriren, den Gegner dort festzuhalten u. dgl.

Der Durchbruchs-Versuch Osman's.

(Siehe Skizze 9.)

So geschah es auch.

In der Nacht auf den 10. Dezember begann die Concentrirung der Armee am Wid, Front gegen Westen. — An der Ost- und Südfront, dann an der Nordfront am rechten Ufer blieben nur ganz schwache Abtheilungen zurück.

Mit dem Reste entwickelte sich Osman am frühen Morgen Angesichts der Verschanzungen der Russen von Dolne Etropol und Dolne Dubnik. Ein dichter Nebel begünstigte ihn.

Die Russen wussten schon lange um Osman's schlimme Lage.

Sie hatten ihn schon mehrere Tage zuvor zur Uebergabe aufgefordert.

Er hatte ihnen — entgegen dem blumigen Style der Orientalen — in wahrhaft deutscher Einfachheit geantwortet:

„Er glaube noch nicht alle Mittel der Vertheidigung erschöpft zu haben."

Seit damals war die Cernirungs-Armee Tag und Nacht seines Ausfalls gewärtig.

Totleben hatte sogar schon probeweise eine Concentrirung der Truppen im Wid-Abschnitt und in jenem von Brestovec vornehmen lassen.

Das russische Hauptquartier erfuhr noch Nachts des 9., dass gegen die Widbrücke hin auffallendes Wagengerassel, wie beim Marsche von grossen Geschützparks hörbar sei.

Später, dass starke Massen sich westlich Plevna concentriren.

In Folge aller dieser Anzeichen erhielt Skobelew am 10. zeitlich Früh, den Befehl über die Pontonbrücke bei Medeven mit 2 Brigaden auf's linke Wid-Ufer nach Dolne Dubnik zur Verstärkung des rechten

Flügels der Grenadiere abzurücken; ebenso eine Division Rumänen nach Demirkiöj zur Verstärkung des linken.

Osman's Armee überschritt Morgens des 10. den Wid auf der Chausséebrücke, einer nördlich davon geschlagenen Nothbrücke und mittelst mehrerer Furten.

Die Têten seiner Colonnen standen etwa 5000 Schritte von den feindlichen Werken entfernt.

Seine Angriffsfront war etwa 2000 Schritte.

Schon in aller Frühe entdeckten die Recognoscirungs-Patrullen der russischen Grenadiere die türkischen Angriffscolonnen am linken Wid-Ufer.

Skizze 9.

Zur beiläufigen Orientirung über die beiderseitige Kräfte-Vertheilung bei Osman's Durchbruchs-Versuch.
10. Dezember.

Der Hauptangriff galt den zwei russischen Redouten, welche etwa 4000 Schritte östlich Gorni Etropol liegen.

Sie und die dazwischen liegenden Jägergräben waren von 12 Compagnien des 9. russischen Grenadier-Regiments und 3 Batterien besetzt; 2000 Schritte dahinter stand das Grenadier-Regiment Nr. 10, — 4000 Schritte dahinter die 2. Brigade der 3. Grenadier-Division (2 Regimenter und 3 Batterien).

Osman beginnt die Angriffs-Bewegung um $^1/_28$ Uhr.

„Einer dichten Schützenkette folgen unmittelbar kleine geschlossene Abtheilungen, weiter zurück die Hauptmassen. Die Artillerie geht unter fortgesetztem Feuer in gleicher Höhe mit der Infanterie vor, jedes Haltenbleibende Geschütz giebt nur einen Schuss ab und jagt dann wieder vorwärts."*)

Um $^1/_49$ — also angeblich nachdem die 5000 Schritte im einfachen Marsche (in der Minute etwa 100 Schritte) zurückgelegt wurden — überschritten die Türken die feindlichen Schützengräben.

Die russischen Grenadiere und die Batterien haben durch das, während der Vorrückung schon von 2000 Schritten an abgegebene Infanteriefeuer so bedeutende Verluste erlitten, dass die türkische Vorrückung auch nicht einen Moment lang aufgehalten wird.

Die Türken dringen in die Redoute ein, nehmen selbst eine russische Batterie, die fast alle Leute und Pferde verloren hatte und nicht fortgeführt werden konnte.

Schon um $^1/_29$ Uhr drangen die Türken durch einen gleichzeitigen Frontal- und Flanken-Angriff auch in die, 1000 Schritte nördlich der bereits genommenen liegende 2. Redoute.

Auch hier lassen die Russen mehrere Geschütze zurück.

Kurz darnach rückt nun das Grenadier-Regiment Nr. 10 zur Wiedereroberung der Redoute — Direction auf diese — heran.

In wenigen Minuten decimirt durch das Feuer der in den Redouten und Jägergräben festgesetzten Türken, — wirft es sich noch vor den Redouten nieder und versucht nur, sich dort zu halten.

Es ist etwa 9 Uhr.

Die Lage der beiden Grenadier-Regimenter, welche, fast zertrümmert, augenblicklich allein dem ungestümen Andrange Osman's gegenüber stehen, ist eine sehr bedenkliche.

---

*) Wir entnehmen diese Schilderung den äusserst interessanten taktischen Studien Thilo von Trotha's: „Der Kampf um Plevna."

Sie weichen langsam auf Gorni Etropol zurück.

Erst 2½ Stunden später, — als sich der türkische Haupt-Angriff auf die Redouten deutlich ausgesprochen hatte, — um ½11 Uhr — soll nun die 2. Brigade der 3. Grenadier-Division von ihrem nur 4000—5000 Schritte entfernten Sammelplatze bei Gorni Etropol her auf dem Kampfplatze eingetroffen sein.

2½ Stunden für die Hinterlegung von 5000 Schritten in so kritischen Momenten! So vergeht die Zeit im Kriege; so äussert sich die Friction.

Während die Türken in ihren Vorstössen auf Gorni Etropol endlich an dieser Brigade den ersten bedeutenderen Widerstand finden, beginnen aber auch schon die Brigade von Dolne Etropol her, gegen die rechte Flanke, und die Reserve-Brigade der 2. Grenadier-Division von Dolne Dubnik längs der Chaussée gegen die linke Flanke Osman's zu wirken.

Derart bedrängt, beginnen die Vorstösse der Türken in der Richtung der genommenen Redouten gegen Gorni Etropol zu erlahmen.

Osman Pascha ordnet gegen 12 Uhr den Rückzug an den Wid an.

Während diese Ereignisse sich auf dem linken Wid-Ufer zutrugen, war auf dem rechten Ufer — gegen 9 Uhr früh — dem Ober-Commando gemeldet worden, dass die Türken die Werke von Krshine und die des Grivica-Abschnittes geräumt hätten.

Hierauf allgemeine Vorrückung.

Die meisten Werke sind wirklich verlassen; die Werke von Opanes und Blazevas am Wid-Ufer sind indessen noch besetzt.

Um 1 Uhr, als Osman's Truppen, hart gedrängt von den allseits anrückenden Grenadier-Brigaden eben wieder am Wid anlangen, fallen jedoch auch diese in die Hände der Angreifer.

Bei Opanes fahren nun die Batterien der Rumänen, — südlich, bei Olcejagas, fahren die Batterien der 3. Garde-Division auf; sie eröffnen ihr Feuer auf die am Wid an und nördlich der Chaussée-Brücke zusammengedrängten türkischen Colonnen.

Zwischen zwei Feuern stehend, kämpfen noch in seltener Ausdauer die türkischen Bataillone an der Front der Grenadiere; einzelne Bataillone haben Kehrt gemacht; sie werfen sich am Wid den Feuerlinien der Garden und der Rumänen entgegen.

Da wird auch Osman verwundet. — Plevna fällt.

XX.

Der Feldzug in Rumelien.

Mitte December bis Ende Jänner.

Für die Türkei war mit dem Falle von Plevna der Feldzug beendet.

Die Russen bekamen zwölf Divisionen frei, die Türken mussten aus ihrer Rechnung fünf Divisionen streichen.

Hatten die türkischen Heere früher nicht vermocht, entscheidende Erfolge zu erringen, wie wollten sie jetzt auf diese hoffen, wo sich das numerische Verhältniss um fast 200.000 Mann zu ihren Ungunsten verschoben hatte.

Zwar standen noch immer vereinzelte Bataillone — Linie und Landwehr — in den westlichen Provinzen in Serbien, Bosnien und Albanien; aber die Zeit selbe heranzuziehen, war vorbei.

Sie wurden auch durch den Wiedereintritt Serbiens in die Action dort festgehalten und gingen für die grosse Entscheidung verloren.

Man hatte der Süd-Bulgarien zum zweiten Male drohenden Invasion, Seitens 20 russischer Divisionen momentan nicht mehr als die 3 auf einem Raume von 300 Kilometer oder 15 Märschen vertheilten Armeen bei Sofia, bei Kazanlik und bei Rasgrad entgegenzustellen; mit im Ganzen etwa 12—14 Divisionen.

An positive Erfolge war nach Allem, was vorhergegangen, bei diesem numerischen Miss-Verhältnisse von 250.000 Organisirten gegen 160.000 Improvisirte wohl nicht zu denken.

Als die Franzosen nach Sedan den Krieg weiter führten, galt es die Ehre Frankreichs zu retten; galt es zu beweisen, dass man Frankreich nicht in 4 Wochen besiegen konnte.

Die türkische Waffenehre konnte nicht reiner erhalten werden, als sie von Osman bewahrt worden war.

Den Krieg weiter führen, hiess das Andenken an Plevna verwischen.

Wenn die Türkei trotzdem den Krieg noch aus eigenem Antriebe fortsetzte, so konnte es nur in der Idee geschehen, die Russen würden sich vielleicht von dem bulgarischen Winter imponiren lassen und die Fortsetzung der Operationen auf das Frühjahr verschieben.

An eine wirksame Vertheidigung des Balkans gegenüber eines ernsten Angriffes konnte wohl auch im Winter nicht gedacht werden; denn ist jede Aufstellung zu umgehen, wie sollten die türkischen Aufstellungen in dem ganz gangbaren Balkan dagegen gefeit sein.

Wie viel weniger durfte man sich dieser Hoffnungsseligkeit gegenüber der Russen hingeben, welche die vor Plevna verlorene Zeit hereinzubringen hatten, die von den Bulgaren vorzüglich bedient, und im Ertragen von winterlichen Unbilden von jeher berühmt waren.

Unter diesem Gesichtspunkte konnte man vom militärischen Standpunkte von den 2 Armeen bei Sofia und bei Kazanlik eine Vertheidigung des Balkans nur insoweit erwarten, als es ja immerhin möglich war, dass die Russen vielleicht nicht genügend energisch vorgehen würden.

Gegenüber einer mit grösseren Kräften unternommenen Offensive durfte man aber Seitens dieser 2 Armeen die Balkan-Vertheidigung nur im Interesse und im Anschlusse an die späteren Operationen als eine Schein-Vertheidigung auffassen; — bestimmt, mit dem Gegner Fühlung zu halten, seine Vorrückung zu verzögern, jedoch wo möglich ohne entscheidende Engagements, also ohne die Wirkung der zweifellos bevorstehenden Umgehungen abzuwarten, sich zurückzuziehen.

Der nächst wichtige, für die Verwendung grösserer Kräfte verwendbare Abschnitt war der im Maritza-Thal mit dem Centrum Adrianopel.

Die ostwestliche Lauf-Richtung der Maritza von Sofia über Philippopel und Haskiöj nach Adrianopel und der nach Süden zielende

Theil des Tundža-Thales zeigen deutlich die Richtungen an, in welchen die umfassenden Colonnen einer gegen Adrianopel vordringenden Invasions-Armee zusammenstossen müssen.

Zwischen diesen 2 Richtungen markirt die Richtung von Kazanlik auf Eskizara und Adrianopel eine 3., mittlere Angriffs-Richtung.

Man kann somit bei Adrianopel, gegenüber den in mehreren, auf mehrere Tagmärsche von einander entfernten Colonnen des Gegners, welche von Sofia, von Kazanlik, von Sliven her vordringen wollen, — vereinigt stehen.

Die topografischen Eigenthümlichkeiten dieses Abschnittes hätten daher den Plan nahe gelegt, den Balkan-Uebergang der Russen in einer Centralstellung bei Adrianopel zu erwarten, und die Balkan-Vertheidigung in Form einer Offensive gegen die einzelnen debouchirenden Colonnen zu führen.

Als logische Consequenz dieses Gedankens hätten die Hauptkräfte — die Gros der 3 Armeen — bei und vorwärts Adrianopel versammelt werden müssen; — am Feinde selbst, zur Vertheidigung des Balkans, durften nur schwächere Kräfte zurückbleiben.

Diese mussten sich, entsprechend den 3 Haupt-Marschlinien, auf Philippopel, auf Kazanlik und auf Jenizara oder Jamboli basiren, und die Knoten des vorgeschobenen Sicherheits-Gürtels bilden; — sie mussten der Schleier sein, hinter welchem die Haupt-Armee von Adrianopel sich verschob, um entweder die über Philippopel, oder die über Kazanlik vordringenden Colonnen anzufallen.

Von einer anderen Art der Balkan-Vertheidigung war kaum Erfolg zu hoffen.

Kein Gebirge, also auch nicht der Balkan, ist als eine Vertheidigungslinie quand même aufzufassen. Die Bedeutung eines Gebirges für den grossen Krieg liegt nicht in den Vortheilen an und für sich, welche der Vertheidiger aus den engen Schluchten oder den schwierigen Gebirgs-Passagen ziehen kann; sondern in der verzögernden Wirkung, die er dadurch auf die Operationen des Angreifers ausübt; — dieser muss ganz besondere Vorkehrungen treffen, besondere Wege ausmitteln, die Colonnen besonders zusammensetzen, die Wechselwirkung derselben feststellen, — kurz, eine Reihe sehr zeitraubender Angriffs-Anstalten treffen, bevor er an die Bewältigung des Hindernisses denken darf.

Sind seine Vorbereitungen einmal getroffen, so wird der Vertheidiger in der Regel einfach umgangen, die Operation des Angreifers ist geglückt.

Für den Vertheidiger war aber diese Operation nur ein Vorspiel; er hat sich während desselben über die Kräfte-Vertheilung des Gegners orientirt, sein Gros eventuell näher herangeschoben; — jetzt stehen sich erst Angreifer und Vertheidiger ebenbürtig entgegen; jetzt fällt die Hauptkraft des Vertheidigers den Angreifer an; und nun zeigt sich die weitere Bedeutung des Gebirges: seine trennende Eigenschaft.

Ist die Colonne des Angreifers nicht rasch genug auf die Tête entwickelt, oder können ihr die Nachbar-Colonnen nicht früher zu Hilfe kommen, als der Vertheidiger sie anfällt, — so ist die Operation des Angreifers verfehlt.

Bei dieser Auffassung der Bedeutung des Balkan-Hindernisses wäre man vielleicht dazu gelangt, seine Vertheidigung etwa so zu organisiren:

Eine Gruppe 2—3 Brigaden bleibt bei Araba Konak; wird sie verdrängt, Rückzug über Petrićevo auf Tatarbazardschik und im Vereine mit den Detachements, welche die Balkan-Uebergänge bei Slatica, Derbent und Karlovo etc. zu sichern haben, auf Philippopel.

Eine 2. Gruppe 2—3 Brigaden (12—15.000 Mann) mit Detachements zur Sicherung der Balkan-Uebergänge bei Kalofer, Maragedi—Dagh, Maglis steht mit dem Gros bei Kazanlik, Vorhut im Schipka-Pass; Rückzug auf den kleinen Balkan; der Aufstieg nordwärts von Eskizara ist zur Vertheidigung herzurichten.

Eine 3. Gruppe, 2—3 Brigaden (12—15.000 Mann) gegenüber Hainkiöj und Twardica, Rückzug auf den kleinen Balkan nördlich Jenizara, setzt sich ebenso wie Gruppe 2 eventuell im kleinen Balkan fest.

Der Rest der Sofia-Armee und der Schipka-Armee, weiters die gesammte Rasgrader-Armee, zusammen 8—9 Divisionen, concentriren sich als Haupt-Armee zwischen Hermanli und Adrianopel.

Wurden die Befehle hiefür am 15. oder 16. Dezember gegeben, so konnte diese Concentrirung binnen 14 Tagen, bis Ende Dezember durchgeführt sein.

Das war vielleicht die einzige Chance für eine erfolgreiche Fortsetzung des Krieges.

Eine absolute Vertheidigung des Balkans unter Belassung starker Kräfte bei Sofia und Schipka u n d bei den Festungen, zeigte eine ganz zersplitterte, überall schwächliche Aufstellung, wie sie nicht einladender für einen Durchbruch sein konnte.

Die Gruppen entbehrten des Offensiv-Bewusstseins; sie standen nur da, um umgangen zu werden, sich schlagen zu lassen, ohne Ahnung des Zusammenhanges ihrer Aufgabe mit einem grossen Plane.

Die Türken hielten indessen an der Dreitheilung fest. Sie zogen die Rasgrader-Armee nicht sofort über den Balkan zurück; sie zogen auch nicht die Gros der Armeen Sofia und Schipka in e i n e Armee zusammen.

Wir können in diesem Factum keine militärischen Momente erblicken, die der Mühe, angeführt zu werden, lohnten.

Die veranlassenden Gründe reduciren sich wohl auf die banale Phrase, man musste trachten, möglichst viel Kräfte des Gegners auch nördlich des Balkans zurückzuhalten und den Balkan selbst directe zu vertheidigen.

Mit dem Falle Plevna's war die Zeit gekommen, die bulgarischen Festungen sich selbst zu überlassen. Durch d i e s e möglichst viel Kräfte zu fesseln wäre gewiss nur ein raisonabler Wunsch gewesen. Eine ganze Armee hiezu zu verwenden, scheint uns keine besonders glückliche Idee.

Wir glauben desshalb auch, dass sich in diese Frage schon politische Momente einschmuggelten.

Der unglückliche Ausgang mochte manchen der massgebenden Personen in Constantinopel sehr nahe gerückt scheinen; man wollte in dem Momente des Stillstandes der Operation Ost-Bulgarien und die Festungen noch im eigenen Besitze haben.

Welch' schwächliches Calcül!

Man sah dann nicht voraus, dass man später in Folge eines Federstriches Alles räumen musste, was man —˙ mit Preisgebung der einzigen noch denkbaren Chance — festhalten zu können wähnte, und was doch nur durch einen mächtigen Waffenerfolg festzuhalten war.

Wieder vermissen wir das nackte Hinstreben nach rein militärischen Zielen; wieder fehlt der Versuch, in solchen Momenten der Krisis Alles, — Alles in dem Streben nach Wiedererlangung der militärischen Initiative aufgehen zu lassen.

Viel mächtiger entwickeln sich die letzten Entschlüsse auf der Seite der R u s s e n.

Nach Beendigung des Zwischenfalles Plevna standen allerdings 250.000 Russen an derselben Stelle, wo vor 5 Monaten 80.000 standen.

Fünfundzwanzig Divisionen an der Stelle von Neunen.

Nach einer Krisis, in welcher das Gelingen des Feldzuges mehr als ein Mal auf das Gefährlichste in Frage gestellt war, konnte man den im Juli fallen gelassenen Faden der Operationen wieder aufnehmen.

Blieb man bei der Ansicht, gegen Schumla und Rasgrad nur abwehrend zu verfahren und die Entscheidung durch einen Vorstoss über den Balkan zu suchen, so musste man sich, wie damals, dem natürlichen Ziele Adrianopel zuwenden; als kürzester Weg dahin kam auch jetzt die Strasse Gabrova—Schipka—Kazanlik in erster Linie in Betracht.

Beim Dorfe Schipka stand jedoch stark verschanzt — das Debouchiren nach Kazanlik verwehrend — die auf 3 bis 4 Divisionen geschätzte türkische Armee Wessel Pascha's.

Eine eben so stark geschätzte Armee — unter Mehemet Ali — stand 6 Tagmärsche weiter westlich an der Chaussée Orhanie—Sofia, mitten im Balkan, bei Araba Konak.

Die beiden Armeen standen, vom russischen Standpunkte aus betrachtet, in einem gewissen Verhältnisse; es war für die Russen vom dringendsten Interesse, sie in ihrer Trennung zu erhalten; — d. h. die Eine zum mindesten in Sofia festzuhalten, wenn möglich nach Westen zurückzuwerfen, um beim Vormarsche gegen das schliessliche Ziel Adrianopel nur mit der andern zu thun zu haben.

Ein Durchbruch dieser Aufstellung war von dem Momente an als gelungen anzusehen, sobald man an der Strasse im oberen Tundža-Thale — entweder bei Slatica, östlich Araba Konak, oder etwa bei Kalofer, westlich Kazanlik erschien.

Für einen solchen Durchbruch der türkischen, im Balkan aufgestellten Streitkräfte, waren aber zwischen den zwei chausséemässigen und vom Feinde besetzten Balkan-Uebergänge nach Sofia und Kazanlik nur einzelne Fusssteige vorhanden.

Sobald man keinen Grund hatte, die Widerstandskraft dieser 2 Armeen für besonders verschieden zu halten, so war zweifellos der Angriff auf die Armee-Abtheilung bei Schipka durch die allgemeinen Verhältnisse dringender geboten, als jener auf Sofia.

Er stellte sich der Zeit nach als um 8 Tage kürzer dar.

Von Plevna bis in's Becken von Sofia sind 8 Märsche à 25 Kilometer zu rechnen, vom Becken von Sofia nach Kazanlik 5 Märsche à 25 Kilometer; — im Ganzen also 13 Tage.

Von Plevna über Selvi und Schipka nach Kazanlik sind im Ganzen bloss 5 Märsche à 25 Kilometer zu rechnen.

Unter dieser Annahme hätte man im Allgemeinen gegenüber von Sofia abwehrend und festhaltend, aber energisch und offensiv beim Schipka-Passe verfahren müssen.

In jedem Falle entstanden durch die allgemeine Lage gewisse Verpflichtungen.

Entschied man sich für Schipka, so erwuchs daraus die natürliche Verpflichtung, nach bewirktem Debouché mit einem Theile Tundža aufwärts, in den Rücken von Araba Konak zu rücken und alle westlich befindlichen türkischen Streitkräfte gegen Westen hinabzudrängen, mit dem Rest aber directe auf Adrianopel vorzustossen.

Entschied man sich für den Vorstoss auf Sofia, so klebte ebenso dieser Idee die Verpflichtung an, mit einem Theile gegen Kazanlik vorzudringen, mit dem Reste aber gegen die Armee von Sofia weiter zu manövriren.

Der wechselseitigen Beziehungen der feindlichen Armeen nach, schien es daher im Grossen und Ganzen ebenfalls der Lage am meisten zu entsprechen, den Hauptstoss über Schipka zuerst zu führen.

Erfolgte der Vorstoss auf Sofia früher, so drängte man die türkische Armee gerade dorthin, wo man sie nicht haben wollte — in's Maritza-Thal und nach Adrianopel, zur Vereinigung mit der Schipka-Armee.

Bei den Kräften, welche den Russen zur Verfügung standen, konnte man aber von allen diesen Combinationen absehen; man konnte nicht bloss bedeutende Kräfte gegen Slatica und Kalofer zur Unterbrechung der Verbindung der 2 Armeen, sondern auch im Interesse weiterer Erfolge — westlich der Araba Konak-Positionen und östlich des Schipka-Passes vorstossen.

Die Russen konnten mit der Balkan-Uebersetzung auch sofort den taktischen Schlag gegen jede der zwei Armeen in Form je einer doppelten Umgehung combiniren.

Wollte man nicht riskiren, durch „unvorhergesehene" Ereignisse aufgehalten zu werden, oder die ganze Fortsetzung des Krieges auf das Frühjahr zu verschieben, was so viel geheissen hätte, als von Neuem und unter viel ungünstigeren Verhältnissen anzufangen, so konnte man nicht rasch genug den Balkan übersteigen, um wenigstens im Tundža-Thale zu überwintern.

Wie waren nun die bei Plevna frei gewordenen 12 Divisionen zu vertheilen?

Unter dem Thronfolger standen schon 6, unter Radetzki 3, unter Gurko 3½ Divisionen.

Selbst eine ganz gleichmässige Vertheilung von je 4 Divisionen hätte den Grossfürst Thronfolger auf 10 Divisionen, Radetzki auf 7, Gurko auf 7½ Divisionen, also jede der 3 Armeen auf eine Stärke gebracht, welche zu jeder Unternehmung berechtigten.

Jede dieser 3 Armeen war der ihr gegenüberstehenden feindlichen nach der Schätzung an Zahl doppelt und mehr überlegen.

Die 100 Kilometer von Plevna nach Orhanie oder Gabrova konnten in 4—5 Tagen hinterlegt, die dahin bestimmten Divisionen also binnen 5 Tagen im Kessel von Orhanie oder bei Gabrova vereinigt sein.

Trat man den Marsch nach zwei Rasttagen, etwa am 13. an, so konnte das verstärkte Gurko'sche oder Radetzki'sche Corps am 18. Abends operationsbereit vereinigt stehen; bis dahin konnten sie alle Vorbereitungen zur Uebersetzung des Balkans getroffen haben und die Offensiv-Bewegung am 19. oder 20. beginnen.

Es konnte sich nur fragen, ob man nicht im Hinblicke auf die Oekonomie mit der Kraft nur dort angreifen und die Entscheidung dort herbeiführen sollte, wo sie voraussichtlich am wenigsten Verluste kosten würde.

In dieser Hinsicht erschiene vielleicht abermals die Idee des Durchbruchs auf Kazanlik als die entsprechendste.

Während die beiden Flügel-Armeen: Thronfolger und Gurko die gegenüberstehenden Armeen festhielten, und nur etwaige Blössen benützten, konnte die Armee Radetzki's bei Schipka durchdringen und directe auf Adrianopel vorstossen.

Irgend welche nennenswerthe Hilfeleistung von Rasgrad her oder Sofia war dann durch die Entfernungen allein so gut wie ausgeschlossen.

Man hatte, der Luftlinie nach, von Gabrova nur 175 Kilometer (7 Märsche) nach Adrianopel; von Rasgrad und von Sofia je 250 Kilometer (10 Märsche).

Diese Operation wäre namentlich dann jener auf Sofia oder gegen Schumla vorzuziehen gewesen, wenn die lokalen Verhältnisse die Offensive gegen Schipka nicht für schwieriger erscheinen liessen, als jene gegen Sofia.

Die Armee-Abtheilung Mehemet Ali's stand bei Araba Konak, mitten im Etropol-Balkan, stark verschanzt auf dem gleichnamigen Gebirgssattel, zu welchem die Chaussée in senkrechter Richtung ansteigt; eine frontale Annäherung oder eine Umgehung querfeldein und im nächsten Bereiche, war wie überall im Balkan, auch hier ausgeschlossen.

Der nächste östliche Umgehungsweg war der von Etropol über den Strigi-Pass ziehende und südlich Araba Konak in die Chaussée mündende.

Er nähert sich der Aufstellung von Araba Konak auf circa 3 Kilometer, so dass die Türken die Position des Schandornik-Berg, der den Etropoler Weg verlegt, im Anschlusse an die von Araba Konak besetzen konnten, ohne sich gerade übermässig auszudehnen. Gesammt-Ausdehnung ihrer factisch innegehabten Aufstellung 8000 Schritt.

Der nächste Umgehungsweg westlich war schon über 6 Kilometer entfernt und mündete bei Stolnik circa 20 Kilometer westlich und hinter der türkischen Position.

Er bildet von Vračesi, südlich Orhanie abbiegend, die Sehne des Bogens Vračesi—Araba Konak—Stolnik; der Bogen misst auf der Karte 36, die Sehne 24 Kilometer.

Bei Stolnik debouchirend, stand man halben Wegs zwischen Araba Konak und Sofia auf einen starken Marsch von jedem der beiden Orte entfernt.

Im Schipka-Passe standen die Russen circa 3 Kilometer vom Defilé-Ausgange, vom Dorfe Schipka entfernt; die Türken hatten sich zwischen der russischen Position und Schipka auf dem Rand des Abfalles stark befestigt. Ein frontaler Vorstoss aus den russischen Logements wäre aussichtslos gewesen; aber auch hier waren rechts und links Umgehungswege, welche die Türken nicht besetzt hielten, und des Winters wegen, bei dem Mangel von Ortschaften und Deckungen auch nicht dauernd besetzt halten konnten.

Dagegen war eine momentane Benützung derselben seitens Infanterie und Cavallerie auch jetzt im Winter nicht als unmöglich anzusehen.

Radetzki konnte hiebei die grossen Colonnen ebenso gut bis nach Gabrova anschieben, als Gurko bei Orhanie.

Deren Tête stand bei Gabrova blos 18 Kilometer vom jenseitigen Defilé-Ausgange entfernt.

Es handelte sich also nur um die Hinterlegung von verhältnissmässig kurzen Strecken; aber der Winter mochte schon den Entschluss zu dieser Balkan-Uebersetzung als eine Kühnheit höchsten Ranges erscheinen lassen.

Das intensive Bestreben der Russen nach raschen und glänzenden Erfolgen, die gewaltige Thatkraft zweier der fähigsten Generale, endlich die staunenswerthe Leistungsfähigkeit der russischen Truppen überwand alle Bedenken und alle Schwierigkeiten.

Der östlichen Gruppe gegenüber, nördlich des Balkans, waren der Festungen wegen rasche Erfolge nicht zu hoffen.

So ballte man 2 mächtige Armeen bei Orhanie und bei Tirnova —Gabrova zusammen und setzte sie trotz des strengen Winters in Bewegung.

Gurko's zweiter Balkan-Uebergang.

(Siehe Skizze 10.)

Gurko verfügte am 24. December im Becken von Orhanie über $5^1/_2$ Infanterie-Divisionen (3 Garde-Infanterie-Divisionen, die Garde-Schützen-Brigade und 2 Divisionen vom IX. Corps).

Zwei Divisionen liess er vor der türkischen Stellung angesichts Araba Konak und in Orhanie zurück.

Zwei Divisionen und er selbst überschritten den Balkan auf dem schon erwähnten Fusssteige westlich über Curiak gegen Stolnik.

Eine halbe Division (Weljaminow) deckte diese Haupt-Colonne auf einem Parallelwege noch weiter westlich.

Eine Division (Dandeville), sollte von Etropol aus die Stellung von Osten her umgehen.

Gesammt-Ausdehnung auf der Balkan-Höhe 30 Kilometer.

Der Uebergang begann am 25.

Er war für 2 Tage veranschlagt.

Gerade war äusserst strenge Kälte eingetreten.

Die Etropoler-Colonne wurde von einem Schneesturm überfallen.

Die Haupt-Colonne und ihre Seitendeckung mussten sich im Eise erst einen Weg bahnen.

Die Leute zogen und trugen die Geschütze.

Der Uebergang dauerte nicht zwei, sondern sechs Tage.

Erst am 31. konnten sich Theile der westlichen Haupt-Colonne gegen den Rücken der türkischen Aufstellung, gegen Taschkösen wenden.

Sie zwangen, im Vereine mit dem frontalen Angriffe, die Türken auch sofort, in rein südlicher Richtung nach Petričevo, Richtung Tatar-Bazardschik auszuweichen.

Ein Theil der in Sofia angesammelten Kräfte, etwa eine Brigade, will die Armee-Abtheilung in Araba Konak degagiren; sie überfällt die gegen Sofia vorgeschobene Vorhut Gurko's (Gl. Weljaminow), muss sich aber schliesslich zurückziehen.

Sofia wird geräumt.

Skizze 10.

Zur beiläufigen Orientirung über den Marsch Gurko's von Orhanie nach Sofia.
24.—31. Dezember.

Gurko zieht am 2. Jänner in Sofia ein.

Seine Colonnen breiten sich fächerförmig aus; sie verfolgen die von Sofia nach Südwesten, Süden und Südosten abgezogenen türkischen Heerestheile nach Radomir, Samakow und Trnova.

Dandeville folgt weiter östlich den von Araba Konak abgezogenen Heerestheilen nach Petričevo und Otlukkiöj.

An Stelle Mehemet Ali's, war mittlerweile der Armee von Sofia in dem von Rasgrad abberufenen Suleiman, abermals ein neuer Ober-Commandant gegeben worden.

Suleiman hatte Sofia nicht mehr erreicht: er etablirte sich in Ichtiman.

Zwischen dem 3. und 4., kommt an den oben angeführten Punkten Samakow—Trnova (westlich Ichtiman) — Petričevo und Otlukkiöj die russische Verfolgung zum Stehen.

Suleiman mit einem Theile der herangezogenen Rasgrader-Armee gibt das Centrum für die an diesen Punkten stehenden Arrièregarden ab; sie schöpfen aus diesem Bewusstsein neue Kraft.

Gurko muss wieder regelmässige Angriffe aufnehmen.

Radetzki's Balkan-Uebergang.
(Siehe Skizze 11.)

Um diese Zeit, 14 Tage später als Gurko, begann auch Radetzki seinen Balkan-Uebergang.

Es scheint, dass die russische Heeresleitung das gleichzeitige Auftreten der beiden Armeen Gurko's und Radetzki gewünscht habe.

Die lokalen Verhältnisse — die Witterung — sollen aber den Beginn der Operationen im Schipka-Passe verzögert haben.

Vielleicht war auch die Thatsache, dass trotz Gurko's Erfolge doch wieder eine neue Armee südlich Sofia gebildet werden konnte, Ursache, dass man den Angriff Radetzki's nicht noch länger verschob.

Man hätte ihn ja sogar ganz aufgeben können, wenn Gurko allein im Tundža-Thale und im Maritza-Thale, also in Flanke und Rücken der türkischen Schipka-Armee rasch Fortschritte gemacht hätte.

Man konnte sich dann die jedenfalls verlustreiche Forcirung eines zweiten Balkan-Uebergangs ersparen.

Am 5., also kurz nach der Einnahme von Sofia, soll Radetzki neuerlich den Befehl erhalten haben, die Offensive zu ergreifen.

Am 6. schiebt Radetzki die in 3 Colonnen getheilten Kräfte bis an den Kamm des Gebirgs-Rückens zusammen; am 7. sollen die beiden Flügel in's Tundža-Thal herabsteigen und Schipka im Rücken nehmen.

Ein Theil (die 14. Division) bleibt vor der Front stehen.

Die 2 Flügel-Colonnen: Skobelew 2 Divisionen, Mirski 2⅛ Divisionen stark, überschreiten — Skobelew knapp westlich, Mirski

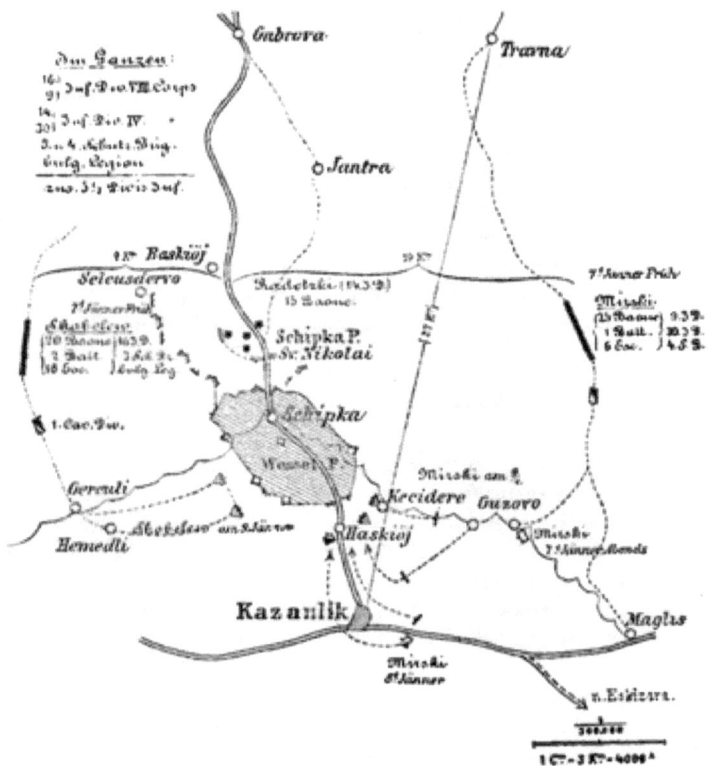

Skizze 11.

Zur beiläufigen Orientirung über die Forcirung des Schipka-Passes Seitens Radetzki's.
6.—9. Jänner.

knapp östlich des Schipka-Passes — den Balkan; sie sollen bei Achmetli und Maglis je 12 Kilometer von Kazanlik am 8. debouchiren, und den Vertheidigern in den Rücken fallen.

Wessel Pascha hatte am Südfusse des Balkans nördlich Kazanlik vier aus der Ebene hervorragende Kegelberge zur Sicherung für sein Lager befestigt.

Jede der russischen Colonnen ist am 8. debouchirt.

Mirski greift dieses Lager nun von Süden her an; wartet aber vergeblich auf die Mitwirkung Skobelew's.

Mirski fühlt sich schliesslich zu isolirt; ein Kriegsrath beschliesst für den nächsten Tag (den 9.) den Rückzug.

Die ganze Unternehmung droht in Folge dessen zu misslingen.

Da greifen die Türken selber am Morgen des 9. Mirski an, noch bevor er abgezogen ist.

Auf das hin hält er nun natürlich Stand; und während dieses Gefechtes kommt endlich auch die Colonne Skobelew zum Eingreifen.

Radetzki hatte mittlerweile die nördlichen Befestigungen im Passe angegriffen, ohne jedoch in selbe eindringen zu können. — —

Noch am 9. ergibt sich Wessel Pascha — mit 20.000 Mann — und bezieht auch die Vertheidiger der Befestigungen auf dem Balkan in die Kapitulation ein.

Der Vormarsch auf Adrianopel.

(Siehe Skizze 12.)

Am 10. rückt Skobelew über den kleinen Balkan auf Eskizara los; er hat von Kazanlik nur 4 Märsche in's Maritza-Thal; er kann am 14. oder 15. bei Haskiöj oder bei Hermanli an der Strasse Philippopel—Adrianopel erscheinen.

Suleiman steht damals noch in Tatarbazardschik (3 kleine Märsche östlich Ichtiman). — Er hat 140 Kilometer oder 6 Märsche nach Hermanli.

Seine Verbindung mit Adrianopel ist so gut wie unterbrochen. Er geht sofort auf Philippopel zurück.

Gurko's Colonnen sind aber nicht bloss von Sofia über Ichtiman und die Trajanspforte auf Tatarbazardschik vorgerückt.

Eine Colonne, die östlich der Colonne Dandeville den Balkan in der Richtung auf Karlovo überschritt, marschirt directe von Karlovo her auf Philippopel los; sie macht sich ebenfalls schon fühlbar.

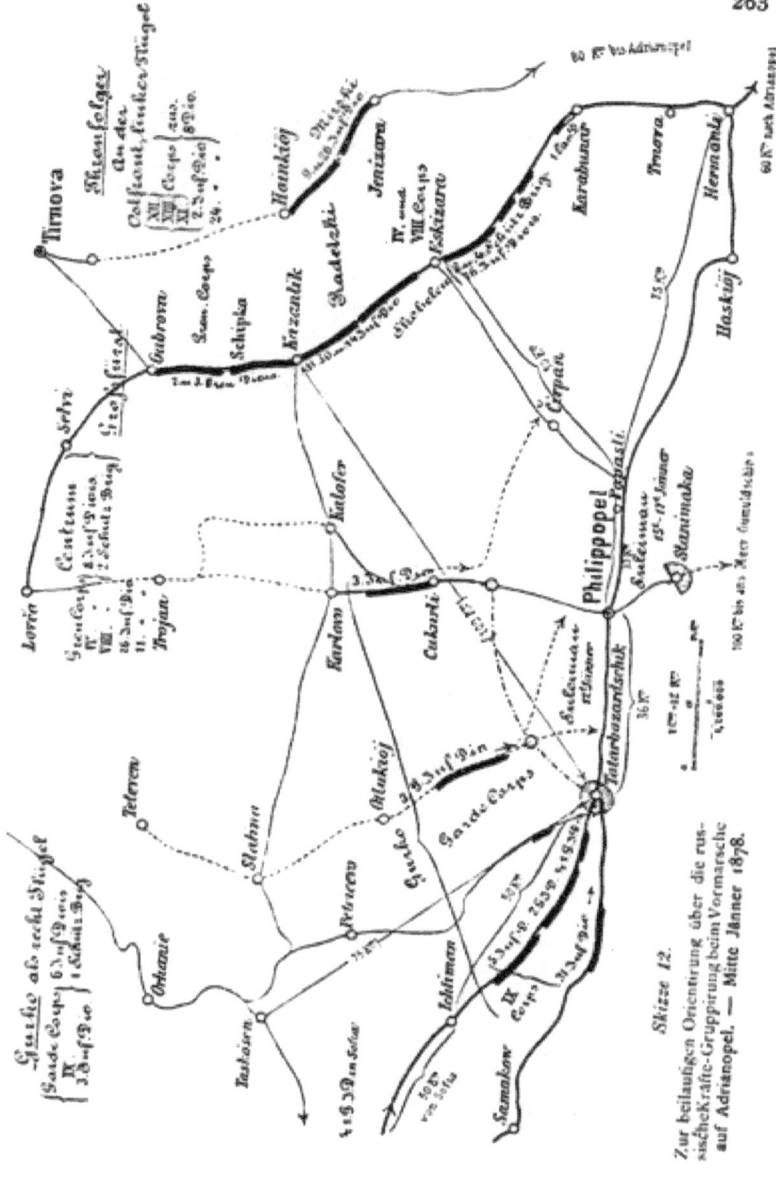

Suleiman steht zwischen 2 überlegenen und siegreichen Armeen.

Von Haus aus zu schwach gehalten, — ist seine Armee weiters in dem Bestreben, den Balkan so lange als möglich zu halten, zu sehr engagirt worden; er findet lauter ungünstige Verhältnisse; er stellt sich zwar bei Stanimaka, südöstlich Philippopel, noch ein Mal zur Schlacht, aber nur mehr, um sich den Rückzug nach Süden zu sichern.

Er ist froh, die Trümmer seiner Armee über das Rhodope-Gebirge, 150 Kilometer weit, an die Küste zu retten.

Suleiman's Entsendung nach Tatarbazardschik und Sofia ist nur mit dem Wunsche nach der Behauptung dieser Stadt, — militärisch ist sie kaum zu erklären.

Er soll am äussersten linken Flügel der türkischen Front thätig werden, in einer Richtung, die im Hinblicke auf die Lage Adrianopel's und Constantinopel's als ganz bedeutungslos erscheinen musste.

Seine Armee konnte weiters nur so lange wirken, als der Schipka-Pass gehalten wurde.

Auf solche Voraussetzungen darf man wohl im Allgemeinen bauen, im speciellen Falle war dieses Vertrauen geradezu gefährlich.

Es war nicht gerechtfertigt durch die Passirbarkeit des Balkans und die Stärke-Verhältnisse des Gegners, dem man — um sicher zu calculiren — Alles Günstige zutrauen musste.

Es war zu gefährlich, weil, wenn dort ein Malheur geschah — und darauf musste man ja auch gefasst sein — die Armee von Sofia zum Mindesten für die Vertheidigung Adrianopel's verloren ging.

Die Russen ziehen aus diesem Verhältnisse auch wirklich sofort alle Vortheile; sie debouchiren aus Schipka und ob gerade die Abdrängung Suleiman's ihr Ziel war oder nicht, jedenfalls ist das ihr Haupterfolg.

Vom 15. an steht dem Vormarsche der Russen auf Constantinopel nichts mehr im Wege.

Am 19., zehn Tage nach dem Balkan-Uebergange, erreicht Radetzki's Vorhut schon Adrianopel.

Nach weiteren 10 Tagen — am 30. — dem Tage, wo „les bases generales de la paix avec convention d'armes" in Adrianopel abgeschlossen wurden, stehen die russischen Vorhuten in Tschorlu und

Rodosto am schwarzen und am Marmora-Meer, zwei Märsche vor Constantinopel.

Die Truppen Gurko's hatten von Philippopel noch 350 Kilometer oder 14 Märsche dahin; sie waren daher mit den Têten damals noch etwa 4 Märsche hinter Radetzki zurück.

Binnen 8 Tagen, bis zum 7. oder 8. Februar, also etwa zwei Monate nach Plevna, einen Monat nach der Capitulation von Schipka konnten die beiden Armeen Radetzki's und Gurko's, auf die Tête aufmarschirt, im Ganzen wenigstens 10 Divisionen oder 100.000 Mann stark, angriffsbereit, unmittelbar vor Constantinopel stehen.

Am 3. März kam der Präliminarfriede von San Stefano zu Stande.

XXI.

Wir glauben unseren Lesern zum Schlusse unserer Studie ein kleines, gedrängtes Gesammtbild der Ereignisse schuldig zu sein.

Die Russen beginnen den Krieg mit der Mobilisirung von 6 Corps — am 11. November 1876.

Sie versammeln diese Armee bis Ende Jänner bei Kišinew, hart an der Grenze.

Sie überschreiten die Grenze Ende April und langen — 4 Corps stark — Ende Mai bei Bukarest an.

Der Monat Juni vergeht mit den Vorbereitungen zum Donau-Uebergang und mit dem Abwarten von drei neuen, zur Operations-Armee bestimmten Corps.

Der Uebergang, der Ende Februar hätte stattfinden können, geht Ende Juni vor sich.

Diese vier Monate sind kein kleiner Gewinn für den ganz unfertigen Gegner.

Von den mobilisirten 9 Corps bilden 7 die Operations-Armee. Aber nur 4 überschreiten bis Mitte Juli die Donau. Die andern bewachen die Rückzugslinie in Rumänien, in der Dobrudscha, und die Küste des schwarzen Meeres.

Von den andern 30 Divisionen stehen 7 in Armenien, 23 in den Friedens-Garnisonen des europäischen Russlands, gewissermassen als Schutz für jede etwaige Bedrohung des Rückens und der Flanke der Donau-Armee.

Die Ereignisse zwingen die Russen jedoch, sehr bald von diesem Frontmachen nach 2 Richtungen abzugehen und ihre ganze Kraft gegen die Türkei allein zu verwenden.

Wenn auch nicht vom Wetter, so doch durch das rein defensive Verhalten des Gegners in jeder Weise begünstigt, vollzieht sich ohne grosse Störung der Aufmarsch in Rumänien. — Unter unbedeutender Gegenwirkung des Feindes wird der Donau-Uebergang bewirkt.

Eine ganz eigenthümlich freisinnige, an die schönsten Vorbilder erinnernde Anschauung über den Unwerth aller Festungen und der Glaube an demonstrative Wirkungen, gebärt im Monate Juli den Streifzug Gurko's über den Balkan.

Das Erscheinen Osman Pascha's legt indessen die schwachen Seiten dieses Planes bloss.

Die Idee eines Vorstosses auf Adrianopel — ohne diesen Zufall gewiss siegreich — erweist sich nun mehr als ein bewundernswerthes schönes Reiterstück.

Der Rest heist Plevna.

Die russische Heeresleitung, vielleicht zu consequent an der einmal getroffenen Kräfte-Gruppirung festhaltend, hilft sich, indem sie sich neue Legionen verschreibt.

Acht russische Divisionen zählte die Armee in Bulgarien zur Zeit der ersten Schlacht von Plevna — am 20. Juli.

Zwölf russische Divisionen zählte sie zur Zeit der zweiten Schlacht — am 30. Juli.

Bis zur dritten Schlacht ist sie bis auf achtzehn Divisionen verstärkt.

Mitte September wird General Totleben zur Leitung der West-Armee berufen; man zieht die Garden und Grenadiere nach Plevna.

Die anfänglich für den Feldzug bestimmten 12 Divisionen sind bis Ende October auf 31 angewachsen.

Der Uebermacht und dem Hunger erliegt schliesslich „der Löwe von Plevna."

Nach fünfmonatlicher Unterbrechung stehen 25 Divisionen in West-Bulgarien in demselben Raume und zu demselben Zwecke, zu dem man ursprünglich 8 veranschlagt hatte.

Diese colossale, wenn auch nur durch den Gegner abgerungene Macht-Entfaltung überwindet sodann mit Leichtigkeit die Schrecknisse des Winters und den feindlichen Widerstand und führt den Sieger binnen 2 Monaten in Einem Zuge bis an's Endziel aller Operationen, bis vor die Mauern der feindlichen Hauptstadt.

Welche Lehre könnten wir nicht aus dem Verlaufe dieses Feldzuges ziehen?

Eine von allem Anfange an im grossen Style angelegte Offensive hätte die Russen aller menschlichen Voraussicht nach der Nothwendigkeit enthoben, bei Kisinew drei Monate, bei Bukarest einen Monat, vor Plevna fünf Monate zuzubringen.

Gegen Ende des Feldzuges sollen die Gesammtkosten der 31 Divisionen starken Balkan- und Donau-Armee täglich circa 3 Millionen Rubel (4^1/$_2$ Millionen Gulden) betragen haben. Auf eine Division entfielen darnach per Tag circa 150.000, und auf je Einen Streitbaren ein Kostenaufwand von etwa anderthalb Gulden.

Wie viele Millionen hätte man nicht ersparen können, wenn man sich gleich Anfangs zu einer so mächtigen Kraftäusserung aufgeschwungen hätte?

Welche Verluste an Menschen — und Kriegs-Materiale konnten nicht dadurch vermieden werden?

Angesichts der überwältigenden militärischen Organisation und des Eisenbahnnetzes ihres Gegners, konnte die Türkei nicht darauf rechnen, die Zeit zur Bildung grosser Armeen zu finden; politische Schachzüge verschafften sie ihr.

Ohne positive Ziele, ohne Eroberungs-Gedanken konnten die Armeen schliesslich nur hoffen, von Blössen des Gegners zu profitiren.

Der Gegner gab sich deren.

Osman Pascha rückt nach Plevna in die rechte Flanke der Russen; er bringt dadurch deren Vorrückung zum Stehen; er zieht schliesslich die Hauptkraft der Russen auf sich.

Aus diesem Verhältnisse erwächst der türkischen Heeresleitung die Verpflichtung, noch vor dem Anlangen der russischen Verstärkungen die Entscheidung herbeizuführen.

Diese hing 6 Wochen lang nur von den Beschlüssen des Kriegsrathes von Constantinopel ab. Doch gelangte man nicht ein Mal zu einer mächtigen Concentrirung, der Vorbedingung jedes Erfolges.

Man scheute davor zurück, dem kühnen Suleiman das Ober-Commando zu geben, und liess, um weder diesen noch Mehemet Ali zu kränken, beide im Commando ihrer Armeen.

Vereint über 100.000 Mann stark, hätten sie wahrscheinlich auch bei nur mittelmässiger Führung, eine günstige Entscheidung herbeigeführt.

Statt dessen wurde diese schliesslich mit 3 Armeen — und nicht in der gefährlichsten Richtung, sondern — am Schipka-Passe versucht.

In dieser Zeit verfügt die türkische Heeresleitung über
die 5 Divisionen Osman's,
die 5 Divisionen Suleiman's,
die 7—8 Divisionen Mehemet Ali's; über
3—4 Divisionen gegenüber von Serbien und Montenegro, über
5—6 Divisionen in Asien,
zusammen über 25—30 Divisionen. —

Als der erste Versuch, Osman Pascha zu Hilfe zu kommen, scheitert, ist der Culminationspunkt der türkischen Kraftäusserung überschritten.

Die nach der vollständigen Einschliessung Osman's unternommenen Versuche Plevna zu entsetzen, scheitern schon an der numerischen Ueberlegenheit der Russen.

Plevna fällt.

Die Türken führen den dadurch aussichtslos gewordenen Kampf noch fort. Sie halten aber auch an der bisherigen Dreitheilung fest.

Zuerst am linken Flügel angegriffen, dann in der Mitte durchbrochen, bleibt Adrianopel und schliesslich auch Constantinopel ohne ausreichende Vertheidigung.

Allgemeine Lehren aus den Erfahrungen dieses Feldzuges zusammenstellen, das wäre wohl keine dankbare Aufgabe. Sie nützen nichts.

Der Eine braucht sie nicht; er hat bei Allem was er thut, ausschliesslich die concreten Verhältnisse vor Augen; der Andere, Schwächere vermeidet nur den Einen Fehler, um in den andern zu verfallen.

Aber concrete Schlüsse können von Werth sein für die Vorbereitung eines künftigen Feldzuges, für die Vervollkommnung und Erweiterung der im Frieden zu bewirkenden Kriegs-Vorbereitungen.

Doch wollen wir auch in diesen Beziehungen nur die allgemeine Charakteristik u. zw., zuerst in taktischer Hinsicht jene der türkischen und russischen Gefechtsweise hervorheben.

Wie die russischen Bataillons-Commandanten am 20. Juli bei Plevna die Schützen-Compagnien vor der Front ausschwärmen liessen, wie sie damals zwei Compagnien in's 1. Treffen vorschoben, zwei zurückhielten; wie die 5. Division Schilder damals von 400 Schritten an ein schwaches Feuer eröffnete und als die Abtheilungen nicht mehr vorkommen konnten, ein Bataillon nach dem andern aus der Reserve zum Sturme vorzog, so griffen eigentlich auch die Garde-Divisionen bei Gorni Dubnik an.

Die Angriffs-Form war eben reglementarisch gegeben, man wendete sie an, ob sie passte oder nicht.

Was blieb auch übrig? Sollten die Bataillons-Commandanten eine neue Taktik erfinden?

Ihre Leute hätten sie vielleicht gar nicht verstanden, wenn sie plötzlich schon auf 1500 Schritte ein Paar Züge in's Feuer gesetzt hätten, um den Vormarsch zu protegiren.

Gewiss aber hätte kein General ein derartiges nicht in der Vorschrift begründetes Verfahren geduldet.

Wie könnte man auch plötzlich aus dem taktischen Gedankenkreise heraustreten, in welchen man durch die übereinstimmende Richtung aller Reglements sein ganzes Leben lang gebannt blieb.

Die Armee, welche dem Lieutenant bei der Führung seines Zuges nichts zu denken übrig lässt, die lässt auch dem General nicht die Zeit, bei Führung seiner Brigade zu denken.

Wenn der Zug, ohne viel Ueberlegung, ohne Rücksicht auf seine Nachbarn und den Feind, unter allen Verhältnissen in einer und derselben Form nach derselben Schablone vorgehen muss, so gewöhnt sich auch die ganze Armee bald daran, von allen Recognoscirungen, allen Ueberlegungen, von jedem Gefechtsplan abzusehen.

Das Auswendiglernen einer Form und deren gleichmässige Anwendung ist allerdings viel leichter, als das Ausfindigmachen einer zweckmässigen; auch bewahrt die an „die Hand gegebene" Form den Untergebenen vor dem Vorwurf: „er habe schlecht angegriffen", und jeden Vorgesetzten von der Verpflichtung, eine eigene Meinung zu haben und diese zu vertreten.

Wir vermögen demnach in dem Festhalten an Einer reglementarischen Gefechtsweise und ebenso an dem gleichmässigen Wiederkehren derselben Form, seitens der Russen während des ganzen Feldzuges — nur den Ausdruck jener Ausbildungs-Ideen zu erblicken, welche im schroffen Formenwesen und möglichst geringer taktischer Selbstständigkeit der Commandanten, das Palladium für die rationelle Schulung der Truppen zu besitzen wähnen.

Die Türken, ohne eigentliche Schulung, ohne regelmässige Truppen-Uebungen, ohne Uebungs-Manöver, fast ohne Vorschriften, erwehren sich auch ohne taktischer Norm ganz gut; ja sie behaupten im Detailgefechte gegenüber den Angriffen der strenger geschulten, der strammer organisirten, der viel mühevoller ausgebildeten Armee vielfach ein zweifelloses Uebergewicht.

Sie weisen bei Gorni Dubnik geradeso wie bei Plevna die Angriffe der Russen allein durch ihr Feuer ab.

Sie sind — obwohl viel weniger militärisch gebildet — den Russen in der Feuer-Disciplin und manches Mal auch in der Detail-Gefechtsführung weit überlegen.

Fast alle Gefechte Osman's zeigen ein äusserst rationelles Zusammenwirken der drei Waffen.

Der Ausfall Osman's am 31. August zeigt eine selten schöne Art von Cavallerie-Verwendung; — der Durchbruchsversuch am 10. December sogar ein vollständig methodisches Avanciren grosser Massen unter gleichzeitiger Anwendung überwältigenden Weitfeuers im Angriffe.

„Einer sehr dichten Schützenkette folgen kleine geschlossene Abtheilungen, auf weitere Abtheilungen die grossen Massen".

Der Kugelhagel, den die türkischen Colonnen vor sich hersandten, war so überwältigend, dass sie fast tambour battant in die Verschanzungen der mehr als decimirten Grenadiere eindrangen und erst nach Stunden durch die von allen Seiten heranrückenden Reserven wieder zurückgeworfen werden konnten.

Osman hat demnach auch das Räthsel der Verwendung des Weitfeuers im Angriffe gelöst.

Der „Kugelhagel", will sagen: „das Massenfeuer" ist überhaupt die charakteristische Erscheinung des türkischen Feuergefechtes.

Das Einzelfeuer verschwindet neben dem Massenfeuer der Abtheilungen fast ganz.

Gerade in Folge dessen dominirt die türkische Gefechtsweise.

Sie dominirt bald durch die umfassende, dem concreten Fall angepasste Anwendung des Weitfeuers, bald durch das Anrennenlassen der Stürmenden bis auf wenige hundert Schritte und ein anschliessendes verfolgendes Schnellfeuer; sie dominirt durch ihre Einfachheit.

Das rein defensive Verhältniss bei Plevna kam ihnen dabei allerdings sehr zu Gute.

Die Türken waren nicht blos ausreichend, sie waren stets überreich mit Munition dotirt.

Es wurden russischerseits neben türkischen Leichen oft die Hülsen von 5—600 Patronen vorgefunden, und constatirt, dass diese oft nur während weniger Stunden verfeuert worden sein konnten.

Der Positionskrieg, den die Türken führten, machte sie auch in **fortificatorischer** Hinsicht, speciell der Feldbefestigungen erfinderisch.

Diesen zwei Factoren: der geschickten Anwendung des Weitschiessens einerseits, der Feldbefestigungen, namentlich der Hohlbauten andererseits, hatten die Russen nichts gegenüber zu stellen.

Die russische Gefechtsweise zeigte sich gegenüber dem türkischen Weitfeuer schon beim ersten Zusammenstosse als unzweckmässig.

Trotzdem vermag die Armee keine neue anzunehmen. — Sie ist zu starr geschult. Es fehlt ihr die taktische Beweglichkeit; die Elastizität.

Der Grund liegt aber, wie wir wohl nicht erst zu versichern brauchen, nicht darin, dass die Armee **geschult** und **gebildet**, sondern vielmehr darin, dass sie — in taktischer Beziehung — zum Theile **verschult** und **verbildet** war, dass der Geist, welcher durch die Formen unterstützt werden sollte, sich nicht mehr an's Tageslicht durchpressen und zur Geltung bringen konnte.

Der Geist, der die taktischen Formen durchdringen, der die Commandanten in jedem concreten Fall zur zweckmässigen Wahl der Mittel anleiten soll, liegt eben nicht in dem Einzelnen; er will dem Ganzen anerzogen, anerlernt, angewöhnt werden; er muss aus jeder Vorschrift, aus jedem Reglement, aus dem ganzen Ausbildungswesen athmen; — er liegt im System.

Bei den Türken ersetzte die Noth alle diese Bedingungen.

Für uns aber handelt es sich wohl darum, die Erfahrungen in Hinsicht des Weitschiessens nun auch organisatorisch durch das Einfügen desselben in den Rahmen des Feuergefechtes und der gewöhnlichen Schiessübungen; durch Vermehrung der im Divisions-Munitions-Park mitzuführenden Munition mindestens um zwei neue, leicht bewegliche Bataillons-Munitionskarren, mit circa 60 Patronen per Gewehr, zu verwerthen.

Ja es frägt sich sehr, ob nicht schon jetzt genügender Anlass vorhanden ist, um die Einführung eines Magazins-Gewehres zu rechtfertigen.

Jedenfalls aber handelt es sich für uns, aus den Erfahrungen der Russen Vortheil ziehend, uns nicht dem Glauben hinzugeben, die reglementarischen Formen könnten je den taktischen Geist ersetzen und die angewandte Taktik liesse sich je in eine Form giessen, mit der man unter allen Verhältnissen auszukommen vermöchte.

Den in Hinsicht der **Feld-Befestigung** zu Tage getretenen Erscheinungen, namentlich der Anwendung gedeckter Unterstände, — welche wir gefasst sein müssen bei unseren eventuellen Gegnern wieder zu begegnen, — wäre durch Zutheilung kleiner Belagerungs-Parks an die Operations-Armee Rechnung zu tragen.

Dass unsere Ausrüstung mit Schanzzeug im Grossen genügen dürfte, um eventuellen Falls im eigenen Interesse von diesen fortificatorischen Errungenschaften zu profitieren, glauben wir durch nachfolgende Tabelle beweisen zu können:

			Bëile, Hacken	Krampen	Schaufeln		Werkzeuge für	
					gewöhnliche	Linemann'sche	Holz-Arbeiter	Erd-Arbeiter
Eine Infanterie-Truppen-Division besitzt in	48 Infanterie-8 Jäger-	Comp. { à 99 Linemann-Spaten und Werkzeuge für 2 Holz- und 4 Erdarbeiter	224	112	112	5544	112	5768
	2 Eskadronen Cavallerie (darunter keine 6. Eskadr.) { à Werkzeuge für 2 Holz- u. 4 Erdarbeiter		4	2	.	4	4	6
	1 Batterie-Division. Jede Batterie hat 16 Krampen und 19 Schaufeln		.	48	48	.	.	96
	1 Genie-Compagnie		96	72	144	.	152	216
		Zusammen .	324	234	304	5548	268	6668
Hiezu eventuell:								
1 Pionnier-Compagnie			70	59	93	.	70	152
1 Schanzzeug-Colonne			141	600	900	.	165	1500
Ein 4. Zug einer 6. Eskadron			10	5	.	10	10	15
		Zusammen . .	221	664	993	10	245	1667
		Total-Summe . .	545	898	1297	5558	513	7755

In Hinsicht der Organisation der Heereskörper haben wir namentlich bei Besprechung der Mobilisirung der russischen Armee und speciell des Divisions-Systems die massgebendsten Momente angedeutet.

In operativer Beziehung haben sich die Vor- und Nachtheile der russischen Heeres-Organisation der eigenthümlichen Verhältnisse wegen, nicht besonders klar abgehoben.

Als Factum ist indessen wohl anzusehen, dass sich auch in dieser Beziehung das Divisions-System vollkommen bewährte.

Uns ist wenigstens kein Fall bekannt geworden, dass die Zusammenstellung der normal den Divisionen zugewiesenen zwei Cavallerie-Brigaden eines Corps in eine selbständige Cavallerie-Division oder die Bildung grosser Artillerie-Linien durch Zusammenziehung der zwei Artillerie-Brigaden eines Corps, je irgend welche Anstände hervorgerufen hätte.

In Hinsicht der Organisation der Wehrkraft im Grossen hat aber endlich der letzte Krieg eine wichtige Schlussfolgerung nahegelegt.

Wenn die russische Armee bei mächtiger Anlage des Feldzuges binnen 6 Monaten vor Constantinopel stehen, wenn die entscheidende Schlacht geschlagen sein konnte, noch bevor der 4. Monat zu Ende ging: welchen Nutzen darf man sich demnach von allen jenen Formationen und Aufgeboten versprechen, deren kriegerische Ausbildung so ziemlich erst mit der Mobilisirung beginnt.

Wie wollte man binnen 3 oder 4 Monaten deren Kriegsbrauchbarkeit erzielen? — —

Wir können daher nur mit dem Ausdrucke der Ueberzeugung schliessen, dass, wenn die Organisationen nicht die Operationen im Stiche lassen sollen, die militärische Verfassung eines Staates, insbesondere aber die der Wehrkräfte, auf Basis rein operativer Erwägungen aufgebaut und entwickelt werden muss.

Die leitenden Ideen für die Schöpfung oder Entwicklung aller militärischen Organisationen sind heute mehr denn je in den concreten Kriegsfällen zu suchen.

Der Kriegsfall mit dem mächtigsten der möglichen Gegner fixirt in diesen Richtungen gewissermassen das Minimum dessen, wornach man streben muss.

Auf diesem Boden, mit diesem Ziele müssen die Principien für die Bereitstellung aller Machtmittel eines Staates in Hinsicht deren

Mitwirkung bei der ersten Entscheidung und damit im Zusammenhange die Stärke der einzelnen Aufgebote, die Art der Dienstleistung und kriegerischen Ausbildung derselben, sowie endlich deren Organisation und Administration festgestellt und weiter ausgebildet werden.

Der Krieg selbst stellt an den Feldherrn so schwere Aufgaben, dass man nichts Verkehrteres glauben kann, als, der geniale Blick allein könnte grelle Missverhältnisse in der Stärke und in der militärischen Vorbereitung der Armeen beheben.

Er kann es; — vielleicht! — —

Die Existenz eines Staates darf nicht auf diesem „Vielleicht" beruhen.

Beilage I.

ahl
e.

Kilom.

Sel

Angor.

Beilage III.

Plan

www.ingramcontent.com/pod-product-compliance
Lightning Source LLC
Chambersburg PA
CBHW032005230426
43672CB00010B/2254